두려움 속으로

폴 아시안테·제임스 저그 지음 | 김경영·김윤경 옮김

Run to the Roar

두려움 속으로/

일러두기
1. 저자 주와 옮긴이 주가 혼용되어 있으며, 본문에서 구분되도록 조정했다.
2. 인명과 지명은 현지 발음에 최대한 가깝게 표기하였다.

| 차 례

트리니티 칼리지 대 프린스턴 대학교

2009년 2월 22일

뉴저지주 프린스턴 대학교 재드윈 체육관

	트리니티		프린스턴	이긴 팀	점수
#1.	바셋 아슈팍	대	마우리코 산체스	T	8-10, 9-3, 9-5, 2-9, 9-5
#2.	구스타프 데터	대	킴 리 웡	T	5-9, 5-9, 9-6, 9-1, 9-3
#3.	마넥 마투르	대	크리스토퍼 캘리스	T	9-10, 10-8,0-9,9-1,9-2
#4.	파스 샤르마	대	데이비드 르터너	T	6-9, 2-9, 9-7, 9-0, 9-7
#5.	랜디 림	대	데이비드 캐너	P	2-9, 10-8, 9-5, 9-1
#6.	수프리트 싱	대	헤샴 엘 할라비	P	9-5, 9-10, 9-4, 4-9, 9-4
#7.	안드레스 바르가스	대	켈리 섀넌	P	8-10, 7-9, 9-4, 9-3, 9-2
#8.	비크람 말호트라	대	산티아고 임베르톤	T	9-3, 10-8, 9-4
#9.	루샤브 보라	대	피터 소퍼	P	8-10, 9-2, 10-8, 9-4

경기 순서

1코트

#3 마넥 마투르(4학년, 인도 뭄바이)

#2 구스타프 '구스' 데터(4학년, 스웨덴 말뫼)

#1 바셋 아슈팍(3학년, 파키스탄 라호르)

3코트

#6 수프리트 싱(3학년, 인도 뭄바이)

#5 랜디 림(2학년, 말레이시아 페낭)

#4 파스 샤르마(2학년, 인도 자이푸르)

5코트

#9 루샤브 '루시' 보라(4학년, 인도 뭄바이)

#8 비크람 말호트라(1학년, 인도 뭄바이)

#7 안드레스 바르가스(2학년, 콜롬비아 보고타)

부상 선수

크리스 비니(2학년, 자메이카 킹스턴)

서문

　그들은 거듭 시도했다. 그들이란 바로 텔레비전 제작자, 감독, 조명 기술자, 광섬유 기술자, 로봇 소프트웨어 전문가, 컴퓨터 전문가, 무대 담당자, 조명 담당자, 공사 담당자로 이루어진 부대로, 이 부대는 거듭해서 라켓 스포츠인 스쿼시를 텔레비전에서 볼 만한 오락거리로 만들고자 했다. 나도 스쿼시 방송을 본 적이 있다. 그들은 그 생각에 꽂혔다!

　가능성은 무궁무진하다! 스쿼시는 세계에서 가장 속도감 있는 대학 대항 스포츠다. 공격과 수비면에서 모두. 야구 선수 중 가장 빠른 투수였던 놀런 라이언은 최고 구속 160km/h 남짓한 공을 던졌다. 테니스 팬들은 피트 샘프러스가 시속 약 210km의 서브를 칠 때 혁 소리를 냈다. 하지만 프로 스쿼시 선수와 1부 리그 대학 스쿼시 선수들은 매일같이 지름 4.1cm에 불과한 공을 시속 260km가 넘는 속도로 친다. 이 엄청난 속도의 공은 2층 규모의 밀폐된 코트 안 사방 벽과 바닥에 부딪혀 튕겨 나오며 종잡을 수 없는 궤도로 날아간다. 광속의 공과 공을 향한 돌진, 또 그런 샷을 막아 내려고 급격한 방향 전환을 하는 탓에 내로라하는 스쿼시 선수들의 허벅지는 스피드 스케이터나 사이클 선수 뺨칠 정도로 두툼하다. 또 권투 선수와 올림픽 레슬링 선수 수준의 유산소성 체력이 필요하다. 개인전 단식 경기는 최고 속도로 2시간 동안 이어지기도 하는 까닭이다. 축구 선수? 스쿼시 선수에 비하면 경기장에서 어슬렁대며 보내는 시간이 너무 많다. 물론 전략상 필요해서겠지만.

안타깝게도 우리 TV 부대가 힘든 시합을 치른 뒤 뿔뿔이 집으로 돌아가는 모습도 봤다. 양 눈썹이 축 처지다 못해 코 주변으로 말리고, 이마 한가운데 깊고 긴 골이 파인 채로…… 뭔가를 중얼거리면서……. 그들이 힘겹게 잡아낸 바로 그 공에 패했으니까. 선수들의 속도와 힘, 체육적 기교, 그리고 작고 괘씸한 공의 아찔한 속도, 현기증이 날 정도로 빠르게 튕겨 나오는 공. 이 세 가지가 한꺼번에 작용하면서…… 땀으로 물든 숨 가쁜 코트가 이 카메라에서 저 카메라, 또 다른 카메라, 그리고 또 다른 카메라로 옮겨 다니며 어지럽게 담긴다. 최고의 TV 스포츠 감독조차 혼을 빼놓는 속도로.

TV 팬이 없던 스쿼시는 TV 스포츠에 기생해 몸을 내주는 세 가지, 즉 사기, 도박, 탐욕에서 자유로울 수 있었다. 탐욕? 스쿼시에는 돈이 몰리지 않으니까! 전혀! 상위 10대 스쿼시 프로 선수들은 주요 국제 토너먼트에 갈 때 항공기 돼지우리 클래스를 이용한다. 정신이 비몽사몽한가한 시간대에, AAA(겨우 항공사 이름이 붙은 수준) 클래스의 밥도 안 나오는 항공편을 타고서. 환승 순서는 러시아 항공사 아에로플로트, 델타항공의 저가 항공사 송에어, 카니발 순이다.

　하지만 TV에서 볼 수 없는 까닭에 수백만 스포츠팬들은 어디서도 듣지 못할 놀라운 이야기를 들을 기회까지 놓쳐 버렸다. 바로 미국 역대 코치 중 가장 큰 인기를 누리고 통계적으로도 가장 성공한 대학 코치 폴 아시안테, 그리고 아시안테가 코네티컷주 하트퍼드에 있는 트리니티 칼리지에 세운 대학 대항 스포츠 역사상 가장 전능했던 그의 제국에 대한 이야기다.

　이 글을 쓰는 동안 아시안테와 그의 선수들은 12연승과 1부 전국 챔피언십 12연승이라는 크나큰 성과를 냈다. 이 기간 동안 팀의 기록은 224승 0패였다. 어떤 대학의 어떤 스포츠팀도 범접하지 못한 성적이었다. 두 번째로 긴 연승 기록은 50년 전 마이애미 대학교 테니스 팀의 137연승이다.

　이 책에서 폴 아시안테는 트리니티 칼리지에서 이룬 성공 신화를 직접 이야기한다. 그전에 나는 이미 그의 성공 기록을 홀린 듯이 찾아 읽었다. 『두려움 속으로』는 마이클 루이스의 『머니볼』이 그랬듯 스포츠라는 경계를 넘어 자연스럽게 인생을 돌아보게 하는 보기 드문 스포츠 에세이 중 하나다. 아시안테는 21세기를 살아가는 우리의 보편적 심리에 대한 교훈을 전한다. 또 남극 대륙을 제외한 세계의 전 대륙, 19개국 출신의 선수들, 하나같이 야심 가득하고 기량을 뽐내고 싶어 하는 자기애 강한 선수들을 '모두는 하나를 위해, 하나는 모두를 위해'

정신으로 무장한 동료애와 팀워크 강한 존재로, 그리고 코트 위에서 무자비한 전사로 바꿔 놓은 과정을 설명한다.

말하자면, 이 기분 좋은 과정은 단일하고 단순하며 명확한 코칭의 결과였다. 1996년 어느 날, 트리니티의 당시 총장이었던 에번 도벨은 겨우 일면식 정도 있던 아시안테를 총장실로 불러 별다른 설명도 없이 아이비리그 대학들과 겨룰 수 있는 스쿼시 팀을 꾸리라고 했다. 당시 하버드, 예일, 프린스턴, 특히 하버드가 스쿼시 상위권을 차지하던 대학팀이었다. 두 사람의 대화는 2분 만에 끝났다. 방을 나가는 아시안테의 등에 대고 총장이 큰소리로 말했다. "제대로 해 보이시오!"

아시안테가 스쿼시라는 종목을 처음 들어 본 것은 스물일곱 살 때였는데, 당시 그의 의사와는 상관없이 웨스트포인트, 즉 미 육군 사관학교의 군 스쿼시 팀 코치를 떠맡게 됐다. 아시안테는 유명한 코치 양성 대학인 스프링필드 칼리지 출신이었다. 대학은 매사추세츠주의 주도인 하트퍼드에서 북쪽으로 50킬로미터도 채 떨어지지 않은 곳에 있다. 얼마 전 아시안테는 육군 사관학교에서 테니스 코치직을 제안받았다. 쟁쟁한 코치 일곱 명이 이미 거절한 자리였다. 그리고 곧 그 이유를 알게 됐다. 계약서에는 두 개의 부칙, 보기에 따라서는 위장 조항이 들어 있었다. 테니스 코치는 매일 아침 기상나팔이 불면 사관생도들을 이끌고 크로스컨트리 달리기를 하고 스쿼시팀 코치를 병행해야 했다. 결국 아시안테는 심호흡을 하고 계약서에 서명했다. 다시는 누군가의 부코치로 일하고 싶지 않았기에.

1996년 그날 총장 에번 도벨의 사무실에 들어갈 당시, 아시안테는 육군 사관학교, 윌리엄스 칼리지, 트리니티 칼리지에서 총 11년간 스쿼시 팀 코치 경력을 쌓은 뒤였다. 그동안 독학으로 경기 법을 익혔고, 뉴욕주 선수권 대회에서 두 번 우승을 차지했다. 하지만 아시안테에게 제일 중요한 자산은 유럽에서 열린 국제 대회에서 미 국가 대표팀 코치를 한 경험이었다. 유럽에 있던 어느 날, 아이디어 하나가 번쩍 떠올랐다. 영국 팀은 호주, 인도, 파키스탄, 이집트, 짐바브웨, 나이지리아, 남아프리카공화국, 캐나다, 말레이시아, 심지어 버뮤다, 그리고 당연히 잉글랜드와 스코틀랜드까지 가는 곳마다 긴 시간 머물며 스쿼시 코트를 만들었고, 선수들은 우리 대표팀 선수들보다 기량이 뛰어났다. 영국 팀은 이곳을 너무 빨리 떠났다. 아시안테는 멀리 갈 필요 없이 전도유망한 해외 주니어 선수들을 찾을 수 있었다. 주니어 대회도 유럽에서 같은 시기에 열렸기 때문에 선수들을 한자리에서 편하게 지켜볼 수 있었다.

　아시안테는 탁월한 헤드헌터로 변신했다. 옛 식민국의 땅에서. 아시안테는 잘생기고 매력적인 사람이었다. 쾌활한 성격에, 얼굴에는 웃음기가 가득했고, 어느 대륙 어느 도시를 가든 웃음이 넘쳤다. 전도유망한 신입 선수의 이력을 줄줄 꿰고 있었다. 스쿼시 기술에 통달했고, 선수로 뛰면서 이를 증명했다. 언변이 좋았는데 과할 정도까지는 아니고, 딱 적당한 정도로 말을 잘했다. 사실 아시안테는 메러디스 윌슨의 뮤지컬 〈뮤직 맨〉에 나오는 사기꾼 외판원이나 〈허클베리 핀의 모험〉에 나오는 가짜 왕과 공작처럼 좋아 보이는 건 진짜가 아니라고 믿는 냉소적인 사람이었다. 하지만 본인은 진짜임을 몸소 증명해 보였다. 우선 아시안테는 지나칠 정도로 솔직했다. 모든 신입 선수에게 진심 어린 관심을 쏟았고, 선수가 트리니티에서 뛰는 동안, 그리고 대개는 그 이후에도 오랫동안 그 관심을 이어갔다. 이와 관련된 다양한 일화를 책에서 소개할 예정이다.

아시안테는 미국 스쿼시의 비밀을 속속들이 파헤쳤고, 1999년 그 노력의 대가를 맛봤다. 연승 행진의 첫해였다. 아시안테의 팀에 들어온 해외 선수 일곱 명은 뛰어난 미국인 선수 두 명과 함께 하버드, 예일, 프린스턴, 펜실베이니아, 다트머스, 브라운, 코넬 대학팀을 연이어 꺾었다. 아이비리그의 스쿼시 장기 집권은 끝났다. 어느 날 갑자기.

곧 아이비리그 대학은 아시안테가 영입한 해외 선수들에 대한 불만을 쏟아냈다. 본인들도 반세기 동안 해외에서 선수들을 데려오고 있었으면서. 1980년에는 코넬 대학교의 아이스하키팀 선수 전원이 캐나다인이었던 적도 있다. 2004년, 트리니티가 6연승을 달성한 뒤, 하버드의 스포츠팀 '하버드 크림슨'이 사설에서 아시안테의 제국을 '악의 제국'이라 불러 큰 논란을 불러일으켰다. 2005년 2월 27일, 트리니티는 하버드를 다름 아닌 하버드 대학교 머 센터 코트에서 누르며 7연승을 거머쥐었다. 경기가 끝나자 아시안테의 부코치 제임스 몬타뇨가 트리니티 선수들에게 남색 티셔츠를 전달했다. 티셔츠 앞면에는 굵은 황금색 글씨로 '악의 제국', 뒷면에는 '어둠의 세계에 온 걸 환영한다'라고 적혀 있었다. 어둠의 세계! 지금도 두 코치는 이 악의 제국 얘기만 나오면 웃음을 참지 못한다. 2005년 이 승리의 순간이 오기 한참 전부터, 아이비리그 대학팀은 자신들이 한 농담에 웃지 않았다. 오히려 세계의 영국 전 식민지 국가들을 샅샅이 훑으며 스쿼시 선수 영입에 열을 올렸다. 2006년에는 해외 선수들로 가득했다. 아, 그럼 그렇지.

하지만 내가 특히 분명히 기억하는 건 2005년 하버드에서 경기가 열린 그 날 밤이다. 내가 트리니티와 폴 아시안테 코치에게 유리하게 기억한다고 오해할까 봐 한 가지만 밝혀두자면, 당시 그 자리엔 내 아들 토미도 함께 있었다. 그때 제임스 몬타뇨가 토미에게 악의 제국 티셔츠를 건네며 우승을 축하한다고 말했다.

-톰 울프, 2010년 9월

프롤로그

    수천 년간 아프리카 대초원 지대의 사자들은 사냥 기술을 갈고 닦았다. 무리에서 가장 나이가 많은 사자는 보통 병약하다. 할머니의 할머니 사자다. 다리는 절뚝이고, 이빨은 썩고, 가죽도 딱지투성이다. 사냥을 못 한 지 오래다. 하지만 아직 폐는 붙어 있으니 목 깊은 곳에서 울려 나오는 원시의 포효를 내뱉을 수는 있다.

    사자 무리가 영양 떼를 발견하면 이 최고령 사자는 키 큰 수풀을 향해 가고, 나머지 사자들은 반대편 덤불 속에 길게 흩어진다. 최고령 사자가 포효한다. 소리를 들은 영양 떼는 본능적으로 질주하며 더 어린 사자들이 늘어선 쪽으로 우르르 몰려간다. 영양 떼는 사자의 포효가 나는 방향으로 뛰어야 한다. 이런 공격에서 살아남기 위해서는 본능에 맞서야 최악의 적으로부터 달아날 수 있다. 두려움을 정면으로 마주해야 한다.

    이는 내가 코치로서 강조하는 핵심 메시지이기도 하다. 경기장과 경기장 밖에서 흔히 볼 수 있는 반응은 경기, 대회, 성적에 대한 두려움이다. 연습은 쉽다. 어렵고 피하고 싶은 부분은 공개적인 시합이다. 선수들은 두려운 존재인 시합을 외면한 채 이야기 속 어린 사자들과 같은 평범한 경기력, 낮은 성적, 그리고 종국에는 실패 속으로 뛰어든다. 지도자로서 나의 가장 큰 과제는 선수들이 두려움과 불안, 그리고 최악의 악몽을 극복할 수 있도록 돕는 일이다. 사자가 울부짖는 긴장되고 위험한 순간에 선수들에게 안전은 사실 앞으로 달려 나가야 얻어진다는 사실을 가르친다. 풀숲에는 그저 늙은 사자 한 마리가 누워 있을 뿐이다. 만만하고, 이빨 빠지고, 전혀 위협적이지 않은 사자.

2008-2009년 시즌도 여느 시즌과 마찬가지로 울음소리가 들리는 쪽으로 달려가라는 이야기로 시작했다. 10월의 마지막 날이었다. 리그 규정상 11월 1일까지는 선수들을 공식 지도하는 일이 금지되어 있었다. 파티를 열 시간이었다. 내가 성공한 비결 중 하나는 트리니티 칼리지의 스쿼시를 일류 대학 과정처럼 보이게 만든 것이다. 매년 새로운 유니폼을 주문했다. 고속도로에 표지판을 세워 챔피언십 우승을 향한 우리의 의지를 알렸다(매년 새 표지판을 설치해 두는데, 딱 한 번 예외가 있었다. 다트머스의 대학 남학생 사교 클럽에서 내려와 표지판을 훔쳐 갔을 때). 또 매년 표창을 위해 보스턴 레드삭스의 홈구장인 펜웨이 파크와 코네티컷 주지사 사무실에 초청받아 간다. 나는 선수들이 명예롭고 영원불변한 무언가의 일부라고 느낄 수 있도록 애쓴다.

마치 우리가 듀크 대학 농구팀(매년 대학 리그 우승 후보로 거론되는 대학 농구팀-옮긴이 주)이라도 된 듯 연습이 재개되는 하루 전날 밤, '미드나잇

매드니스' 파티를 열었다. 10월 30일이 핼러윈이었기 때문에 파티는 코스튬 파티로 변했다. 전교생의 3분의 1, 즉 800명이 넘는 아이들이 멋들어지게 차려입고 파티에 참석했다. 도시에서 몇 안 되는 전국 챔피언 팀이었던 트리니티 스쿼시 팀의 인기는 실로 어마어마했다. 수십 명의 학생이 우리 팀 연습에 몰려왔고, 선수들은 구내식당에서 기립 박수를 받았다. 또 200명에 달하는 사람들이 주차장에서 새벽 2시, 전국 대회를 마치고 돌아온 팀을 환영해 줬다. 학생 80명이 교내 챔피언십(팀 소속 선수가 아닌 모든 학생이 등록할 수 있었다)에 참가 등록을 했다. 8달러의 참가비를 내고서 말이다. 핼러윈 파티는 트리니티의 가을 대표 행사였다.

레이디 가가의 '포커페이스'가 관중석 위 오디오에서 쾅쾅 울려 퍼졌다. '지금 나는 센 척하고 있거든.' 아이들은 코트 여기저기서 춤을 췄다. 메리 포핀스는 꼬마 기관차 토머스와 시시덕거렸고, 토머스는 토이 스토리에 나오는 버즈 라이트 이어와 웃고 있고, 버즈 라이트 이어는 팅커벨과 잡담을 나눴다. 아이들은 페이스 페인팅을 하고 몸에는 반짝이 장식을 했다. 따뜻한 공기 속에 가면들이 정신없이 오갔다. 모두 어리고 행복하고 희망에 차 있었다.

자정이 되자 팀 선수들은 1번 코트로 들어갔다. 나는 22명의 학생들, 즉 스파이더맨, 스프링복, 싱원과 싱투(미국 작가 닥터 수스의 책에 나오는 캐릭터-옮긴이 주), 하얀색 플란넬 바지를 입은 귀뚜라미, 그리고 맥도날드의 유명한 광대 마스코트 '햄버글러'를 하나하나 소개했다. 코트 주변으로 흥이 오른 관중이 환호성을 지르고 박수를 치는 가운데, 최고의 의상을 선보인 선수에게 새 라켓을 전달했다. 올해 라켓은 미국의 정치인 딕 체니(미국 전 부통령-옮긴이 주), 아니면 딕 체니를 닮은 누군가로 분장한 선수에게 돌아갔다. 딕 체니가 스물두 살에 지금보다 45킬로그램이 덜 나가고 인도에서 태어났다는 전제 하에.

그런 뒤 선수들에게 혼합 복식 시합을 하게 했다. 챔피언십 현수막 위에 걸린 작고 하얀 시계가 거의 새벽 3시를 가리킬 때 마지막 학생이 코트를 나갔고, 나는 불을 껐다.

14시간 뒤 시작했다. 11월 1일 만성절, 첫 연습을.

학생들은 제각각이었다. 핼러윈의 흥은 사라졌다. 몇몇 학생은 몇 분 일찍 도착해 연습을 위해 옷을 갈아입었고, 어떤 학생은 아직 잠이 덜 깨 비틀거렸다. 가을바람이 인디언 서머의 마지막 숨결을 불어 꺼뜨린 터라 몇몇 학생은 두툼한 운동복을 껴입었지만, 많은 학생이 평소 학교에서 입고 다니던 슬리퍼에 티셔츠 차림이었다. 학생들은 가방을 내 사무실 밖 회색 카펫이 깔린 관중석 위에 올려두고 의자에 털썩 주저앉았다.

오합지졸이었다. 각각 선원, 엔지니어, 볼 베어링 공장주, 건축가, 다이아몬드 광부의 아들이었다. 학생들을 1분가량 쳐다본 뒤 조용해질 때까지 기다렸다. 얼굴빛은 하얀색, 갈색, 검은색으로 제각기 달랐지만, 눈빛만은 모두 놀랍도록 비슷했다. 기대에 차서 탐색하는 눈빛으로 눈을 깜박이지도 않고 동그랗게 뜨고 있었다. 전날 밤 핼러윈 파티에서는 아무 말도 하지 않았다. 그게 바로 내가 전하는 메시지였다. 무엇보다 우리는 즐기려고 이곳에 모였으니까. 우리는 즐겁게 시작했다. 또 한 가지, 당시 쉰다섯인 나로서도 햄버글러 앞에서 진지한 얼굴로 학생들을 지도하는 일이 쉽지는 않았다.

"우리는 한 가족이야. 비록 뒤죽박죽 섞인 가족이지만, 서로 아끼고 챙기니까. 이기든, 지든, 비기든 한 가족으로 이번 시즌을 마무리하자."

그런 뒤 잠시 말을 멈추고 선수들 얼굴을 하나하나 쳐다보며 목소리를 낮춰 말을 이어갔다. "시즌 첫 연습에서 코치들은 대부분 목표가 뭐냐고 묻지. 나는 그런 질문은 하지 않겠다. 목표는 간단하다. 바로 글로 쓸 수도 있겠지. 너희 모두 충분히 훌륭하고 재능 있는 선수들이고 최선을 다하고 있으니까 목표가 뭐든 대부분 이룰 수 있을 거야."

"나는 너희들 목표에는 관심 없다. 내 관심은 오로지 너희들이야. 너희가 뭘 두려워하는지 알고 싶다. 최고의 선수가 되고 최고의 성적을 내는 걸 방해하는 걸림돌은 뭘까? 일어날 수 있는 최악의 사태는 뭘까? 뭘 두려워할까?"

상급생 선수들이 관중석에서 몸을 들썩이며 쓴웃음을 지었다. 그 선수들로서는 익히 들었던 말이니까. 내가 다음에 무슨 말을 할지 알고 있었다. 나는 매년 하는 대초원의 늙은 사자 이야기를 했다. 그리고 학생들에게 이렇게 질문했다. "뭐가 두려운가? 뭘 걱정하고 의심하는가? 무엇이 발목을 잡는가? 무엇이 우리 팀의 걸림돌이 될까? 타이타

닉을 침몰시킨 건 눈에 보이는 빙산이 아니었다. 보이지 않는 바다 아래의 빙산이었지. 문제의 원인을 알아야 한다. 해결 불가능해 보이는 문제가 뭘까? 본인의 두려움을 정면으로 마주해라. 두려움에 맞서 사자 굴로 뛰어 들어가라."

이번에는 누구도 움직이지 않았다. 학생들의 눈이 모두 나를 향해 있었다. "인생에서 중요한 건 성공이냐 실패냐, 승리냐 패배냐가 아니다. 인생은 긴 여정이다. 항상 듣는 소리겠지. 그 과정을 온몸으로 흡수해라. 속속들이 익혀 깨쳐라. 과정 그 자체가 목적지가 되어야 한다. 진짜 목적지는 없다. 인생에는 종점이 없어. 목표도 없고. 모든 강은 바다를 향해 흘러가지만, 바다는 흘러넘치지 않지. 삶은 계속 흘러간다. 삶이 우리에게 주는 걸 받아들여야 해. 선수권 대회에서 우승하든 1회전에서 패하든 다음 날 아침 태양은 다시 뜬다. 중국 인구 10억 명은 지금쯤 일어나겠지. 하지만 이곳 코네티컷주 하트퍼드의 사각 코트 안에서 공을 치는 선수들한테는 별 관심도 없을 거야."

그날 남은 연습 시간은 서로 이야기를 하며 보냈다. 주장들이 먼저 이야기하고, 다음은 다른 상급생, 그리고 신입생이 이어서 이야기했다. 서열순으로 이야기하게 한 까닭은 신입생의 자부심을 어느 정도는 꺾어 놓을 필요가 있었기 때문이다. 그들은 본인의 나라에서 국가 대표팀 선수였고, 그 선수들이 본인을 위해 뛰는 대신 우리 팀을 믿게 만드는 유일한 방법은 암묵적 서열을 만드는 것이었다. 하지만 동시에 모든 사람이 터놓고 이야기하기를 바랐다. 누구도 비웃음당하지도 놀림당하지도 않기를 바랐다. 그게 진짜 대화니까.

　그 순간이 그해의 가장 중요한 연습 시간이었고, 그날은 공을 치지 않았다. 코치들은 대부분 첫 연습을 목표에 대한 연설, 어쩌면 격려 연설로 시작했고, 그런 뒤 모든 선수에게 흩어져 연습을 하게 한다. 나는 그렇게 하지 않았다. 내 앞의 가장 큰 과제는 선수들이 각자의 두려움을 극복하고 사자가 포효할 때, 즉 경기가 다가올 때 달아나지 않도록 돕는 일이었다. 물러서지 않고 당당하게 부담감과 맞서며 나아갈 수 있도록. 공을 치고 싶도록. 겁에 질리지 않도록. 늙은 사자와 마주할 수 있도록.

　우리는 관중석에 앉았다. 마넥은 지난여름 할아버지가 홍콩의 인도 위를 걷다가 급회전한 트럭에 치어 돌아가셨다는 이야기를 했다. 구스는 평균 성적 4.0을 받고 싶다고 했고, 본인이 느끼는 약간의 부담감은 부모님이 아니라 바로 자기 스스로 주는 거라고 말했다. 파스는 미국에 오게 된 이야기와 가문의 이름을 지키기 위해 자기가 잘해야 된다는 이야기를 했다. 버치는 '13' 공포증을 털어놓으며, 13이란 숫자를 너무 두려워해 팀 순위 12위로 뛰어야 한다(선수단은 순위권 9명을 포함해 10명까지만 경기에 출전한다-옮긴이 주)고 말했다. 버치는 너무 심하게 웃느라 거의 말을 내뱉기가 힘들 지경이었고, 모든 사람이 웃음을 터트렸다. 하지만 다시 분위기는 진지해졌다. 많은 선수가 스쿼시에 대해 느끼는 불안감을 이야기했다. 긴 시간 스쿼시에 너무 많은 에너지를 쏟고 있다는 불안감. 한 시간, 또 한 시간이 흘렀다. 마침내 대화가 끝났다.

4개월이 흐른 지금, 그 첫날 연습의 효과가 나타나고 있다. 줄 하나를 튕기자 시즌 내내 그 줄이 진동했다. 오늘 선수들은 경기를 두려워하지 않는다. 점수, 관중의 터질 듯한 함성, 패배가 가져올 결말도 곱씹지 않는다. 두려움을 벗어던졌다. 두려움을 향해 달려가는 중이다.

나는 대학 스포츠 역사상 가장 많은 승리를 거둔 코치로, 지난 12년간 224번의 연승을 달성했다. 나의 트리니티 남자 스쿼시 팀은 무패행진을 이어 왔다. 그 어떤 팀도 이 정도로 긴 승리를 거둔 전례가 없다.[1] 연승은 어렵다. 더군다나 224번의 연승은 대단히 어렵다. 매년 겨울이면 60개 대학이 우리를 무너뜨리려 하고, 60명의 운동부 감독이 돈을 쏟아붓고, 또 60명의 코치는 전 세계 곳곳에서 선수를 물색해 1,500만 스쿼시 인구 중 최고의 선수를 발탁한다.

연승 행진은 예상치도 못한 일이다. 1977년 육군 사관학교에서 처음 스쿼시 코치를 맡기 전까지만 해도 스쿼시라는 종목은 금시초문이었다. 육군 테니스 코치직에 따라온 자리였다. 말 그대로 나는 스쿼시 까막눈이었다. 그랬던 내가 대학 스포츠 역사상 가장 긴 연승을 달성했다. 그것도 스쿼시라는 종목을 독학으로 터득하면서 말이다.

---

[1] 대학 스포츠에서 가장 근접한 연승 사례로는 1940~1961년 예일 대학교 남자 수영팀 201연승, 1957~1992년 마이애미 대학교 남자 테니스팀 137연승, 1990~1994년 노스캐롤라이나 대학교 여자 축구팀 92연승, 1971~1974년 UCLA 남자 농구팀 88연승, 1953~1957년 오클라호마 대학교 미식축구팀 47연승이 있다. 흥미롭게도 노스캐롤라이나 대학교와 UCLA, 오클라호마 대학교의 연승행진은 모두 노트르담 대학교에 발목이 잡혔다. 현재 주목할 만한 연승 기록은 펜실베이니아 주립 대학교 여자 발리볼 팀의 102연승과 코네티컷 대학교 여자 농구팀의 78연승이다.

앞으로 할 이야기는 전국 챔피언십 대회에서 프린스턴과 맞붙은 듀얼 매치로 시작하고 끝난다. 여기서 이기면 202연승이었다. 또 이번 대회에서 우승하면 11회 연속 전국 선수권 우승을 거머쥘 터다. 손에 땀을 쥐는 싸움이다. 듀얼 매치는 총 아홉 번의 개인 매치로 이루어지며, 각각의 매치에서 코치의 역량이 완전히 드러난다. 나의 트리니티 팀 선수들은 엄청난 부담감을 안고 시합에 나서는데, 선수들이 펼치는 경기는 좋은 리더는 어쩌고 하는 온갖 진부한 말은 깡그리 지워버리고, 코치인 나의 장점과 약점을 적나라하게 드러낸다. 또한 중요한 삶의 교훈을 알려준다.

이 책은 스쿼시에 대한 책이 아니다. 리더십에 대한 책이다. 자부심, 본능, 통제, 분노 조절, 재능, 멘토링에 대한 내용을 담고 있다. 이들 주제는 부모나 코치라면 누구나 맞닥뜨리는 문제다. 쉽지 않은 문제다. 때로 비극적이고 실망스럽고 고통스럽다. 그동안 끔찍한 실수를 저지르기도 했다. 내가 고통받은 적도 있고 다른 사람에게 고통을 안긴 적도 있다. 그리고 그런 순간에 승리보다 더 많은 것을 배웠다.

결국 중요한 것은 숫자와 연승, 승리와 패배가 아니라 그 순간 느끼는 감정이다. 두려움을 느낀다면 후회하며 살아가게 될 것이다. 실패하고 그 무엇도 배우지 못할 것이다. 용감하고 침착해야 한다. 사자 굴 속으로 달려 들어가야 한다.

사람들은 늘 나에게 이렇게 물었다. "특별한 방법이 있으신가요? 승리의 비결이 무엇인가요? 고통은 어떻게 이겨내시나요?" 나의 대답은 이렇다.

2009년 2월 22일, 일요일. 뉴저지 프린스턴. 오늘은 전국 대학팀 토너먼트 결승전이 열리는 날이다. 4개월간의 정규 시즌 동안 우리는 16개 대학과 경기를 펼쳤다. 밸런타인데이에 프린스턴에서 프린스턴 대학과 맞붙었고, 듀얼 매치를 5-4로 이겼다. 11년간의 무패 행진에서, 5-4로 가까스로 승리를 거둔 것은 이번이 6번째였다.

또다시 숨 막히는 경기를 하고 싶지 않다. 하지만 불과 8일 뒤, 우리는 프린스턴으로 돌아왔다. 프린스턴은 올해 전국 팀 토너먼트에 60개 대학을 초청했다. 준준결승에서 다트머스를 9-0으로, 준결승에서 하버드를 다시 9-0으로 수월하게 눌러, 이제 우리 기록은 18승 무패다. 현재 우리는 201연승을 달리고 있다. 1998년 2월 이후로 패배한 적이 없다. 결승에서 다시 프린스턴과 맞붙는다.

지난 몇 시즌을 치르는 동안, 프린스턴은 우리 팀의 최대 라이벌 팀이었다. 프린스턴에는 훌륭한 상급생 선수가 3명, 눈에 띄는 하급생 선수가 두어 명 있다. 지금이 우승팀을 끌어내릴 기회다. 다시 우리는 프린스턴의 홈코트에서 프린스턴과 대결한다. 마치 우리가 오하이오 주립 대학 미식축구팀이고, 캘리포니아주 로즈볼에서 서던캘리포니아 대학교(USC)와 경기하고 8일 뒤에 캘리포니아 패서디나로 돌아와 BCS 선수권 대회에서 다시 USC와 맞붙는 기분이랄까.

그날 아침은 호텔에서 시작된다. 우리는 아침 9시쯤 선수들을 깨운다. 그대로 두면 해가 중천에 뜰 때까지 잘 녀석들이다. 느릿느릿 차를 몰고 프린스터니언 다이너라는 식당으로 간다. 시내 바로 남쪽 1번 국도에 있는 식당이다. 나는 선수들에게 경기 전 식사 시간을 넉넉하게 주는 편이다. 선수들은 세상으로 나와 지나다니는 사람들을 보고 스쿼시라곤 들어본 적도 없는 식당 종업원과 이야기를 나눈다. 선수들을 겸손하게 만들어 주는 유익한 시간이다. 선수들은 오늘의 결과와 상관없이 삶은 계속되리라는 사실을 깨닫는다.

선수들이 텔레비전을 켜기 전에 호텔 밖으로 데리고 나오려는 이유도 있다. 언론의 공세는 올해 유난히 더하다. 예전《하트퍼드 커런트》라는 매체가 매주 우리 팀 소식을 다뤘고, 가끔은 전국 매체에 소개되기도 한다. 가령 2008년《스포츠 일러스트레이티드》는 우리 팀에 대한 기사를 실었다. 하지만 올해는 이례적이다.《NPR》《ESPN 라디오》《CNN》그리고《뉴욕 타임스》까지 우리 이야기를 다뤘고, 오늘따라《ESPN》은 우리 팀에 대한 5분짜리 방송을 하고 있다. 대학 선수들이 대부분 그렇듯 우리 팀 선수들도《ESPN》에 본인들 이야기가 나오면 흥분한다. 하지만 나는 아니다. 그런 상황만은 어떻게든 막고 싶다. 우리 선수들이 코트에 서기 몇 시간 전에 전국 텔레비전 방송에 나오는 일만은.

나는 일찍 일어나 다른 코치들과 우리 팀을 소개하는 방송을 본다.《스포츠센터》에서 매 시간 방영된다. 방송은 "역대 최고의 연승 행진입니다."라는《ESPN》의 이야기로 시작된다. 처음 나오는 이미지는 내 손이다. 카메라가 나의 열 손가락에 끼워진 10개의 우승 반지 위를 천

천히 비춘다. 그 장면을 보며 생각한다. '아이고, 애들은 보면 안 되겠네.'

서둘러 호텔을 빠져나와 차를 타고 식당으로 간다. 돌발사고. 식당 문 밖에 사람들이 줄을 서 있는데, 다른 원정 대학 팀 몇이 우리보다 앞서 도착해 있었다. 마침내 자리에 앉자 다들 8일 전에 먹은 음식과 똑같은 메뉴를 주문한다. 인도 선수들은 대부분 평소 시키는 아이스크림 팬케이크를 시킨다. 그런데 음식이 10분을 기다려도 나오지 않는다. 일정에 늦은 것도 아닌데, 선수들은 그렇게 생각하지 않고 몸을 들썩이며 투덜거리기 시작한다.

식당을 나온 뒤 차를 타고 프린스턴에 있는 체육관 재드윈에 도착한다. 농구 코트로 들어가 엘리베이터를 타고 지하로 내려간다. 스쿼시 코트 근처에 있는 잰프리니 펜싱 룸에 장비를 내려놓자 곧 선수들의 지인 수십 명이 쏟아져 들어온다. 반 친구, 동아리 사람, 부모님, 사촌, 여자 친구, 동창 등이다. 응원과 격려를 보내는 친구들은 보기 좋지만, 여기저기서 인사를 하며 선수 번호가 적힌 트리니티 모자를 쓴 사람들을 보고 있노라면 부담감이 몰려오기 시작한다. 거의 모든 대학 스포츠에는 경기 전과 도중에 선수와 관중을 가르는 물리적 경계가 있다. 스쿼시에는 선수를 관중으로부터 분리할 경계가 따로 없다. 라커룸은 너무 작다. 코트가 관중석 바로 옆이라 경기를 보고 싶으면 사람들 틈을 비집고 왔다 갔다 해야 한다.

사람들을 내보냈다. 갑자기 조용해졌다. 심하다 싶을 정도로. 선수들이 평소 주고받는 잡담, 친근한 욕설, 자랑하는 말, 농담이 사라졌고, 슬슬 걱정이 되기 시작했다. 어떤 선수들은 아이팟을 끼고 있어 뱀처럼 긴 하얀색 이어폰 줄이 귀에서 달랑거렸다. 몇몇 아이들은 소파에 앉아 말없이 기계적으로 손에 파란색 테이프를 감거나 조심스럽게 머리에 반다나를 두르며 무기를 챙기고 있다. 이미 수천 번은 했을 행동이다. 또 어떤 선수는 바닥에 앉아 다리를 벌리고 발을 들어 올리며 스트레칭을 하고 있다. 다들 말이 없다. 선수들이 현실이라는 배에서 멀어져 부담감이라는 블랙홀로 빨려 들어갈까 두려웠다. 아주 약간의 긴장만 필요할 뿐이다. 긴장감이 전혀 없으면 집중력이 떨어지지만, 그렇다면 너무 긴장해도 곤란하다. 야구 선수 빌 러셀은 경기를 앞두고 매번 토했다고 한다. 물론 과장된 이야기이기는 하다. 나는 선수들이 두려움을 향해 달려가기를 바라지만, 도중에 토하기를 바라진 않는다.

나는 방을 돌아다니며 이런저런 말을 걸면서 분위기를 푼다. 우리 팀 사진가인 딕 드럭먼에게 플라스틱 맨처럼 몸을 풀고 있는 루시의 사진을 찍게 한다. 구스가 아이팟으로 듣는 스칸디나비아 록 음악에 관한 농담을 건네고, 수프리트에게는 아침에 먹은 푸석한 오믈렛 이야기를 꺼내며 위로의 말을 한다. 또 찰리에게는 어머니가 아직 도착하지 않았는지 묻고, 영화 〈300〉에 나온 대사를 인용하며 마넥을 웃긴다. 잠시 경기 계획을 설명하지만, 대개는 말을 아낀다. 우리 팀 부코치 제임스 몬타뇨는 바쁘게 오간다. 물병과 선수 보호용 테이프를 나르고, 대형 치클릿 껌처럼 생긴 하얀색 새 손목 보호대를 나눠 준다. 제임스에게 코트에 처음 서는 선수 셋과 대화를 나누고 사기를 끌어올리는 말을 해 주라고 주문한다.

내 연설은 최대한 짧게 끝낸다. 말은 1분을 넘어가면 쉽게 휘발된다. 나의 말을 선수들이 가슴에 새겨 6시간 뒤에도 기억했으면 좋겠다. 지난주에는 선수들에게 연승은 생각하지 말고 프린스턴에 우승팀과 싸우는 기분이 어떤지 보여 주라고 말했다.

"제일 어려운 일이지만, 우리는 함께 팀을 꾸려 왔어." 거의 속삭이듯 말했다. "누구도 포기하지 않았다. 두려워하지 마라. 바로 옆 코트에서 싸우는 선수는 우리를 보고 책임감을 느끼는 거야. 우리의 열정과 노력은 거미줄처럼 촘촘히 얽혀 있다. 절대 포기하지 마라. 옆 코트에 서 있는 선수도 절대 포기하지 않을 테니까."

"프린스턴은 시즌을 잘 꾸려 왔어. 좋은 팀이지. 지난주에는 우리를 이길 뻔도 했어. 이제 우리를 이길 수 있다고 믿는 것 같아. 하지만 그 팀은 여전히 확신이 없어. 프린스턴은 우리를 이길 수 없다. 프린스턴은 전술을 변경했어. 지난주보다 더 치열한 접전이 될 거야. 당황하지 마라. 상대 팀에 맞춰 전술을 조정하면 돼. 관중은 신경 쓰지 마. 프린스턴의 집중포화가 기다리고 있으니까. 존경의 표시라 봐야지."

"경기 초반에 상태 팀에 승산이 없다는 메시지를 보내야 해. 일찌감치 얼굴에 한 방 먹인 뒤에 이런 생각이 들게 해야지. '이런, 힘들겠는데. 고달픈 경기가 되겠어.' 명심해. 그 팀은 챌린지 매치보다 더 어려운 공은 못 칠 거야. 코트 위에서 웃되 나한테는 웃는 모습을 보여 주지 마. 나는 너희들 뒤통수만 보고 싶다. 관중을 쳐다보지도 마. 경기에만 집중해. 순간에 휩쓸리지 말고 계속 집중해라. 그리고 명심해라. 점수 차가 좁혀지면 전력투구해. 옆 코트에 선 동료는 몸을 던지고 피를 흘리면서 전력을 다해 싸우는 중이다."

"우리는 늘 형제다. 파이팅."

우리 팀은 라커룸에서 나가 프린스턴 팀과 선수 소개를 위해 1번 코트로 향한다. 코트로 걸어 들어가자 속삭이던 관중이 귀가 멎을 듯 무시무시한 함성을 지른다. 짐승 떼가 울부짖는 소리 같다. 파도처럼 터지던 함성 소리가 머리 위로 쏟아진다. 우리는 휘파람, 고함, 구호, 박수 소리에 둘러싸인다. 1,000명이 넘는 관중이 선수들과 불과 300 미터 떨어진 거리에서 고함을 질러대고, 더 많은 사람이 인터넷으로 경기를 지켜보고 있으며, 페이스북에서는 시시각각 올라오는 기사를 팔로잉한다. 우리는 얼어붙은 땅으로부터 3층 밑, 해가 들지 않는 체육관 깊은 곳에 있다.

한겨울이지만 프린스턴 학생들은 대학생 특유의 무심한 태도로 티셔츠와 반바지만 달랑 입고 있다. 트리니티팀이 옆벽 한쪽을 따라 늘어서고, 프린스턴은 반대쪽 벽을 따라 늘어선다. 잠깐 동안 프린스턴 팀 코치인 밥 캘러핸이 나에게 하는 말이 들리지 않았다. 내 이름이 호명되고 큰소리로 야유가 터졌다. 소리가 잦아들 때쯤 나는 이렇게 말했다. "처가 식구를 만난 이후로 이처럼 심한 야유를 받은 건 처음이네요." 모두 웃음을 터트렸다.

내 위로 평온한 물결이 치는 느낌이다. 몇 주 만에 처음으로 편안한 기분이다. 이번 시즌 결승 듀얼 매치가 시작됐다. 시즌 처음으로 결과에 대해 이러쿵저러쿵하는 걸 자제하고 통제 불가한 요인, 바로 선수들의 감정, 태도, 부상, 두려움에 대한 걱정을 멈출 수 있었다.

뜨거운 환호 속에 선수들의 이름이 호명되고 선수들은 코트 가운데로 걸어가 악수를 한다. 곧 우리는 앞벽 근처에 옹기종기 모인다. 나는 늘 주장들끼리 이야기를 나누게 한다. 선수 소개 전에 응원의 말을 건네고, 잠시 뒤 듀얼 매치가 시작됐다. 관중은 함성을 내지르고 선수들은 상대 팀과 붙은 전력이 있다. 모두 너무 흥분한 상태라 진지한 이야기를 하기는 힘들다.

주장 중 하나인 구스 데터가 유리 앞벽을 향해 걸어가 관중석에 앉은 폭격 부대에게 손짓을 보낸다. 팔을 천천히 내밀었는데, 이번 시즌을 함축하는 행동이었다. 그는 이렇게 말했다. "알지, 너넨 우리 팀이야." 폭격 부대는 후보 선수, 2군 선수, 신문이나 텔레비전에 나오지 않는 선수들이었다. 모두 평상복을 입고 있었고, 10명 남짓한 이 선수들은 코트 쪽으로 다가와 옹기종기 모인 인간 아메바 무리에 합류했다. 그 주에는 22명의 선수들이 모두 모였다. 상위 10위의 선수만 경기에 나가지만(그리고 9위까지만 순위에 포함되지만), 선수 전원을 불러 모은다. 호텔 객실이 여섯 개뿐이라 폭격 부대는 바닥에서 잠을 자고, 한 객실을 4-5명이 나눠 쓴다. 하지만 선수들은 그곳에 옹기종기 모여 있다. 폭격 부대를 데려온 팀은 오직 우리뿐이다.

구스가 말한다. "우리는 여기 다시는 안 올 거야. 우리 형제들을 위해 싸우자. 원, 투, 쓰리." 그러고는 묵직한 저음으로 함성을 내질렀다. "심바!" 함성 소리가 코트 안에 울려 퍼졌다. 그 소리는 체육관 안과 프린스턴 캠퍼스, 그리고 뉴저지의 숲 위로 메아리쳤고, 경기가 시작됐다.

1장
주인의식: 마넥

우리는 그날 오후 아홉 번의 매치를 치렀다. 각 팀 순위표의 3위, 6위, 9위 선수가 선발로 뛰며, 3위 선수가 1번 코트, 6위 선수가 3번 코트, 9위 선수가 5번 코트에서 경기를 펼친다. 라인업을 훑어보다가 3위 선수인 마넥 마투르가 와일드카드라는 느낌이 왔다. 승패는 어느 쪽으로든 기울 수 있다. 첫 두 게임은 과연 그랬다. 마넥과 프린스턴 선수인 크리스토퍼 캘리스는 약 40분간 명승부를 펼치며 사이좋게 한 게임씩 나눠 가졌다.

캘리스는 덥수룩한 머리에 건장한 1학년생이다. 외모만으로는 라크로스 선수처럼 보이기도 한다. 필라델피아 출신이며, 아마도 대학 랭킹으로는 미국인 선수 중 최상위권이다. 오늘 듀얼 매치를 펼치는 많은 선수처럼 마넥과 캘리스는 세계 토너먼트 리그에서 만난 전력이 있다. 두 사람은 2006년 뉴질랜드에서 열린 세계 주니어 챔피언십에서 처음 만났다. 미국은 스쿼시에서 강국이었던 적이 없으며, 그날 마넥의 태도는 마치 세련된 도회지 사람이 소문으로만 듣던 시골사람을 만난 듯했다. 인도 뭄바이 출신의 왼손 선수 마넥은 이 미국인 선수에게 지지 않겠다고 속으로 다짐했다. 그리고 네 게임에서 캘리스를 시원하게 쓰러뜨리고, 마지막 5게임에서 9-0 완승을 거뒀다.

하지만 도시의 방식은 헝그리 정신에 의지만 굳으면 배울 수 있다. 캘리스는 성장했다. 일류 대학 중 한 곳인 프린스턴에 입학했고, 8일 전 우리와 싸운 밸런타인데이 듀얼 매치에서 네 게임을 이기며 마넥을 놀라게 했다. 캘리스는 첫 게임을 7-5로 리드하다가 9-5로 패했다. 2게임은 8-5로 지다가 놀랄 만한 드롭 샷을 선보이며 10-8로 이겼다. 3게임은 쉽게 이겼고, 4게임에서 10-9로 마넥을 무찔렀다. 접전이었다. 신문에 정직한 폰트로 적힌 점수표만 봤더라도 캘리스가 대단한 일을 해냈구나 싶었을 것이다.

패배에 낙담하는 대신 마넥은 그저 똑바로 서 있을 수 있음에 감사했다. 캘리스의 승리를 깎아내리려는 행동도 변명도 결코 하지 않았지만, 변명의 여지가 있기는 했다. 경기 며칠 전에 마넥은 독감에 걸려 기침, 콧물, 고열에 시달렸다. 연습은커녕 며칠 동안 방에서 나오지도 못했다. 듀얼 매치가 열린 토요일 아침, 침대에서 겨우 몸을 일으킨 마넥은 살짝 어지러움을 느끼며 방에 널브러져 있던 스쿼시 장비를 가방 안에 던져 놓고 간신히 움직여 코트에 들어섰다. 힘없고 탈진한 상태로 공을 몇 번 쳐본 뒤 버스에 올랐다. 뉴저지로 가는 내내 전해질 음료를 마시며 수분을 보충했다. 프린스턴에 도착한 뒤 일주일 만에 처음으로 밥을 먹었다. 약간 나아졌나 싶었지만, 2게임이 끝난 뒤 캘리스를 이길 확률이 거의 없음을 깨달았다. 속도가 너무 빨랐다. 캘리스는 마넥을 계속 이리저리 뛰고 움직이게 했다. 마넥은 1초 늦게 라켓을 휘둘렀고 숨 돌릴 틈이 없었다.

그럼에도 마넥은 캘리스와 다시 겨루는 시합을 낙관했다. 한 주 내내 최선을 다해 훈련했고, 독소를 빼내고, 기력을 회복했다. 많은 인도인 스쿼시 선수들이 그렇듯 마넥 역시 무모한 구석이 있었다. 기꺼이 도박을 하고 위험을 감수하고 무대에 올랐다. 예측 불가한 상황에 흥분했다. 스윙은 물 흐르듯 유연했고, 마무리도 탁월했다. 경기가 팽팽한 접전을 이룰 때면 딱 필요한 만큼 샷의 길이를 조정하는 능력이 생기는 듯했다. 하지만 그의 삶은 늘 준비되어 있어야 했다. 적당하고 건강한 몸을 준비해야 했고, 삶의 행로도 순탄해야 했다. 사귀는 여자 친구와도 늘 관계가 원만해야 했다. 퍼즐 한 조각이라도 제자리에 없으면 불안했다.

오늘 시합 전에 마넥에게 세게 나가라고, 전국 챔피언십에서 힘든 승부를 잘 해냈다고 말했다. 인내심을 가지라고, 어드밴티지(듀스 상황에서 어느 한 선수가 득점한 점수-옮긴이 주)를 쌓은 뒤 득점하라고 이야기했다. 또 백핸드 크로스코트 샷을 날려 캘리스가 포핸드로 앞벽 닉 쪽으로 샷을 하지 못 하도록 막으라고 조언했다. 마넥은 고개를 끄덕이고는 코트로 나가 노련하지만 무심하게 경기를 시작했다. 두 게임이 타이브레이크까지 갔다. 캘리스가 첫 게임을 이기고, 2게임에서 게임 포인트를 만든 뒤 8-6으로 앞섰다. 마넥은 놀라운 스퍼트를 내 다음 6포인트를 득점하고 위험한 상황을 벗어나 2-0 패배를 피했다. 만약 패했다면 돌이키기 힘든 상황이 됐을 것이다(특히 3게임 경기력 면에서).

하지만 마넥은 고전 중이다. 캘리스가 공 몇 개를 틴에 맞히지 않았다면 2게임도 가져갔을 것이다. 마넥은 경기를 주도하기보다는 캘리스의 영리한 플레이를 막아 내기 바빴다. 흡사 우리에 갇혀 마음껏 내달리지 못하는 짐승처럼. 내가 작전을 잘못 짰다. 캘러핸은 캘리스를 반속으로 뛰게 하면서 공을 크로스코트로 높이 띄운 뒤 넓고 깊은 로브 샷으로 공격했다. 캘리스의 공격은 유난히 거칠었는데, 마넥의 포핸드 쪽으로 정확하게 드롭을 날린 뒤 마넥이 받아치는 공(대개 크로스코트)을 강한 포핸드 발리로 잡았다. 캘리스는 스트레이트 드롭과 발리, 좌우 연타를 번갈아 퍼부으며 득점을 이어 갔다. 나는 마넥의 강점을 활용하는 대신 잘못된 작전으로 마넥을 무력하게 만들었다. 선제공격을 하게 한 것이다. 강력한 무기가 있는데 꽁꽁 숨겨둘 필요가 있는가?

2게임이 끝난 뒤 코트 밖에 마넥과 함께 앉아 있었다. 마넥에게 게토레이를 건넸다. "못 마시겠어요, 코치님." 너무 초조해서 마실 수 없다고 했다. 마넥에게 선제공격을 한 뒤 속도를 높이라고, 너무 수비만 하지 말라고 했다.

하지만 마넥은 무너졌다. 캘리스는 3게임을 9-0으로 이겼다. 7분 넘게 걸렸으니 민망할 정도로 빠른 패배는 아니었다. 마넥은 17번의 랠리 중 네 번의 랠리를 이겼다. 하지만 2-1로 지고 있었고, 다행히 여전히 코트 위에 있다.

스쿼시는 물렁물렁한 스포츠가 아니다. 1850년대, 해로라는 영국 사립 초등학교 남학생들이 처음 스쿼시를 발명했다. 그렇게 시작된 스쿼시는 1884년에 미국 전역으로 퍼져나갔다. 미국 뉴햄프셔주 콩코드에 있는 명문 공립학교 세인트 폴 스쿨의 남자 교사 하나가 해로에서 이 신생 스포츠를 했던 대학 반 친구의 도움을 받아 네 개의 야외 스쿼시 코트를 만들었다. 스쿼시란 게임이 필라델피아에서 처음 자리를 잡은 것은 1904년 미국 스쿼시 관리 기관인 '미국 스쿼시(U.S. Squash)'가 창설되면서다. 대학 대항 스쿼시는 1923년 처음 시작됐는데, 하버드와 예일이 맞붙었다. 미국 엘리트층이 주로 즐기던 컨트리클럽 스포츠였던 스쿼시는 1970년대부터 대중화되며 상업 클럽이 생겨났다. 오늘날 미국인 25만 명 이상이 매주 스쿼시를 친다. 방과 후 청소년 스쿼시 프로그램이 20개가 넘으며, 연간 총 1,000만 달러의 예산이 배정된다. 또 취약 계층 아동 5,000명 이상이 프로그램에 참여한다. 전국 60개가 넘는 학교가 전국 남자 대학 대항전에서 시합한다. 프로 토너먼트는 뉴욕의 그랜드 센트럴 터미널과 시카고의 밀레니엄 파크 같은 유명한 경기장의 이동용 유리 코트에서 열린다.

스쿼시는 힘든 스포츠다. 코트는 세로 약 10미터, 가로 약 6미터로 라켓볼 코트보다 약간 작고 비좁고 답답하다.[2] 각 매치는 5전 3선승제이며, 각 게임은 9점제. 점수가 8대 8 동점이 되면 1점 또는 2점 타이브레이크가 있다. (먼저 8점을 얻은 선수에게 결정권이 있는데, '세트 투'를 고르면 10-8, '세트 원'을 고르면 9-8이 되면 경기가 종료된다.)

득점의 경우 서버만이 포인트를 얻을 수 있으며, 서브권을 얻기 위해서는 우선 랠리에서 이겨야 한다. 따라서 경기가 계속되더라도 선수들이 득점 없이 서브권만 주고받는 경우도 생길 수 있다. 과거 발리볼의 방식과 흡사하다. 이 같은 득점 방식은 보통 핸드인, 핸드아웃, 또는 줄여서 히호(hi-ho)라 부르며, 고유한 수비 방식이 있다. 가령 7-2로 지고 있더라도 상대 선수가 서브를 할 때마다 랠리를 이기면 경기를 계속할 수 있다. 큰 점수 차로 지고 있다면 모든 랠리보다는 절반의 랠리를 이기는 편이 훨씬 더 쉽다.

그것만 빼면 스쿼시는 단순하다. 공을 바닥에 두 번 튕기지 않고 코트 안에 들어오게 하면 된다. 공은 앞벽에 한 번만 닿아야 하며, 바닥도 딱 한 번만 칠 수 있다. 하지만 천장을 제외한 다른 벽면은 라켓으로 공을 치기 전후에 몇 번이고 맞아도 괜찮다. 앞벽에는 약 48센티미터 높이의 선이 있는데, 모든 공은 선의 위쪽에 맞아야 한다. 그 선 아래쪽을 틴이라고 하는데, 보통 공이 맞으면 독특한 소리를 내는 금속

---

2 1990년대까지 미국 스쿼시는 가로 2.5미터 크기의 코트에서 총알처럼 빠른 속구로 경기를 했으며, 예전 미국에서 했던 스쿼시를 흔한 말로 하드볼, 지금 표준 스쿼시가 된 국제 경기를 소프트볼이라고 불렀다.

소재로 만들어진다. 라켓은 테니스 라켓과 길이는 같지만 헤드가 더 작고 넥 부분은 더 얇다. 또 무게는 배드민턴 라켓과 거의 같다. 공은 고무 재질이며, 테니스공보다 더 물렁하고 크기는 작으며 탄력은 덜하다.

스쿼시의 핵심은 상대 선수의 진로를 방해하지 않고 코트의 중심을 장악하는 것이다. 한쪽 선수가 랠리 중 진로를 방해하면 상대 팀 선수가 '렛(let)'을 요청할 수 있으며 그 포인트는 재경기를 한다. 만약 상대 선수가 먼저 친 선수의 진로 방해만 아니면 결정 샷을 칠 수 있는 상황이었다면 렛 대신 '스트로크'를 얻어 득점한다. 노련한 선수들은 옆벽에 붙여 공을 친다. 정확히 겨냥한 샷은 옆벽에 바싹 붙거나 옆벽과 바닥이 만나는 지점을 가리키는 스쿼시 용어인 '닉'에 세게 부딪힐 수 있다. 닉에 맞은 공은 바닥 쪽으로 굴러가므로 받아치기 쉽지 않다. 바닥에 그려진 두 개의 서비스 박스는 T자 형태를 띠며, 코트에서 중심에 해당하는 위치로 미식축구의 스크리미지선(공격을 시작할 때 공의 위치에서 가상으로 존재하는 선-옮긴이 주)과 같다고 보면 된다. 시합을 하는 동안 선수들은 기본적으로 이 T존을 차지하기 위해 경쟁하며, 상대 선수를 코너로 몰아넣고 T존을 차지하는 선수가 보통 득점한다.

스쿼시는 놀라울 정도로 빠르게 진행되는 유산소 스포츠다. 유명한 골프 기자인 허버트 워런 윈드는 스쿼시를 좋아했는데, 예일 대학교에서 스쿼시를 처음 접했다. 윈드는 특히 파키스탄 출신의 전설적인 칸 가족을 좋아해 《뉴요커》에 이런 글을 쓰기도 했다. "과연 칸 형제가 접전을 펼치며 긴 시간 랠리를 펼치는 모습을 지켜보자면 〈키스톤 캅스〉(무능력한 경찰을 풍자한 20세기 초반 미국 인기 무성 영화-옮긴이 주)의 한 장면을 보는 기분이다. 두 선수는 귀신같이 모서리를 뛰어 들어갔다 나왔다 하며 곡예 같은 '패스'를 이어가고, 움직임은 점점 더 환상적으로 변한다. 두 사람의 움직임과 타격 속도는 점점 빨라지다 결국 동작이 거의 흐릿하게 보이는 경지에 이른다. 나는 속도와 흥미 면에서 스쿼시와 견줄 수 있는 스포츠를 거의 보지 못했다."

점수 면에서 트리니티와 프린스턴의 듀얼 매치 결승전은 역사에 남을 만한 경기였는데, 대학 듀얼 매치 사상 마지막으로 9점제 경기 방식을 사용하는 까닭이다. 대학 코칭 협회는 다음 가을에 11점제로 바꾸는 문제를 놓고 투표를 했다. 이를 포인트 어 랠리 또는 파(PAR) 방식이라고 하는데, 찬성파들은 몇 년 전 토너먼트의 접근성은 높이고 관중 친화적이며 경기 시간은 단축하는 이 방식을 채택했다. 경기의 통일성을 위해 전 세계 모든 수준의 경기를 11점 파 득점제로 변경했다. 오늘날 우리는 9점제 득점 방식을 바탕으로 스쿼시의 부활을 꿈꾼다. 우리 선수들은 랠리를 이어가며 배의 균형을 잡을 것이다. 서브를 넣을 때만 위험을 감수하고 서브를 받을 때는 천천히 랠리를 계속해 나갈 것이다.

사람들이 스포츠를 시작하는 이유는 무엇보다 행복해지기 위해서다. 처음 어떤 스포츠에 도전한 장소는 어쩌면 놀이터나 학교 운동장이었을 테고, 부모님의 손에 이끌려 시작했을지도 모른다. 하지만 초반에는 늘 즉흥적이다. 몇 분 동안 게임을 한다. 공을 치거나 차거나 던지고, 스케이트를 타고 뒤뚱거리며 가거나 공중으로 뛰어 오른다. 재미있다. 그뿐이다. 연승, 연패, 자격 요건, 점수 따위는 없다.

자녀가 흥미를 갖는 모습에 신이 난 부모는 이 일시적 관심을 꽉 붙잡는다. 행복은 물론 좋다. 하지만 부모는 자녀가 그 이상의 것을 갖기를 바란다. 그리고 이것저것 관여하기 시작한다. 돈을 써서 클리닉, 개인 강습, 첫 토너먼트에 보낸다. 아이의 실력이 향상된다. 하지만 제대로 수영을 하려면 더 큰물로 가야 한다. 아이가 참가하는 코칭, 토너먼트가 하나하나 늘어나고 여름 캠프, 주말 클리닉에도 간다. 더 많은 장비와 포스터, 책을 산다. 그러다 어느 순간, 약간의 변화가 생긴다. 그리고 다른 사람들의 관심을 눈치 챘다. 이 스포츠가 부모님, 반 아이들, 친구들에게 중요하다는 사실을 깨닫는다. 스스로가 다르게 보이기 시작한다. 우리 팀 선수들의 경우, 스스로를 스쿼시 하는 사람이 아니라 '스쿼시 선수'로 보게 되는 순간이 있었다.

전 테니스 선수 빌리 진 킹이 언젠가 내게 본인의 성공 비결을 이야기한 적이 있다. 소방관이었던 빌리 진의 아버지는 본업 외에 부업까지 했고, 어머니는 의료 센터에서 접수 담당자로 일하면서 화장품 브랜드 에이본과 주방용품 브랜드 타파웨어의 제품을 팔았다. 덕분에 딸의 초창기 테니스 강습비를 낼 수 있었다. 처음부터 빌리의 부모님은 본인들이 빌리의 테니스 경력을 가치 있게 생각한다는 사실을 보여 주며 딸의 성공을 위해 힘껏 헌신했다. 하지만 부모님에게는 빌리 말고도 본인들의 삶과 직업, 그리고 막내아들 랜디(메이저 야구 선수가 된)가 있었다. 빌리 진은 허드렛일을 해서 돈을 모아 생애 첫 라켓을 구입했다. 그녀의 테니스 토너먼트를 눈여겨보는 사람은 많지 않았다. 부모님은 딸의 연습에 오지 않았고, 종종 대회에도 나타나지 않았다. 게다가 초창기에는 진짜 코치도 없었다. 빌리 진이 열다섯 살 때 앨리스 마블과 만나기 전까지는 롱비치 레크리에이션 부서에서 하는 지도에 따라 훈련하는 게 전부였다. 등 떠미는 부모님과 코치가 없는 상황 덕에 빌리 진은 본인이 하는 운동에 주인의식을 갖게 됐다. 스스로를 믿고 배우는 수밖에 없었다. 성적과 행동에 대한 책임은 모두 본인에게 있었다. 자신이 내리는 결정과 그 결정의 이유에 최종 책임을 졌다.

종목이 무엇인지와는 상관없이 주인의식을 가질 수 있다. 내가 아는 세계적으로 유명한 오보에 교사는 학생들에게 한 가지 규칙을 정해 놓았다. 본인이 강의하는 스튜디오를 혼자서 찾아와야 한다는 것이다. 첫 방문 후 부모가 아이를 운전해 데려다주는 것을 허용하지 않는다. 반드시 아이 혼자 찾아와야 한다. 내 친구 하나는 매일 필드하키 연습장까지 편도 5킬로미터 가까운 길을 비가 오나 눈이 오나 자전거를 타고 갔다고 한다. 그 친구는 몇 년 뒤 에베레스트산에 올라서야 다른 사람의 의지가 아닌 자기 의지로 무언가를 한다는 게 어떤 의미인지 마침내 깨달았다.

부모는 애정으로 아이를 돌봐야 한다. 주먹을 움켜쥐지 말고 손바닥을 펼친 채 기다려 줘야 한다. 내가 좋아하는 비유가 있는데, 부모가 할 일은 차에 기름을 채우고 아이에게 운전하는 법을 가르쳐 준 뒤 아이 혼자 스스로 생각하고 판단해 운전하도록 두어야 한다는 것이다. 부모가 차를 운전해 버리면 아이는 잠재력을 행복하게 발휘할 기회를 놓친다.

마넥은 졸업반이고 팀 주장이며, 큰 키와 근육질에 팔다리도 길다. 배우 같은 외모 덕에 별명이 GQ(미국의 남성 잡지 이름-옮긴이 주)일 정도다. 눈부신 미소에 넓은 어깨, 귀걸이, 굵고 구불구불한 머리카락까지 영락없는 배우다. 가끔 마넥은 고향 뭄바이에서 인도 영화계나 부전공인 음악계 진출을 고민한다는 말을 하기도 한다. 그는 무대 뒤편의 황제다. 트리니티의 여성 팬들은 경기 후나 파티에서 마넥의 주변으로 모여든다. 마넥은 남학생 사교 클럽 파티의 인기 DJ이기도 하며, 출장록 밴드의 무대에 앞서 오프닝 공연을 하기도 했다. 그런 와중에 4년 동안 스쿼시를 자기 것으로 만들고자 노력했다.

마넥은 인도 남자아이들이 흔히 그렇듯 어릴 때 크리켓에 심취해 지냈다. 공을 던지고, 치고, 심지어 위켓(야구의 베이스 역할을 하는 구조물-옮긴이 주)을 지키기도 했다. 모두 탁월한 실력으로 해냈다. 마넥의 우상은 인도 국가 대표팀의 탁월한 리더인 사친 텐둘카르로, 세계 최고의 타자로 평가받는 선수였다. 마넥은 부모님, 할아버지할머니, 여동생과 함께 살았다. 아버지는 남부 인도에서 유럽으로 옷감을 수출하는 가족 기업을 경영했고, 운동은 마넥 집안의 주말 여가활동이었다. 가족들은 봄베이 짐카나에서 같이 운동했다. 한번은 그 클럽에서 프로 남자 스쿼시 토너먼트를 개최했다. 스쿼시의 예술성에 흥분한 마넥이 아버지에게 "저 스쿼시 할래요."라고 말했고, 첫 수업을 들었다. 당시 마넥의 나이가 열한 살이었다.

그로부터 몇 년 뒤 스쿼시를 진지하게 하기 시작했다. 인도에서 한 가지 운동을 그렇게 진지하게 하는 십대는 흔치 않았다. 세 개 운동을 하는 고등학교 운동선수였던 마넥은 사실상 무명이었다. 마넥은 크리켓을 그만두고 온전히 스쿼시에만 집중해야 했다. 좋아하던 클럽을 그만두고 인도 크리켓 클럽(CCI)으로 옮겼다. CCI는 인도 스쿼시의 옛 심장부였다. 인도 최초의 위대한 스쿼시 선수 압둘 바리가 인도 분할 독립 전후에 이 클럽 출신 프로 선수로 활동했으며, 1950년에는 브리티시 오픈 결승전에 진출했다. 1960년대에는 CCI 출신 아닐 나야르 선수가 드라이스데일 컵에 출전해 브리티시 주니어 오픈 우승은 물론 같은 해 전국 남자와 주니어 챔피언십 우승을 차지했다. 세계 최고의 청소년 스쿼시 선수였던 나야르는 하버드에 가서 스타 선수의 반열에 올랐으며, 미 전국 대회 우승을 두 번이나 차지했다. 마넥은 아주 어린 나이부터 발군의 실력을 보였다. 매년 같은 연령대에서 상위 4위 안에 이름을 올렸으며, 한번은 19세 이하 전국 대회 결승전에 진출했다. 아침 등교 전 7시와 늦은 오후, 매일 두 차례 훈련을 했다. 신문과 텔레비전에 보도됐다. 마넥은 인도를 대표하는 선수였다. 그는 이제 영화를 좋아하고 크리켓에 빠져 살며 번질나게 스쿼시장을 드나드는 청년 마넥이 아닌, 스쿼시 선수 마넥이었다.

리그 규정에 독특한 조항이 있어 매년 마넥 같은 선수들에게 주인 의식을 불어넣을 귀중한 기회가 있었다. 선수들은 8월 말이면 캠퍼스에 돌아왔다. 수업은 노동절, 즉 9월 첫째 월요일 직후에 시작했다. 하지만 NESCAC 규정상 11월 1일부터 코칭을 시작할 수 있었다. 그래서 그야말로 우리 시즌의 3분의 1이 넘는 두 달 동안 선수들은 각자 훈련을 해야 했다. 협회 규정상 연습을 주도하거나 선수들과 코트에 있을 수 없었다.

이 기간은 9주간의 주인의식 고취 시간이었다. 주장들의 주도하에 팀은 주중 일정을 정했다. 나는 그 일정을 승인하지도, 주장들과 상의하지도 않았다. 알아서 정하고 본인들이 정한 일정을 내게 말해 주었다. 경계와 목표도 스스로 정했다. 시간을 쏟아 연습했다. 코트 밖 달리기 훈련, 2주에 한 번씩 근력 훈련, 금요일에는 단거리 달리기를 했다. 훈련하고 연습했다. 알아서 공을 쳤다. 시합이나 토너먼트는 하지 않았다. 기록을 계산하거나 측정하거나 기록하지도 않았다. 이 운동을 왜 하느냐고? 우리 팀 선수들은 단 한 번도 받아 본 적 없는 질문이었다. 나는 선수들에게 몸을 스트레칭하고 마음을 단련하고 새로운 기술을 익히고 한 개인으로 성장하는 일의 일상적 즐거움에 대해 이야기했다. 상대 선수나 팀을 이기는 눈앞의 결과에는 신경 쓰지 않는다고 늘 이야기했다. 핵심은 연승이 아니라 얼마나 만족스러운 삶을 사느냐였다.

나는 선수들 곁에 있었다. 내 사무실이 코트 바로 근처라 고개를 내

밀고 가방을 뒤지거나 신발 끈을 묶는 선수들과 합법적으로 잡담을 했다. 선수들은 혼자 또는 몇 명이 무리지어 그때그때 필요한 상담을 하러 왔다. 나는 아이들을 나의 선수가 아니라 한 사람으로 상대했다. 선수들이 주도하게 만들었다. 혹시나 스쿼시를 그만둘까 봐 걱정하지 않았다. 선수들은 대체로 열정적이며 경쟁심이 강한 완벽주의자들로, 요령이라곤 피울 줄 몰랐다. 신뢰와 소통의 문제였다. 이기려면 스스로 동기 부여를 해야 했다. 결정적인 순간에 코치를 위해 뛰었던 팀은 대개 실패했다.

코트에서 땀 흘리며 몇 시간을 뛰는 동안 호흡이 척척 맞았다. 선수들은 우정을 키우고, 팀워크를 길렀으며, 스쿼시에 대한 애정을 키우고, 직업으로 삼은 스쿼시에 대한 열정을 다시금 불태웠다. 나는 심지어 대부분의 팀이 시즌 초반에 하는 신입생 입회 의식을 듀얼 매치 결승전 몇 주 뒤에 하는 봄 시즌 마무리 회식 후에 해야 한다고 주장했다. 그 무엇도 시즌 초반의 유쾌한 분위기를 깨지 말았으면 해서였다.

3게임이 끝난 뒤, 2-1로 경기를 리드하던 캘리스는 자신감에 차 보였다. 밥 캘러핸은 캘리스에게 뭘 해야 하는지 정확히 말했고, 캘리스는 경기 초반 승기를 잡은 덕에 사기가 높았다. 반대로 코트에서 나온 마넥은 혼란스럽고 집중력을 잃은 것처럼 보였다. 마넥은 방금 게임을 0점으로 내줬고, 2-1로 지고 있다. 마넥은 코트 뒤편 천장이 낮은 통로에 있는 접이식 철제 의자에 앉았다. 수건으로 땀을 훔쳐냈다. 호흡이 얕다. 나는 이렇게 말했다. "작년에 하버드와 준결승에서 니코에게 졌을 때와 비슷한 상황이야. 다시 집중해." 마넥은 짧고 낮은 한숨을 내쉬었다.

자신을 위해 뛰는 것과 나라를 위해 뛰는 것은 다른 문제다. 전자는 대단히 구체적이고, 후자는 너무 추상적이다. 하지만 동료들을 위해 뛰는 것은 엄청난 부담이고, 마넥은 팔다리를 미친 듯이 움직이며 뛰어다니는 중이다.

마넥은 촉망받는 신입 선수로 들어왔다. 나이는 열일곱에 불과했지만. 2006년, 마넥은 절친한 친구의 형 사힐 보라와 함께 인도 뭄바이에서 뉴욕으로 날아왔다. 사힐은 트리니티 2학년생이었고, 몇 주간의 방학을 보내고 대학으로 돌아온 참이었다. JFK 공항을 나와서 장난감 매장 토이저러스 옆을 지날 때 사힐이 말했다. "저기 가서 사고 싶은 거 다 사." 마넥은 사힐의 말이 농담이었다는 걸 잠시 뒤 눈치 챘다.

마넥은 학교에 적응하느라 애를 먹었다. 팀에서 6위나 7위로 뛰고 14승 2패를 기록했지만, 다른 학생들에게 자연스러운 일, 가령 구내식당에서 쟁반을 놔두는 컨베이어 벨트 같은 일들이 마넥에게는 화가날 정도로 낯설었다. 마넥은 미국이 난생처음이었고 여전히 아주 어렸다. 대학 입학 허가가 나고 일주일쯤 뒤 우리는 뉴욕의 고급 사설 클럽에서 훈련을 했다. 훈련이 끝나면 모두 옷을 벗어 던지고 수건만 허리에 두른 채 거대한 터키식 한증실로 들어갔다. 마넥은 한 번도 한증실에 들어가지 않았다. 한번은 경기 중 무릎이 긁혀 다리에 밴드를 붙이고 있었다. 내가 다리를 가리키며 말했다. "마넥, 그거 떼도 되잖아."
마넥은 처음에는 내 말을 못 알아듣고 잠깐 주변을 둘러보다 수건을
바닥에 떨어뜨렸다. 한증실 안에 한바탕 웃음이 터졌고, 마넥은 수건
을 다시 허리에 재빨리 둘렀다.

  몇몇 모임에서 마넥은 예민하고 자존심이 강하며 반항적이고 심술
사나운 신입생으로 소문이 나 있었다. 트리니티에 왔을 때 마넥이 처
음 한 질문 중 하나는 이거였다. "대학 대항전이 뭐죠?" 팀 개념을 이
해하지 못했다. 두어 주 이상 팀에 소속되어 본 경험이 없었다. 사힐을
포함한 뭄바이 출신의 다른 트리니티 선수들에게 주네자 쌍둥이, 로한
바푸, 아킬 벨 등이 소속된 트리니티 제국에 대한 이야기는 들은 적이
있었지만, 팀의 규모와 수준을 알게 된 건 트리니티에 온 지 한 달쯤
지나서였다.

  마넥이 뛴 첫 시즌에서 마넥의 기숙사 룸메이트이자 같은 신입생인
구스타프 데터는 프린스턴을 상대로 한 듀얼 매치에서 매치 포인트 몇
점을 기적처럼 득점으로 연결하며 접전 끝에 5-4로 승리했다. 반쯤 정
신이 나간 학교 친구들은 경기 후 몇 시간 동안 포옹을 하며 함성을 내
질렀다. 마넥과 구스가 마침내 기숙사에 돌아왔을 때는 새벽 1시가 지
난 시간이었다. 두 사람은 기숙사 복도에서 걸음을 멈췄다. 반 친구들
수십 명이 복도에서 춤을 추고 있었는데, 복도에 축하 포스터와 메모,
리본, 풍선이 가득 장식되어 있었다. 커다란 스웨덴 국기가 구스의 방
문에 매달려 있었다. 반 친구들은 마넥과 구스를 끌고 남학생 사교 클

럽에 갔다. 아무도 해가 뜰 때까지 잠을 자지 않았다. 잠에서 깬 마넥과 구스는 매더 홀에 늦은 아침을 먹으러 갔다. 구내식당에 들어서자 식당에 있던 모든 사람이 자리에서 일어나 시끌벅적하게 기립박수를 쳤다. 마넥은 스쿼시 팀이 이 학교에 어떤 의미인지 깨달았다. 마치 인도의 크리켓 국가 대표팀의 축소판 같았다.

마넥의 결정적 순간은 2008년 전국 대회 준결승전에서였다. 하버드와 듀얼 매치에서 마넥은 첫 게임을 거칠고 무자비한 케임브리지 선수 니코 허디에게 내줬다. 니코는 2주 전 5위전을 치렀고, 우리 팀 5위 선수에게 세 게임 만에 패했다. 이번에 3위로 뛰는 마넥은 니코를 꺾을 수 없을 것 같았다. 첫 게임이 끝난 뒤 마넥은 의자에 털썩 주저앉았다.

마넥은 코트가 이상하다고 불평을 했다. 선배 선수들 몇 명이 마넥에게 하버드에 새로 지은 사면 유리 코트가 정말 별로라고 이야기한 적이 있었고, 마넥은 그 부정적인 이야기를 그대로 받아들였다. 나는 별다른 말을 하지 않았다. 팀을 이끌 때 어떤 문제를 언제 꺼내야 하고 언제 참아야 할지 알아야 한다. 긴 시즌의 막바지였고, 마넥은 분명 젖먹던 힘까지 짜내고 있었다. 본인이 쉽게 이길 거라고 생각했던 시합에서 싸울 힘이 없었다. 나는 자리를 떴다.

2게임에서 7-7로 니코와 동점이 된 마넥은 드라이브를 친 뒤 몸을 기울였고, 니코는 샷을 한 뒤 팔을 뻗으면서 마넥의 머리를 가격했다. 순식간에 일어난 일이었고, 라켓이 머리에 맞았는지 어깨에 맞았는지 분간할 수가 없었다. 경련 섞인 신음소리를 내며 마넥이 몸을 웅크리고 주저앉더니 곧바로 쓰러져 움직이지 않았다. 마넥의 여동생 셰파리가 코트로 달려 나왔다. 의대생이었던 그녀는 대학 생활 처음으로 스쿼시 경기를 구경 온 참이었다. 셰파리는 이렇게 소리쳤다. "오빠가 정신을 잃었어요." 그 말을 하는 사이 마넥이 눈을 떴다. 우리는 마넥 주변에 모여 말을 걸며 어디가 아픈지 물었다. 눈앞에 별이 보이고, 입에 피가 약간 고이고, 오른쪽 광대뼈가 부어올라 멍이 들었다. 하지만 곧 호흡은 정상으로 돌아왔다. 우리는 마넥을 코트 밖으로 데리고 나갔다. 마넥은 본인의 의자에 앉아 물을 약간 마셨다. 니코가 다가와 경기는 계속 하느냐고 물었다. 마넥은 당연하다고 대답했다.

"그럼 스트로크 요청할게요."

마넥이 농담이겠지 하는 눈빛으로 나를 쳐다봤다. 우리는 니코의 무례함에 할 말을 잃고 몇 초 동안 입을 떼지 않았다. 그런 뒤 마넥에게 다가가 아주 낮은 목소리로 천천히 한 단어 한 단어 힘주어 말했다.

"본때를 보여 줘."

마넥은 깜짝 놀랄 정도의 정신력을 끌어내 니코를 완파했다. 공은 코트 구석구석을 지그재그로 오갔다. 마넥이 원하는 곳에, 백발백중 니코의 팔이 닿지 않는 곳에 정확하게 가 꽂혔다. 득점 순간은 짧고 잔인했고, 대놓고 일방적이었다. 마넥은 2게임의 남은 시간을 순식간에 끝냈고, 다음 두 게임은 9-2, 9-2로 마무리했다.

오늘 프린스턴의 대결에서는 라켓으로 얼굴을 얻어맞는 식의 정신이 번쩍 드는 계기는 없다. 우리 팀 부코치 레지 숀번은 마넥에게 이렇게 말한다. "스포츠 경기답게 해라. 즐기면서 플레이해. 네가 더 뛰어난 선수니까." 그러고는 잠깐 작전 이야기를 한다. 캘리스는 공격형 선수이기 때문에 추가 공격을 못하게 막고 수세로 몰아넣어 그 선수의 리듬을 흔들어 놓는 작전이었다. 하지만 작전은 성과가 없는 듯했다.

나는 10초쯤 침묵한 뒤 말을 이었다. "잘 들어. 매치는 이미 결정된 듯싶다. 그런데 지더라도 너답게 져. 지금 너는 마넥 마투르답게 싸우고 있지 않잖아. 사무라이 마넥. 사무라이." 사무라이는 제임스 몬타뇨가 마넥에게 붙여 준 암호명으로, 결과와 연승, 점수는 그만 신경 쓰라는 의미로 지어 준 것이다. 고대 일본의 사무라이 전사들은 패배를 받아들인 뒤 자유롭게 싸웠다. 그들은 불가피한 패배에 침착하게 승복했다. 마넥은 질 것이다. 캘리스는 마넥을 완전히 압도하고 있다. 의심의 여지가 없다. 하지만 승리의 부담을 내려놓은 마넥은 이제 마지막 게임에 자유롭게 임할 수 있다. 그저 지금 상황에 대한 마음만 바꾸면 된다.

어떤 상황에서나 마음을 어지럽히는 외부 요소들이 있다. 상대 선수의 백핸드 발리, 심판, 햄스트링 통증, 마감이 코앞인 과제, 화가 난 여자 친구 등의 걱정거리로 가득하다. 스스로 온전한 통제권을 질 수 있는 건 단 하나뿐. 바로 본인의 기분이다. 점수는 그저 점수다. 바꿀 수 있는 것이 아니다. 하지만 점수를 어떤 마음으로 받아들일지는 본인의 결정에 달렸다. 또 시합 도중뿐 아니라 시합 전후에 어떻게 반응하고, 승리나 패배가 본인의 오늘 하루와 삶 전체에 어떤 영향을 미칠지도 본인의 선택이다.

나는 매 시즌 첫 듀얼 매치를 앞두고 선수들에게 늘 이렇게 말했다. "너네는 10년 안에 예일전에서 얻은 점수를 잊을 거야. 미친 소리처럼 들리겠지만, 그럴 거야. 그때의 기분만 기억날 거야."

선수들에게 처음으로 큰 스쿼시 시합에 나갔던 이야기를 해 줬다. 1987년 고급스러운 버펄로 테니스 앤드 스쿼시 클럽에서 열린 프로 스쿼시 복식 토너먼트였다. 중요한 시합이었다. 녹스 단지 안에서 프로 아이스하키 팀 버펄로 세이버스의 구단주이자 스쿼시 선수 시모어 녹스가 주최한 정장 디너 댄스파티가 있었다. 버펄로의 여러 신문사는 리포터와 카메라맨을 보내 행사를 취재했고 예상 배당률까지 기사에 포함했다. 내게 걸린 배당률은 20:1이었다. 나와 같이 뛰는 파트너와 상대팀 선수 두 명은 어릴 때부터 스쿼시를 한 선수들이었다. 나로서는 코트 안팎에서 너무 벅찬 시합이었다. 20:1도 그나마 낮게 책정된 배당률이었다.

우리는 냉장고 속처럼 추운 날씨에 경기를 했다. 공은 얼음처럼 찬 코트 앞쪽에 떨어졌다. 우리는 첫 게임을 이겼는데, 타이브레이크까지 가서 결판이 났다. 2게임에서 상대 선수들이 맹렬한 드라이브와 까다로운 드롭을 연타로 쏟아 붓기 시작했다. 수세에 몰린 나는 틴에 공을 맞혔다. 관중의 소리가 들렸고, 드넓고 하얀 코트 위에 혼자 초라하게 서 있는 기분이었다. 2게임을 15-4로 내줬다. 3게임에서는 조금 힘을 내서 타이브레이크까지 갔지만, 다시 나의 미숙함이 드러나며 중요한 막판 득점 순간에 실책을 몇 번 했다.

3게임이 끝난 뒤 잠깐 휴식을 위해 코트 밖으로 나갔다. 수건으로 얼굴의 땀을 닦는데, 파트너가 복도를 쿵쿵 오가며 게임을 내준 데 분노를 표했다. 그러고는 불쑥 이렇게 말했다. "그냥 스웨터 입고 있어야겠어. 코트에 의자 가져가서 점심이나 먹어야지. 나는 공을 구경조차 하기 힘들잖아. 둘 다 네 쪽으로만 치니까. 나는 네가 공을 라켓면으로 칠지 프레임으로 칠지, 공이 어디로 갈지 전혀 모르겠다고."

내 파트너가 씩씩거리며 화를 내는 동안 남자아이 하나가 어슴푸레한 겨울 햇빛 아래 통로에서 연습을 하는 모습이 보였다. 클라이브 콜드웰의 아들 데빈이었다. 클라이브는 상위권 스쿼시 프로 선수였고, 아들은 중증 신체, 정신 장애를 타고 났다. 데빈은 바닥에 앉아 테니스공을 밀고 있었다. 공은 벽 쪽으로 굴러갔다가 다시 아이를 향해 굴러왔다. 존이 웃고 있었다. 행복해 보였다.

내가 말했다. "저기 클라이브의 아들 보여? 우리는 저기서 우리가 사랑하는 일을 하면서 환호를 받잖아. 중요한 시합이야. 큰 토너먼트의 준준결승전이니까. 근데 우리는 자기 연민이나 하고 있잖아. 저 아이가 무슨 일을 감당해야 이런 경험을 할 수 있을지 상상이나 가?"

우리는 코트로 돌아갔고, 남은 매치는 마치 춤을 추는 기분이었다. 기분이 달랐다. 여전히 열심히 싸우고 득점하려고 안간힘을 썼지만, 어쩐지 자유로웠다. 우리 생각이 달라졌다. 코트는 우리 둘의 에너지로 따뜻했다. 공이 또렷하게 보였다. 침착하고 편안한 리듬으로 움직였다. 내 공은 때로 결정 샷으로 이어지기도 했고, 때로 상대 팀이 멋진 결정 샷을 날리기도 했다. 우리는 4게임을 이겼다. 5게임이자 결승 게임에서는 매 포인트가 슬로모션으로 미끄러지며 지나갔다. 우리는 춤을 추듯 타이브레이크까지 갔다. 접전 끝에 상대 팀이 2점 차로 이겼다.

경기가 끝난 뒤 신이 났다. 우리 둘은 끌어안았다. 관중은 환호와 박수를 쏟아냈다. 그들은 아주 특별한 시합을 지켜봤다. 네 남자가 최고의 경기력을 펼치는 시합. 우리는 비록 졌지만, 그 순간 결과는 중요치 않았다. 내 인생 어떤 승리의 순간보다 더 살아 있다는 기분이 들었다. 지금 돌아보면 이 중요한 순간이 패배여서 다행이라는 생각이 든다. 패배, 승패를 두려워하지 않는 법을 배웠다. 그날 4게임, 5게임을 치르며 균형감을 배웠다. 스트레스 상황에서 싸우거나 도망치는 대신 온몸으로 즐기는 법을 배웠다. 단지 마음만 바꾸면 되는 문제였다. 버펄로에서 그 추운 토요일에 지는 방법을 배웠다.

몇 년 동안 나는 1983년 필라델피아 세븐티식서스 소속의 뛰어난 농구 선수였던 줄리어스 어빙에 대한 신문 기사를 오려 벽에 붙여 놓았다. '닥터 J'라 불린 어빙은 NBA 우승 타이틀을 거머쥘 뻔했으나 1980년 결승전(4차전에서 어빙의 유명한 베이스라인 드라이브를 엿볼 수 있는 시리즈) 여섯 게임에서 레이커스에 패했으며, 이후 보스턴 셀틱스에게 몇 번의 쓰라린 패배를 맛봤다. 마침내 챔피언십 우승을 하기 불과 몇 달 전에 어빙이 한 이야기는 패배의 기술을 핵심적으로 요약한 말이라 할 수 있다. '쓰라린 고통, 모두가 우리에게 등을 돌리는 느낌은 지금도 팀 사람들이 느끼는 감정이다. 하지만 우리는 긍정적인 감정도 느낀다. 상처가 있지만, 상처를 봉합할 풀도 있다. 우리가 NBA 우승을 못 했다고 해서 우리 팀이 어딘가 불완전하거나 부족하다고 생각하지 않는다. 그 생각을 하느라 뜬눈으로 밤을 지새우지도 않는다. 사람들에게 내 최선을 보여줬고, 사실 나머지는 내 능력 밖이다. 그런 패배라면 받아들일 수 있다.'

같은 상황에서 다른 선수는 분하고 억울할 수 있다. 결국 각자의 선택이다. 몇 년 전, 두 번째 결혼 생활이 파경을 맞은 뒤 이스트하트퍼드에 있는 문신 가게에 갔다. 샘플 책자 몇 권을 뒤적이며 완벽한 디자인을 찾아 어깨뼈 사이 등 윗부분에 문신을 부탁했다. '행복을 선택하라'는 의미의 한자어였다. '행복'과 '선택' 둘 다 중요한 단어였다.

네 번째 게임을 앞두고 워밍업을 하는 동안, 마넥은 균형을 찾은 듯해 보였다. 마넥은 천성이 긍정적인 사람이다. 자신감에 찬 마넥은 어깨를 목에서 끌어내리며 긴장을 풀었다. 더 편안해 보였다. 워밍업을 하는 동안 머리를 들고 공을 기다렸고, 공을 잡은 순간 벽 쪽으로 힘껏 쳤다. 비록 2-1로 지고 있는 상황이었지만, 끝이 아니라는 생각이 들었다. 마넥은 관중석에 앉은 어머니를 올려다보며 웃어 보였다. 어머니 아라티는 한 주 내내 시내에 있었다. 처음으로 아들의 경기를 보러 왔다. 경기 내내 아라티는 내 약혼녀인 줄리아의 손을 잡고 있었다. 이 순간, 경기를 뛰는 아들보다 훨씬 더 긴장했다.

마넥이 나중에 말하길, 이상하게도 득점을 하는 동안 이런저런 옛 생각이 떠오르기 시작했다는 것이다. 작은 사진들이 떠올랐고, 어린 시절 인도 코치 중 하나가 열심히 하면 꼭 보상받을 것이라고 말했던 기억도 났다.

마넥은 그 말을 증명해 보이는 중이다. 완벽하지는 않지만 행복한 경기를 펼치고 있다. 한 점을 잃었다고 풀이 죽지도 한 점을 얻었다고 기뻐 날뛰지도 않는다. 마넥의 꾸준한 노력이 천천히 캘리스를 압도한다. 득점 시간이 길다가 툭툭 짧아졌다가 다시 길어진다. 캘리스는 점점 지쳐갔다. 캘리스는 어제 힘든 시합을 했다. 로체스터의 하미드 아메드 선수에게 2-1로 지다가 다섯 경기 끝에 아메드 선수를 눌렀다. 경기는 1시간 40분 동안 이어졌다. 오늘 경기를 시작한 지 80분쯤 되자 캘리스는 힘이 빠지기 시작했다. 마지막 두 게임은 10여 분 만에 끝났다.

4게임은 간간이 놀라운 득점 순간이 몇 번 있었다. 마넥은 기적적인 경기력을 보여 줬다. 절대 손댈 수 없는 공을 살려냈다. 다리를 쫙 벌리고 왼쪽 팔을 길게 늘려 공을 쳐냈다. 2-1 상황에서 첫 번째 샷은 캘리스를 꺾는 일종의 결정타였다. 몇 번의 놀라운 샷 끝에 마넥은 확실한 결정타를 치며 캘리스를 제쳤다.

5게임에서 캘리스는 강하게 나오며 2-2 동점 상황을 만들었지만, 지치기 시작했다. 이번 시합에서 단 두 번의 랠리만 더 가져갔다. 7-2 상황에서 마넥은 앞벽 근처, 그러니까 정상 위치에서 많이 벗어난 곳에 있었다. 캘리스는 날카로운 샷을 날렸다. 마넥은 공이 보이지 않는 위치에서 반사적으로 팔을 휘둘렀고 가까스로 결정 샷을 만들어 냈다. 놀라웠다. "잘 잡았어." 나는 이렇게 중얼거렸다. 긴장을 푼 선수만이 이런 경기를 펼칠 수 있다.

마넥이 이겼다. 두 선수는 포옹을 했다. 그런 뒤 마넥은 양손을 풍차처럼 크게 돌리며 관중의 환호를 이끌어냈고, 그런 뒤 셔츠 앞면에 새겨진 트리니티라는 글씨를 세게 잡아 당겼다. 코트 밖에 나와 눈물이 맺힌 채 땀투성이가 된 몸을 던지듯이 밀며 나를 힘껏 끌어안았다. 나는 아무 말도 하지 않았다. 이 팀을 위해 뛴 마넥의 마지막 시합이었다. 원 없이 즐기기를 바랐다.

코트 옆 통로에서 마넥은 본인의 의자에 털썩 주저앉더니 양팔로 머리를 감쌌다. 우리 팀 1번 선수 바셋 아슈팍은 키 198센티미터에 체중 약 100킬로그램의 거구인데, 바셋이 통로를 질주해 오더니 위로할 누군가를 찾았다. 마넥이 의자에 허물어져 있는 모습을 보고는 소리치기 시작했다.

"뭐 하는 거야, GQ, 계속 밀어붙여야지! 공격을 하라고! 쟤한테 질 수는 없다고!"

마넥이 잠시 가만히 듣고 있더니 이렇게 말했다.

"B, 끝났어."

"끝났다고?"

바셋이 물었다.

"끝났다고 말하지 마. 야, 아직 안 졌어. 할 수 있다고."

"끝났어."

"2-2 아냐?"

"아냐, 아냐, 끝났다고. 내가 이겼어."

"야, 거짓말하지 마."

"아니야, 이겼어. 5게임에서 9-2로 이겼어. 끝났어."

바셋은 마넥의 어깨를 치더니 겸연쩍어하며 다시 통로를 따라 걸어갔다. 응원이 필요한 다른 동료를 찾아서. 마넥은 다시 수건에 머리를 묻었다. 끝났다.

2장
지금의 힘: 수프리트

대학 스쿼시가 내 선수들에게는 풀타임 직업이었다. 34년 전, 내가 처음 대학 코치 대열에 합류했을 때 선수들은 대학에서 두 개, 심지어 세 개의 운동을 했다. 가령 1980년대 후반, 윌리엄스 칼리지의 그레그 제프는 테니스와 스쿼시 올 아메리칸(미국에서 아마추어 운동선수들이 뛰는 리그에서 그해 최고의 선수들을 정했을 때 붙는 명칭-옮긴이 주) 선수였다. 당시 스쿼시 훈련은 트랙을 가끔 뛰거나 경기장 계단을 전력 질주해 올라가는 정도였지, 웨이트도, 근육 운동 기구 노틸러스도, 영양사도, 스타 드릴 훈련법도, 정신과 의사도, 실내 자전거와 트레드밀 위에서 하는 마라톤 훈련법도 없었다. 스쿼시 선수는 매년 11월 셋째 주 수요일인 추수감사절 즈음 코트에 서고 3월 중순 성 패트릭 데이 몇 주 전에 코트에서 나온다. 여름에는 경기를 하고 싶어도 할 수 없었다. 스쿼시 코트에는 에어컨이 없고, 더위와 습기 속에 탄환 같은 공은 너무 높이 튀어 올랐고, 벽은 땀에 축축하게 젖었다. 한 해 중 절반은 코트가 늘 비어 있었다.

　이제 선수들은 한 해 내내 경기를 했다. 시즌이 끝나면 휴식을 취했지만, 스쿼시는 하루 일과의 빠질 수 없는 부분, 아침에 마시는 커피처럼 매일의 당연한 일상이었다. 늘 보이지 않는 자석이 선수들을 코트로 끌어당겼다. 스쿼시 시설, 즉 코트와 옥외 관람석, 나의 사무실은 선수들의 단골 아지트였다. 거기서 공부를 했다. 통화를 하고 문자를 보내고 페이스북을 했다. 종종 재미로 복식 경기를 하기도 했다. 봄에는 팀 동료들과 개인적으로 공을 치고, 두어 번 토너먼트에 나가고, 코트 밖에서 심화 훈련을 했다. 여름에는 해외로 나가 더 많은 토너먼트에 참가하고 이국의 장소에서 최고의 코치와 선수들과 함께 훈련을 하거나 미국의 수많은 여름 스쿼시 캠프 중 한 곳에서 훈련을 했다. 스쿼시는 축구와 테니스 사이에 하는 취미 생활이 아니었다. 내 선수들 중 상당수가 스쿼시를 직업으로 삼았다. 현지 클럽에서 프로 지도자 또는 프로 선수가 되어 월드 투어를 했지만, 이 단계에 오르는 건 많은 선수에게 긴 선수 생활의 정점이었다.

　아이가 어떤 스포츠를 시작할 때 연습과 경기의 비율은 30:70 정도다. 아이의 실력이 늘면 그 비율은 서서히 뒤집히며 엘리트 선수들은 99:1까지 간다. 선수의 성장은 정기적인 대회 출전에서 연습으로 넘어가는 과정, 원정 경기지에서 다시 학교로 돌아오는 과정을 잘 관리하는 것이 관건이다. 시합은 매일 있다가 일주일에 한 번 또는 한 달에 한 번이 된다. 일부 올림픽의 경우 실제로 4년에 한 번 열린다. 한편 연습은 거의 매일 한다. 배움의 기회, 즉 가르칠 수 있는 순간은 시합이 아니라 연습 때이다.

내 선수들은 1년에 200일 이상 코트에 서기 때문에 공식 연습 시간을 최대한 의미 있게 보내려고 노력한다. 연습은 여러 훈련을 섞어서 하는 편이다. 나는 어떤 시합 못지않게 최대한 치열하게 연습에 임한다. 내가 코치로 있는 한 매일이 다르고 매주가 다르다. 일관성은 편협한 코치들의 헛된 망상 같은 것이다. 나는 각기 다른 시간에 연습을 시작하고, 연습 소요 시간 역시 그때그때 다르다. 일요일 아침 달리기 훈련을 하고, 월요일에는 훈련을 건너뛰고, 화요일 오후에 3시간 훈련을 하고, 수요일 저녁에 50분 집중 훈련을 한다. 나는 아침에 맨 먼저 몇 가지 훈련을 실시해 스쿼시 연습은 하루 일과가 끝난 뒤 대충하는 하찮은 취미가 아니라 하루 일과에서 중요한 부분이라는 나의 원칙을 선수들이 온몸으로 받아들이도록 했다.

나는 트리니티 스쿼시의 그런 철학을 실행에 옮긴다. 전국 챔피언십라는 멀고 흥미로운 곳을 향해 투어를 가고, 바로 그날, 2009년 2월 22일을 달력 위 북극성으로 삼아 한 해를 살아간다. 하지만 동시에 우리 앞에 놓인 지구의 작은 지점에 집중한다. 이건 마치 철도 선로를 놓는 과정과도 같다. 일단 부지를 조사한다. 청사진을 그린다. 지도를 펼친다. A 지점부터 B 지점까지 선을 그린다. 아래에 있거나 폭파해야 하는 산과 가로지르는 강을 조사해야 한다. 그런 다음 선로를 설치한다.

연습은 따분하고 힘들 수 있다. 누구도 연습 경기에서 트로피를 받지는 못한다. 기술을 터득하는 과정은 지루하다. 샷을 만들어 내는 근육 기억을 깨우는 일은 놀랄 만치 재미없다. 하지만 근육 기억은 스포츠의 탄소로, 탄소는 주기율표에서 녹는점이 가장 높은 원소다. 탄소에 해당하는 근육 기억은 들끓는 접전 상황에서도 늘 온전한 모양으로 남아 있다. 어린 시절, 어느 날 오후에 우리 집 노란색 회전식 전화기가 고장이 나서 수리 기술자가 부엌에 서서 전화기를 만지작대던 생각이 난다. 나는 의자에 앉아 그 모습을 지켜봤다. 수리 담당자는 전화기를 귀에 갖다 대고 보지도 않고 장거리 번호를 돌려 작동 시험을 했다. 감탄이 절로 나왔다. 그 기술자는 그 일을 너무 자주 하다 보니 기억 속에 저장된 번호를 누른 것이다.

경기는 쉽다. 우리 팀 선수들은 경기에 미친 듯이 에너지를 쏟아 붓는다. 자연스러운 일이다. 무절제하고 불규칙한 생활을 반복하며 산다. 밤을 새워서 리포트를 쓴다. 9시간을 운전해서 90분 동안 여자 친구를 만나고 온다. 낮 2시에 아침을 먹는다. 하지만 이건 어른의 삶이 아니다. 어느 분야에 종사하든 현실 세계에서는 매일 하는 일이 있다. 이메일 답장, 그날의 업무, 미팅 약속, 전화, 메모, 답을 기다리는 책임자, 관리해야 할 직원, 먹여 살려야 하는 자식들, 사야 하는 식료품, 설거지 거리 등이다. 아이를 학교에 데려다주고 보고서를 마무리 짓는다고 아무도 메달을 주지는 않는다. 우리는 그 시간에 중요한 미팅이 있는 사람들과 같은 이유로 아침 9시에 연습을 한다. 인생에 시즌오프는 없다. 관중이 없을 때 할 일을 해야 한다. 연습은 리허설이 아니라 실제 공연이다. 어떻게 살아야 할지 배울 수 있다.

UCLA의 야구 코치 존 우든은 실제 연습 시간보다 매 연습을 계획하는 데 더 많은 시간을 쏟았다. 모든 연습을 흥미진진하고 유익하게 만들고 싶어서였다. 나는 선수들보다 더 열심히 일한다. 물론 연습 시간에 몸을 더 쓰지는 않지만, 연습 전후로 계획을 짜고 시나리오를 구상하고 영상을 검토하고 선수들과 개별 대화를 나눈다. 황무지에서 나타나는 아름답고 견고하고 실용적이고 매끈한 길로 이어지는 작은 걸음과 무대 뒤의 노력을 모니터한다.

연습 때는 선수들을 태양을 향해 몸을 구부리는 묘목, 어린 식물처럼 대한다. 선수들의 가지를 자르지 않는다. 모든 기술이 딱딱 맞아떨어지지 않을까 봐, 백핸드 크로스코트 드롭 샷이 서툴러 보일까 봐, 포핸드 발리 보스트(공을 벽면에 두 번 맞히는 고급 기술)가 거의 매번 실패할까 봐 걱정하지 않는다. 나는 선수들이 실험하기를, 또 실패해 보기를 원한다. 모든 것이 완벽하다면 뭔가 문제가 있다는 말을 자주 했다. 불확실성, 의심, 그리고 걸림돌이 필요하다. 완벽함은 결코 이룰 수도 없고 바라지도 않는다. 완벽함은 양호함의 적이고, 양호한 정도면 족하다. 선수들이 바라는 것은 인정, 즐거움, 그리고 성공이다. 선수들에게 필요한 건 실패할 자유다. 연습은 완벽해지지 않는 법을 배우는 최적의 시간이다. 부담감 속에 샷을 치려면 한계를 알아야 한다. 어디까지 할 수 있는지 알아야 본인의 오차 범위 안에서 실력을 끌어

올리고 경기를 할 수 있다.

선수들은 아직 학생이다. 배우려고 노력하는 중이다. 어느 날, 트랙을 더 빨리 달려 내려갈 수 있겠지만 지금 당장은 힘들다. 나는 선수들에게 계속 천천히 앞으로 나아가라고 말한다. 주변 풍경은 계속 스쳐 지나갈 것이다. 선수들이 여자 친구나 시험 때문에 힘들어하면 스쿼시 코트를 은신처로 삼으라고 말한다. 사면의 벽을 아지트 삼아 바깥세상 걱정은 할 필요가 없다고. 실패해도 괜찮은 안전한 장소라고.

내가 쓰는 한 가지 방법은 선수들의 상상력을 활용하는 것이다. 대학생은 인구의 어떤 집단보다 욕망으로 가득 찬 무리다. 욕망하고 기대한다. 열정으로 똘똘 뭉쳐 있다. 그처럼 넘치는 상상력을 끌어내기 위해 시각화라는 방법을 쓴다. 많은 코치가 시합 준비를 위해 영상을 튼다. 나는 이 과정을 연습 시간에 한다. 이 방법을 처음 쓰기 시작한 때는 육군 사관학교에서 체조를 가르치면서부터였다. 우리는 하루에 몇 시간씩 영상을 보곤 했다. 처음에는 우리 팀의 경기 영상을 보고 다음에는 일본 국가 대표 팀의 영상을 봤다. 일본 팀은 당시 세계 챔피언 팀이었다. 천천히 두 개의 이미지가 머릿속에서 합쳐진다. 그래서 트리니티에서 연습을 할 때마다 각 선수는 내가 모아 둔 많은 양의 경기 테이프를 열심히 돌려 본다. 혼자 연습하는 영상부터 훈련 영상, 그 동안 참여한 모든 경기 영상을 담은 테이프다. 몸동작, 득점하고 실점할 때의 반응, 발놀림, 라켓 준비, 버릇 등을 살펴본다. 하지만 그만큼 중요한 까닭에 항상 선수들에게 본인과 같은 스타일의 프로 선수 영상을

5분씩 보게 한다. 이게 내 버전의 일본 국가 대표팀이다. 선수들은 프로의 경기 영상을 보고 그 모습을 떠올리며 차분하고, 교묘하고, 영리하게 게임을 끌고 갈 수 있다.

선수들은 젖 먹던 힘까지 다해 연습해야 한다. 내가 웨스트포인트에서 알게 된 말이 있다. 처음에 그만두기는 정말 힘들지만, 두 번째는 그리 힘들지 않고, 세 번째는 습관이 된다는 말이다. 연습 때 요령을 피우면 경기에서도 그렇게 될지 모른다. 매년 선수들은 챌린지 매치(토너먼트 순위를 정하는 팀 내 대결)를 늦춰 달라고 부탁한다. 지속적인 부상, 감기, 학기말 과제 마감 등의 이유에서다. 그러면 나는 선수들에게 인생의 챌린지 매치를 미루지 말라고 말한다. 현실에서는 하고 싶지 않아도 무언가를 해내야 하는 경우가 많다. 감기에 걸려도 일하러 가야 한다. 중요한 발표가 있는 날이라 병가를 낼 상황이 아니기 때문이다. 프로젝트를 마무리해야 하고, 계약서를 전달하고, 아이 우유를 먹여야 한다. 평소 자기 실력의 50퍼센트만 발휘하고 있다는 사실을 받아들이고, 그 50퍼센트에서 100퍼센트에 도달하는 방법을 배워라. 삶의 일정을 조정할 수는 없다.

선수들로 하여금 먼 미래가 아니라 지금 이 순간에 집중하게 하는 방법은 뭘까? 지금의 힘. 나는 선수들 각자에게 모든 연습, 연습의 매 순간에 완전히 집중하라고 말한다. 또 나는 선수들에게 우리가 함께 보내는 이 시간에만 관심을 쏟으라고 이야기한다. 우리가 함께하는 70분 동안은 문자도 잡담도 어정거림도 빈둥거림도 허용하지 않는다.

상투적이지만 매일을 삶의 마지막 날인 것처럼 살고, 매 순간을 물로 생각하고 목말라 죽을 것처럼 쓰라고 이야기한다. 트리니티 스쿼시 팀은 무엇을 하든 그게 전부이듯이 한다.

웨스트포인트에서 스쿼시와 테니스 코치로 일할 때 조지 제치라는 선수가 있었다. 군인, 그것도 고위 간부의 아들이었던 조지는 특별한 선수였다. 결연한 눈빛에 걸걸한 목소리가 독특했다. 훌륭한 테니스 선수는 아니었다. 신이 테니스 기술을 나누어 줄 때 조지는 화장실에 있었던 모양이다. 1학년 겨울에 권투 수업을 듣다가 녹아웃을 당해 기절했는데, 엑스레이를 찍어 보니 뇌종양으로 나왔다. 녹아웃을 당한 게 다행인 셈이었다. 그렇지 않았다면 종양을 발견하지 못했을 테니. 의사들은 그날 밤 수술을 했다. 조지는 어느 정도 건강을 회복해 아버지의 파견지인 독일에 갈 수 있었다. 종양의 후유증으로 남은 평생 걷기 힘들 것이라고 의사들은 말했다.

이후 9월에 조지는 웨스트포인트로 돌아왔다. 걸을 때는 지팡이에 의지했다. 사람들 이름을 까먹었다. 고통스러울 정도로 천천히 팔굽혀펴기를 했다. 호된 신입생 신고식을 두 번째로 겪었다. 봄이 되자 조지는 테니스 팀에 합류했다. 뛸 수도 걸을 수도 없었다. 테니스공을 칠 수 없었다.

하지만 조지는 의욕이 넘쳤다. 도저히 팀에서 내보낼 수가 없었다. 대학 신입생 때 기억이 났다. 고등학교 남자 체조부에서 몇 년간 훈련을 받은 뒤 스프링필드 칼리지에 입학했다. 스프링필드는 긴 체조 역사를 자랑하는 학교였다. 프랭크 월콧은 1955년부터 스프링필드의 체조팀을 이끌었고, 내가 1970년 가을에 입학했을 때에는 미국 최고의 체조 코치로 확실히 자리를 잡았다. 내가 시범 연기를 해 보이자 월콧 코치는 내 실력을 똑똑히 평가한 뒤 나를 탈락시켰다. 그러고는 다정한 말투로 내년에 다시 도전해 보라고 했다. 나는 거절했다. "매일 경비원을 부르셔야 할 거예요. 저는 계속 올 생각이니까요. 이 팀에 들어오고 싶어요." 내가 이렇게 말하자 월콧 코치는 나를 팀의 '매니저'라고 부르기로 하고 연습에 참석할 수 있게 해 줬다. 시즌 막바지에 나는 팀 대표로 선발됐다.

같은 이유로 나는 조지를 매니저 겸 부코치라 부르며 수건을 줍거나 공 수거기를 옮기는 일 따위를 시켰다. 2학년 때는 지팡이 없이 코트에 오를 수 있는 상태가 되어 선수들에게 공을 건네는 일을 맡겼다. 그 뒤에는 2군 팀 선수들의 연습 상대가 되었고, 누군가 지각을 하면 복식 파트너 역할도 했다. 조지는 모든 연습에 참가했다. 역기를 들었다. 수백 개의 공을 쳤다. 쉼 없이 연습했다. 3학년 때는 시즌 초반에 2군 팀 시합에 두어 번 출전해 복식을 뛰었는데, 시즌 막바지에는 2군 팀 최고 선수에 올랐다. 4학년 때는 팀 주장으로 선출됐고, 팀 대표로 뛰었다.

2번 코트에서 우리 팀 6위 선수 수프리트 싱이 헤샴 엘 할라비를 상대로 엄청난 대결을 펼치고 있다. 듀얼 매치 선발로 코트에 서는 순간만큼 선수에게 부담이 되는 일도 없다. 특히 이번 시합은 더하다. 관중은 잔뜩 흥분해 초반 몇 점까지는 슈퍼볼 킥오프 순간만큼이나 어마어마한 함성을 질러댔다. 점수가 날 때마다 소리를 질렀다.

'당황했구나.' 나는 생각했다. '이제 6점째인데 아직 당황하면 안 되지.'

프린스턴 팬뿐만이 아니었다. 트리니티 스쿼시 관중석 역시 일요일에 열린 전국 대회는 팀 연례 동창회로 변해 보통 3~40명은 넘는 전 선수들이 챔피언 반지를 끼고 관중석을 가득 메웠다. 이들은 간혹 시건방진 짓을 하기도 하지만 더 최악은 학부생들이다. 통제 불능에 배려심이라곤 없다. 학부생 무리가 프린스턴 팬들에게 고함을 치고 관람석에 들어갈 수 없다고 불평을 터트리고 사람들과 좌석을 놓고 실랑이를 벌인다. 나는 학생들을 통로 깊숙이 몰아 보냈다. "우리는 이번 시합을 이길 거야. 너희들의 형편없는 행동을 모든 사람의 기억에 남길 수는 없다. 한 번만 더 부적절한 말을 하면 모두 재드윈 밖으로 내쫓을 거야." 나는 학생들을 향해 이렇게 소리를 질렀다. 나중에는 실제로 심판을 욕하는 팬 하나를 쫓아냈다.

그동안 수프리트는 첫 게임을 내줬다. 2게임은 8-6으로 앞서고 있었다. 리드를 내줬지만 타이브레이크 상황에서 차분하게 게임을 승리로 이끌었다. 9점 동점 상황에서 우측 뒤쪽 코너로 깊숙이 들어간 공을 휘어지게 치며 크로스코트로 연결했고, 그야말로 완벽한 샷이었다. 공은 백핸드 사이드를 따라 벽과 바닥이 만나는 지점인 닉에 맞았고, 헤시는 공을 받아치지 못했다. 8일 전, 수프리트는 헤시에게 완패를 당했고, 접전을 펼쳤지만 세 게임 만에 확실한 패배를 맛봤다. 수프리트는 헤시보다 키가 크지만, 헤시가 몸집이 더 크고 건장하다. 수프리트는 헤시를 피해 다니느라 애를 먹었다.

두 번째 게임이 끝난 뒤, 수프리트가 예전 하버드와 맞붙었던 시합 이야기를 꺼냈다. 2007년에 수프리트는 신입생이었는데, 입학하자마자 우리의 최대 라이벌 팀이었던 하버드와 듀얼 매치에서 쓰라린 패배를 맛봤고 수프리트는 다름 아닌 그 중심에 있었다. 정신없는 하루였다. 하버드에서 경기를 하는 날은 늘 힘들었다. 그곳에는 하버드 스쿼시 팀의 위대한 역사가 깃들어 있고, 비록 지금은 완전히 새로운 스쿼시 시설에서 경기를 하지만 여전히 유구한 전통이 남아 있다. 게다가 케임브리지 관중은 때로 고상함과는 거리가 먼 행동을 한다. 1997년 듀얼 매치(우리가 7-2로 졌다)에서 관중은 우리 팀 4위 선수인 찰리 손더스에게 야유를 보내기 시작했다. 손더스는 2-1, 13-8로 패배 직전이었다. 잠깐 조용한가 싶더니 학생 하나가 거칠게 소리쳤다. "네가 시합을 망치고 있잖아. 네 인생도 망쳤어." 손더스는 그 팬을 전혀 알지 못했지만, 어쩔 줄 몰라 했다. 나중에서야 팀의 농담거리가 되었지만, 그때 그 팬의 무례한 말만 생각하면 아직도 모든 선수가 힘들어한다. 케임브리지 학생의 입에서만 나올 수 있는 말 같았다.

2007년, 하버드 대학교 머 센터는 아수라장이었다. 200명에 달하는 팬이 페이스 페인팅과 보디 페인팅을 하고 정성 들여 만든 플래카드를 들고 목청껏 소리를 질렀다. 대단히 난폭했다. 동전을 채운 빈 플라스틱 통을 흔들어댔다. 비현실적인 광경이었다. 그 소음하며, 길이 가 수백 미터에 달하는 야외 관중석에서 뛰어오르는 관중까지. 화가 잔뜩 난 말벌의 벌집을 잘못 건드려 팔을 크게 휘두르며 멀리 달아나 는 느낌이었다.

심판의 판단은 유감스러웠다.[3] 양 팀 선수들 모두 머리 위 아귀처럼 달려드는 관중에게 겁을 먹었고, 한 번씩 본인의 팀 동료에게 미심쩍 은 판정을 내렸다. 한 경기에서 우리 팀 선수 루시 보라는 승리까지 단 한 점을 남겨둔 상황이었다. 보라의 상대 선수가 손이 전혀 닿지 않는 공이었는데도 렛을 요청했다. 하버드 선수였던 심판은 렛을 선언했다. 두 사람은 재경기를 했다. 또다시 랠리는 루시의 확실한 결정 샷으로 끝났다. 하지만 하버드 선수가 다시 렛을 요청했고, 동료 심판은 렛을 허용했다. 그러자 하버드의 부코치였던 모하마드 아야즈라는 조용하 고 친절한 파키스탄인이 코트 문을 열고 "노 렛"이라고 말하더니 루시 와 악수를 하고 경기를 끝냈다. 사실 코치였던 아야즈가 경기를 그런 식으로 중재하는 건 이례적인 일이었다.

하버드의 팀 순위 역시 문제가 많았다. 이 일은 보통 시즌 초반에 언 젠가 모든 팀이 겪는 일이었다. 챌린지 매치 시스템의 독특한 변수 때

---

3 1990년대 중반까지 코트에 서는 선수들은 본인들이 뛰는 시합의 심판을 섰다. 어느 누구도 심판의 콜에 이의를 제기하지 않았다. 몇 번의 사건이 있은 뒤에 1996년 새로운 방식을 채택했다. 심지어 짝수 순위 시합에서도 홈팀 선수가 심판을 맡았으며, 원정팀 선수는 '기록자' 역할을 맡아 점수를 기록하고 외쳤다. 홀수 순위 시합의 경우 역할을 바꾸었다. 이는 방금 전까지 1시간 동안 서로를 맹공격했던 두 선수가 관중석에 나란히 앉아서 함께 시합을 운영해야 한다는 의미였다. 이 방식은 심판 없이 또는 전문 심판을 둔 경기만큼 효율적이지는 않았지만, 듀얼 매치에 '주는 만큼 받는' 균형감을 불어넣었다.

문이었다. 이 방식은 이상한 결과를 낳았다. 아홉 경기가 모두 3-0 낙승이었다. 듀얼 매치 사상 이례적으로 최종 스코어가 5-4의 근소한 점수 차로 마무리됐다. 각 팀이 네 경기씩 가져가면서 드디어 수프리트의 차례가 왔다. 트리니티의 7위 선수인 신입생 수프리트가 출전하는 생애 첫 중요한 듀얼 매치였다.

수프리트는 대단히 침착했다. 상대 선수는 니코 허디로, 1년 뒤 마넥과 맞붙는 덩치 큰 공격형 선수였다. 허디는 득점하고 난 뒤에 주먹을 불끈 쥐는 세리머니를 했고, 실점하고 난 뒤에는 아들이 뒤바뀐 공포영화의 주인공처럼 신음했다. 수프리트는 경기 내내 침착했고 긴장하는 기색이 없었다. 첫 게임은 접전이었다. 수프리트는 7-2로 지고 있었지만 힘들게 역전승을 거뒀다. 게임이 끝난 뒤 수프리트는 코트옆에서 땀을 닦았다. 우리 중 누구도 수프리트라는 선수를 잘 알지 못했다. 어떤 마음이었을까? 방금 치른 게임에 대한 자세한 설명이 필요한 선수였을까, 아니면 충고와 분석을 질색하는 선수였을까? 우리 팀부코치이자 수석 모티베이터(스포츠팀에서 선수들에게 동기를 부여하는 역할을 하는 사람-옮긴이 주)인 제임스 몬타뇨가 수프리트에게 다가갔다.

"수프리트, 알다시피, 4-4 동점이야. 이겨야 돼."

"알겠습니다, 코치님." 수프리트는 잠시 말을 멈추는가 싶더니 말했다. "그러면 이기겠습니다."

수프리트는 몸을 돌리더니 코트를 향해 갔다.

제임스가 돌아왔다. "뭐래?" 대화가 너무 금방 끝나기에 수프리트가 화가 난 건 아닌지, 제임스가 말실수를 한 건 아닌지 걱정이 되어 물었다. "4-4 동점이라고 말했더니 '그러면 이기겠습니다.'라던데요." 우리는 고개를 내저었다. '얘는 뭐지?'

두 번째 게임에서 허디가 다시 승기를 잡았다. 이번에는 7-3이었다. 다시 수프리트는 벽에 밀착한 긴 드라이브로 허디의 승세를 차분하게 꺾어 놓았다. 킬러 본능으로 공을 쫓는 코트 안의 맹수 같았다. 수프리트는 세 게임 만에 승리했다. 수프리트가 한 말은 전설적인 대사가 되며 수천 번은 되풀이됐다. "그러면 이기겠습니다."

재드윈 체육관은 독특한 곳이다. 프린스턴은 1969년에 한 어머니가 아들을 애도하며 내놓은 후원금으로 학교의 명물이 된 체육관을 열었다. 스톡웰 재드윈은 프린스턴 대학교 학생이었는데, 1928년 졸업 직후에 자동차 사고로 사망했다. 1965년 재드윈의 어머니가 세상을 떠나며 2700만 달러를 아들의 이름으로 대학에 기부했다. 원뿔형 물결무늬 지붕을 인 체육관은 어딘가 시드니 오페라 하우스를 연상시킨다. 허버트 워런 윈드는 이 체육관을 '거대한 아르마딜로'라고 묘사했다. 체육관은 바닥 면적이 축구장 여덟 개 크기에 달하는 5층짜리 거대한 건물이다. 지하의 두 개 층에는 통로, 계단 통, 11개의 스쿼시 코트, 그리고 세계 최대 규모의 펜싱 룸인 잰프리니 룸이 있다.

40년 전, 재드윈은 최첨단 스쿼시 시설이었다. 지금은 다른 많은 학교의 시설이 여러 모로 이곳을 앞질렀다. 프린스턴 대학교에서 재드윈을 건립하고 난 직후 개발된 신기술, 즉 유리벽 때문이었다. 새로 지은 모든 스쿼시 코트는 뒷벽이 유리로 되어 관중들은 선수들과 같은 높이에서 코트 안을 들여다보고 구경할 수 있다. 또한 일류 스쿼시 팀은 벽이 유리로 된 유리 코트를 구비하고 있다. 트리니티에는 뒷벽이 유리로 된 코트 일곱 개, 삼면이 유리벽인 유리 코트 두 개를 갖추고 있다. 관중석이 너무 비좁아 프린스턴의 코치 밥 캘러핸은 의자를 이리저리 옮겨 다니며 경기를 본다. 씁쓸하게도 재드윈 체육관은 40년 만에 구식으로 전락했다.

하지만 그 덕분에 프린스턴은 엄청난 홈 코트 이점을 누린다. 1, 2, 3순위 시합이 치러지는 유리 코트의 갤러리 공간은 거의 사방이 막혀 있어 흥분한 500명의 관중이 원래 수용 인원인 그 절반인 공간 안에 미어 터질듯 들어서면 귀가 멎을 듯이 시끄러운 압력밥솥으로 변한다. 내 평생 본 가장 시끄러운 관중이었다. 또한 4순위부터 9순위 시합까지 우리가 사용하는 코트는 옛날식 코트 두 곳이었다. 뒷벽이 유리로 된 코트가 아니었다. 관중석은 백월 라인 바로 위에 말 그대로 불쑥 솟아 있다. 그리고 관중들은 코트 위에 버티고 있다. 소음을 차단하거나 심리적 경계가 되는 벽도 없이. 유리 코트보다 더 원초적인 장면이다. 구호를 외치는 무리가 두 전사의 머리 바로 위에 솟아 있는 장면.

처음 두 게임을 사이좋게 한 게임씩 이긴 수프리트와 헤시는 다음 두 게임도 하나씩 나눠 가져갔다. 9-4로 한 게임씩 이겼다. 수프리트는 3게임을 4-1로 리드했고, 숨 돌릴 틈도 없이 공격을 시작했다. 헤시는 흐름을 바꿔야 한다는 조바심을 안고 포핸드로 서브를 받아 벽 쪽으로 강속구를 날렸다. 헤시는 서브로 결정 샷을 만들어 낼 생각이었다. 조바심 아니면 배짱이다. 차이는 성공이냐 실패냐의 문제일 뿐. 수프리트는 평소 서브 후에 하듯이 코트 중앙으로 원호 모양의 샷을 날린 뒤 방향을 바꿔 코트 앞쪽으로 달려 나갔다. 공이 팔에 닿지 않았고 결국 팔다리를 벌리고 코트 위에 드러누웠다. 재빨리 깡충 뛰어 일어났고 두 사람은 30초가량 코트 위를 오갔다. 수프리트와 헤시는 처음에는 바닥의 땀을 가리켰고, 다음으로는 주말 경기를 위해 워싱턴에서 기용한 전문 심판 메헤르지 마단을 가리키며 요청했다. "수건 좀 요청해도 될까요?" 땀을 닦기 위해서였다. "수건, 수건." 프린스턴 선수 두어 명이 조롱하듯 말했다. 그때 헤시가 수프리트의 오른쪽 무릎에 살짝 상처가 난 걸 발견했고, 마단은 수프리트에게 밴드를 붙이라고 지시했다. 선수가 코트 위에 피를 흘리는 건 규정 위반이기 때문이다.

관중은 수프리트가 혈우병 환자 아니냐며 떠들어댔다. 4분가량 흘렀다. 수프리트의 흐름이 끊겼다. 코트로 돌아간 직후 포핸드 발리로 틴을 맞혔다. 기세를 몰아 헤시는 8점을 연속으로 득점했다. 수프리트는 서브권을 한 번도 가져오지 못했다. 헤시의 셔츠 등판 중앙으로 땀이 강물처럼 흘러내렸다.

4게임에서 수프리트는 냉정을 찾았다. 헤시가 몇 번 운 좋은 샷을 날려 2-1로 리드했다. 헤시가 수프리트에게 두 번 다가와 등을 두드렸다. 만국 공통의 사과 동작이었다. 경기는 상당히 훌륭한 스포츠맨 정신을 보여줬고, 교묘한 반칙도 거의 없었다. 두 사람 다 자기 볼이 다 운됐다고 외쳤다. 헤시는 몇 번의 서비스 리턴 볼을 틴에 맞혔다. 지연 전술로 숨을 고르고 셔츠로 보안경을 닦고 셔츠에 손을 닦기도 하고 스트로크에 대해 마단과 정감 어린 농담을 주고받기도 했다. 수프리트가 4-2로 앞선 상황. 헤시의 라켓에 수프리트의 얼굴이 살짝 긁혔다. 경기는 좀 더 지연됐다. 헤시의 라켓 줄이 끊어졌다. 또다시 지연. 헤시는 불안해 보였다. 많은 샷이 틴에 맞았다. 수프리트는 후들거리는 다리로 거의 용수철처럼 뛰어올라 공을 쳐 9-4까지 만들어 냈다.

2-2 상황, 이제 마지막 5게임을 앞두고 있다. 수프리트는 수건으로 땀을 닦으며 진정됐다고 말했지만 손에 힘이 들어간 게 보였다. 2년 전 하버드에서와는 다르게 이제 이 시합에 어떤 이해관계가 걸려 있는지 더 잘 알게 됐으니까.

우리 팀의 어떤 선수도 수프리트만큼 연습의 미덕과 중요성을 잘 아는 사람은 없었다. 수프리트는 연습이 끝난 뒤 3~4시간 동안 추가로 샷 연습을 했다. 3~4시간은 지루할 수 있다. 많은 선수가 혼자 연습을 할 때 지루해져서 결국 자기가 하고 싶은 샷을 하는 경향이 있는데, 대개는 선수 각자가 제일 자신 있는 샷을 한다. 이 방법은 선수들이 가진 경기 방식의 강점을 강화해 주지만, 약점을 피하게 되면서 경기 방식은 더 한쪽으로 치우치게 된다. 내가 보기에 수프리트는 목적을 정하고 연습했다.

수프리트는 예전에 혼자서 하는 종목을 했다. 어릴 때 뭄바이에서 태권도를 배웠고, 열세 살에 갈색 띠를 땄다. 수프리트의 아버지는 아들에게 골프와 배드민턴, 탁구를 배우게 했고, 그러다가 프로 스쿼시 토너먼트를 구경하러 갔다가 뛰어난 선수 잔셔 칸(월드 오픈에서 8번 우승했다)이 경기하는 모습을 보고 스쿼시를 하겠다고 졸랐다. 수프리트는 코트가 하나뿐인 외딴 곳의 작은 스쿼시 클럽에서 스쿼시를 시작했다. 바닥은 습기와 먼지로 툭하면 미끄러웠고, 한 주에 연습하는 사람도 얼마 안 됐다. 2년 동안 그렇게 혼자서 스쿼시를 했다. 스쿼시를 독학으로 익혔다. 아버지에게 약간 배우기는 했지만, 대부분은 시행착오를 겪으며 홀로 터득했다. 이런 까닭에 그립법이 독특했다. 엄지와 검지로 라켓 위쪽을 잡았다. 아버지도 수프리트도 더 좋은 방법이 있는 줄 몰랐기 때문이다. 2년 뒤 수프리트의 아버지가 골프 친구들 몇 명과 연락해 수프리트에게 뭄바이 최고의 스쿼시 클럽 중 한 곳인 오터스 클럽의 회원권을 얻어 줬다. 수프리트는 오터스에서 첫 연습을 했던 날을 기억한다. 마침내 다른 아이들과 같이 훈련을 할 수 있게 된 날.

여전히 쉽지는 않았다. 수프리트는 가진 돈이 없었다. 아버지는 지하 전화선 도급업자로 일했지만, 수프리트가 어릴 때 재정난을 겪었고 끝내 완전히 회복하지는 못했다. 스쿼시가 희생양이었다. 수프리트는 너덜너덜한 운동화를 신고 아버지의 낡은 라켓을 잡고 경기를 했고, 때로 찢어진 공을 도로 붙여서 쓰기도 했다.

수프리트는 2년간 장학금을 받고 인도 첸나이에 있는 지멘스 스쿼시 아카데미에 다녔다. 그는 실력 좋은 주니어 선수였지만, 결코 최고 선수에 오른 적은 없었다. 전국 주니어 대회 준결승에서 수프리트는 9-0, 9-0, 9-0으로 영패를 했다. 어렵사리 지역 대학을 다니며 프로 데뷔를 하려고 노력했다. 힘들게 코치 비용을 모았고, 수프리트의 상황을 잘 아는 코치들은 때로 무료 지도를 해 주기도 했다. 세계 랭킹 165위까지 올랐지만, 해외 투어에 갈 돈이 없어 인도와 파키스탄에서 열리는 2부 토너먼트에 출전해 랭킹 포인트를 높일 기회를 찾아 다녔다. 전미 대학 체육 협회(NCAA) 기준으로 수프리트는 아마추어 신분을 벗어나지 못했는데, 얼마 안 되는 수입보다 지출하는 돈이 더 많았기 때문이다.

트리니티에 입학했을 당시 수프리트는 이미 스무 살의 지적이고 성숙한 선수였다. 수프리트는 시크교인이었다. 시간이 지날수록 우리 팀에는 주요 종교 신도들이 거의 다 모여 있었다. 힌두교인, 이슬람교인, 조로아스터교인, 유대교인, 그리고 십여 개가 넘는 종파의 기독교인까지. 하지만 수프리트가 팀에 들어오기 전까지 나는 시크교에 대해 거의 아는 바가 없었다. 일대일로 진행하는 두려움 극복 코칭 시간에 수프리트는 어릴 때 가문의 전통에서 결정적으로 멀어지게 된 사건 때문에 시크교의 전통 터번을 쓰지 않던 시기가 있었다고 이야기했다. 그럼에도 몇 년 뒤 수프리트의 가족은 펀자브 지방에 있는 시크교 성지인 황금 사원으로 순례 여행을 떠났다. 또 수프리트는 엄격한 채식을 했고, 술은 입에 대지도 않았다. 많은 시크교인이 그렇듯 팔찌와 목걸이를 했고, 왼손에 반지를 두 개 끼고 있었다. 하나는 에메랄드로 장식한 금반지, 하나는 붉은 산호로 장식한 은반지였다. 수프리트의 부모님이 행운을 빌며 아들에게 준 반지였다. 이 보석들 덕분에 '블링'이라는 별명을 얻었다.

수프리트의 반지는 극적인 결말을 맞는다. 봄 시즌오프 기간 동안, 수프리트가 멕시코의 어느 해변에서 수영을 하는 사이 반지 하나가 사라졌다. 수프리트는 해변에 서서 손을 봤는데 손가락이 허전했다. 그는 다른 반지도 빼서 파도에 던졌다. 수프리트가 하트퍼드에 돌아오자 부코치 제임스 몬타뇨가 반지는 어디 갔냐고 물어봤다. "코치님, 반지는 바다에 줘 버렸어요. 그렇게 됐습니다. 지금 반지는 태평양 바닥에 있을걸요."

오늘은 바다에 반지를 내주는 그 침착함, 과거에 머물지 않고 앞으로 나가는 바로 그 능력이 보이지 않았다. 샷에 어딘가 문제가 있었다. 실책을 하고 조금만 높거나 낮게 쳤다면 결정 샷이 될 수도 있었을 샷을 치고 있었다. 서브를 넣을 때는 팔을 충분히 뻗지 않고 손목이 뻣뻣한 채로 맥없이 공을 쳤다. 컨디션이 최상이 아니었고, 고개를 숙인 채 코트를 오갔다.

한편 헤시는 수준급 선수였다. 또 헤시는 전국 챔피언십에서 4번 연속 개인 종합 우승을 차지한 야세르 엘 할라비의 동생이었다. 헤시와 야세르 둘 다 2006년 아틀라스 라이브스 듀얼 매치에 출전했다. 대단히 큰 경기였다. 그날 마지막 매치에서 듀얼 매치 성적 4-4 상황에서 야세르가 구스타프 데터에게 매치 포인트로 이길 기회를 놓쳐 버렸다. 그날 밤 헤시는 야세르를 데리고 트리니티 체육관 밖으로 나갔고, 야세르의 얼굴 위로 눈물이 비 오듯 흘러내렸다. 고통스러운 마음이었다. 아틀라스 라이브스 듀얼 매치 이후 몇 주 뒤, 전국 대회 결승전에서 우리는 다시 5-4의 아슬아슬한 점수 차로 프린스턴을 이겼다. 야세르와 신입생 3인방 마우리코 산체스, 킴리 웡, 헤시는 1위전부터 4위전까지 매치를 이겼지만, 하위 다섯 매치에서 패하며 트리니티의 한계를 드러냈다. 3년 전 그때 이후, 헤시도 형 야세르도 완전히 회복하지 못했다.

야세르 엘 할라비는 여전히 전설이다. 4번 연속 대학 대항전 우승이라는 전례 없는 성과를 냈다. 밥 캘러핸은 선수 소개를 하는 동안 야세르를 내보냈고 관중은 미친 듯 환호했다. 그런 유명한 형을 둔다는 건 쉽지 않은 일일 수 있다. 턱이 갸름하고 뾰족한 헤시는 약간 초조해 보였다. 랠리를 하는 동안 헤시는 그립 법을 바꾼다. 공을 친 뒤 손을 핸들 위아래로 움직인다. 때로 핸들을 앞뒤로 완전히 뒤집기도 했다. 보통 선수들은 랠리와 랠리 사이에 그립을 바꾸지, 랠리 도중에 바꾸지 않는다. 헤시는 종종 스윙을 할 때 팔을 쭉 뻗는 마무리 동작을 거의 하지 않는다. 피곤한 날에는 서브를 받을 때 몸을 굽히고 농구 선수들이 동료 선수가 자유투를 던질 때 자유투 라인을 따라 일렬로 늘어서서 하듯 반바지의 끝단을 손으로 잡기도 한다. 하지만 헤시는 대단히 노련한 선수다. 2학년 때 팀 2위로 뛰었으며, 시즌이 끝난 뒤에는 전미 선수 랭킹 7위에 올랐다. 졸업반이 되며 순위가 떨어졌는데, 일자리를 찾고 졸업 논문을 준비하면서 스쿼시에 집중하는 시간이 줄었기 때문이다. 하지만 여전히 6위 자리를 지키는 막강한 선수다.

관중석은 아수라장이다. 헤시의 친구들이 일어나서 득점이 날 때마다 요란하게 박수를 치고 주먹을 쥐어 보이며 트리니티 팬들을 향해 크게 웃어 보인다. 그들은 수프리트가 렛을 요청할 때마다 "개소리" "허튼소리" "왜, 왜?" 라고 고함쳐 댄다. 또 "헤시! 헤시!"를 연호한다. 야세르는 아랍어로 헤시에게 이런저런 조언을 한다. 이 장면을 보니 지난 시즌이 생각났다. 수프리트는 그때 대학 대항전 1차전을 뛰고 있었다. 미 해군 사관학교는 체육관에 이동용 유리 코트를 설치했고, 대부분 하얀 제복을 입은 해군 사관생들이었지만 2,500명이 넘는 사람들이 와서 수프리트가 실력이 훨씬 못 미치는 해군 사관생도 4학년생과 대결하는 모습을 지켜봤다. 사관생도들은 방울을 흔들며 '항상 충성하라'는 의미의 미 해병대 구호인 '셈페르 피델리스(Semper Fidelis)'를 연호한다. 미국 스쿼시 역사상 가장 많은 수의 관중이었다. 나는 수프리트에게 이렇게 말했다. "파란색과 흰색 제복의 바다를 쳐다보지 마라. 허리케인의 눈 속에 있는 유리 코트 안에서 침착하게 경기해라."

수프리트가 말했다. "코치님, 어디에도 있고 싶지 않네요." 수프리트는 지금의 힘을 믿으며 사는 사람이었다. 관중의 존재는 잊을 작정이었다. 내 생각과 일치했다. 수프리트는 곧 코트로 나갔고, 엉망진창의 경기 끝에 실책을 쏟아내며 9-1로 졌다. 코트를 나오는 수프리트의 표정은 마치 방금 폭풍으로 집을 잃은 사람 같았다.

내가 말했다. "그래, 이제 어디에 있고 싶어?" 우리는 웃음을 터트렸고 긴장이 누그러졌다. 우리는 위를 올려다보며 줄지어 체육관을 나가는 사관생도들을 봤다. 첫 게임을 보고 시합이 끝났다고 생각하고는 지휘관이 다음 일정을 하러 가라고 지시한 것이다. 경기장이 갑자기 텅 빈 듯했고, 수프리트는 다음 세 게임을 손쉽게 이겼다.

오늘 관중은 아무 데도 가지 않는다. 헤시는 새 회색 셔츠를 입었다. 테스토스테론을 내뿜으면서 다시 코트를 호기롭게 오가며 랠리를 이어갔다. 경쾌한 걸음으로 수프리트를 지나 앞벽 근처에 떨어지는 공을 치더니 살짝 넘어진다. 치료를 위해 코트 밖으로 나간다. 코트로 돌아온 뒤 무심코 친 발리가 닉에 맞는다. 헤시가 8-2로 앞서고 있다. 수프리트가 매치 포인트를 막아 낸다. 그리고 한 번 더. 긴 랠리 끝에 난 몇 번의 득점이 렛이 된다. 공이 60번씩 오가는 랠리가 계속된다. 수프리트가 득점한다. 이제 8-3. 또다시 긴 랠리가 이어지고 점수는 8-4가 된다. 컨디션이 돌아오는 중인가? 몇 번의 렛이 이어진다. 그때 헤시가 서브를 대담한 백핸드 발리로 받아쳐 닉에 꽂아 넣는다. 헤시가 좌측에서 들어온다. 불운을 끝내고 매치포인트를 따내기 위해. 렛. 다시 렛. 헤시는 테니스 선수처럼 높이 뛰고 있다. 공을 칠 때 가슴을 앞벽 쪽으로 밀면서 팔을 공중에 높이 뻗어 마무리한다. 이번엔 보스트 샷이 틴에 맞는다. 다시 수프리트의 서브. 헤시는 또 한 번 서브된 공을 닉에 꽂아 넣는다. 다시 렛. 두 사람이 코트에 들어가 워밍업을 시작한 지 2시간이 흘렀다. 이번 게임만 거의 1시간 반째다.

경기는 실망스럽게 끝난다. 헤시의 보스트 샷. 수프리트가 받아낸다. 헤시가 왼손으로 공을 받는데, 공이 다운된 것 같았다. 두 사람은 심판을 쳐다본다. 마단은 다운을 외친다. 관중이 일어나서 함성을 지른다. 헤시는 형의 부진을 만회했다.

과거나 미래와 달리 오늘을 하루하루 살아갈 때 한 가지 장애물은 이야기다. 이미 일어난 일과 앞으로 일어날 일을 걱정하면서 사람들은 머릿속으로 한 편의 이야기를 만들어 내는 경향이 있다. 결과를 예상하고, 그 결과를 받고 본인의 기분이 어떨지, 또 사람들이 뭐라고 이야기할지, 누가 무엇을 할지 예상한다. 만약 시합에 출전했을 때 이겨야 하는 경기를 리드 당하는 이야기를 머릿속으로 떠올린다면, 이렇게 생각하는 식이다. '흠, 아니면 내가 이 쉬운 경기를 어떻게 날리는지 하는 이야기가 될 수도 있겠군.' 결과는 생각한 대로 나온다. 나는 선수들에게 이렇게 말한다. "워밍업을 하는 동안 머릿속으로 어떤 이야기도 쓰지 마라. 마음을 열고 지금 이 순간에 충실하면 돼." 십대들은 늘 자기 머릿속 이야기에 굴복하고 만다. 이를 단순한 사고라고 부른다. 어린 선수들은 이야기를 만들어 내고, 그 이야기는 현실이 된다. 여자 친구와 다툰다. 여자 친구가 전화를 받지 않는다. 문자를 보내도 답이 없다. 뭘 하고 있길래? 여자친구가 자기 몰래 바람을 핀다고 생각하고 모든 가능성과 결말을 떠올린다. 그리고 곧 그 생각은 가설이 아니라 사실이 된다. 선수는 여자 친구를 찾으러 가고, 두 사람은 이별한다.

수프리트는 이번 2월 시합 전에는 헤시와 대결한 적이 없다. 하지만 나는 수프리트가 속으로 자기는 헤시를 이길 수 없다고 생각했으리라 본다. 모두의 말처럼 헤시는 6위 선수치고 실력이 너무 좋았고, 수프리트는 이런 생각을 내면화했다. 헤시의 명성이 수프리트가 코트 위에서 경험한 실제 헤시를 압도한 것이다.

코치들은 누구나 막대자, 즉 필요한 수준의 태도, 재능, 의욕, 아량을 가진 제자 하나를 마음에 두고 있다. 내 경우에는 프레스턴 퀵이 그랬다. 프레스턴은 내가 처음 영입한 훌륭한 미국인 선수로, 덴버에서 자랐다. 프레스턴의 아버지 테일러는 좋은 선수이자 리더였다. 그는 1990년대에 미국 스쿼시 협회 회장을 지냈다. 프레스턴은 스쿼시를 일찍 시작해 덴버 애슬레틱 클럽(DAC)의 천재 코치 하심 칸에게 개인 지도를 받았다.

마치 무함마드 알리에게 배운 어린 복서를 보유하고 있다는 말이나 다름없었다. 하심은 파키스탄 페샤와르의 야외 코트를 맨발로 뛰어다니며 스쿼시를 배웠다. 브리티시 오픈에서 일곱 번 우승을 차지했고, 스쿼시 선수 중 최초로 세계적인 유명세를 얻었다. 《라이프》지는 하심이 미국에서 처음 출전한 미국 토너먼트를 크게 소개했다. 1970년대에는 덴버로 가서 DAC에서 코치로 일했다. 프레스턴은 하심의 마지막 수제자였으며, 하심의 전설적인 침착함을 프레스턴도 그대로 배웠다.

프레스턴은 타격이 깔끔하고, 발레리나처럼 유연하게 코트를 누비며 발끝으로 서 있는 듯 양쪽으로 춤추듯 움직였다. 하지만 프레스턴에게는 천적과 같은 선수가 있어 마음고생을 했다. 주니어로 뛰는 내내 프레스턴은 필라델피아 출신의 데이비 맥닐리라는 벽에 부딪혔다. 데이브는 키가 크고 정밀한 경기를 펼치는 뛰어난 선수였다. 게임의 속도를 늦추는 능력도 있었다. 프레스턴이 실력으로는 훨씬 앞섰지만, 데이브는 게임 속도를 좌우하고 경기를 장악할 줄 아는 선수였다. 스쿼시 환경에서도 약간 차이가 있었다. 프레스턴은 콜로라도 출신으로 (하심 코치가 있었다 하더라도) 스스로 아웃사이더라고 생각한 반면, 데이브는 어릴 때 미국에서 가장 유명한 컨트리클럽인 메리언 크리켓 클럽에서 스쿼시를 했고, 가장 우수한 스쿼시 학교 중 한 곳인 이피스커펄 아카데미에 다녔고, 심지어 집에도 코트가 있었다. 또한 데이브는 미국 주니어 선수 중 최초로 스쿼시의 세계 표준이 된 소프트볼 스쿼시를 시작했다. 아버지가 열성적이었던 턱분에 데이브는 개인 코치를 두었고, 유럽의 주니어 토너먼트에 참가했으며, 미국인으로서는 유례없이 진지하게 스쿼시를 했다. 데이브는 주니어 1위 선수로, 전국 주니어 대회에서 3번 연속 우승을 차지했다. 1950년대 이후 전례 없는 성과였다.

프레스턴은 스쿼시를 열심히 했지만, 다른 종목에도 손을 댔다. 4년 동안 학교 테니스 팀 대표 선수로 활약했고, 4학년 때는 주 복식 챔피언십 우승을 차지하기도 했다. 고등학교 때는 볼티모어에 가서 전국 스쿼시 복식 챔피언십에 참가했는데, 토너먼트 역대 최연소 선수였다. 주니어 선수로 30번이 넘는 경기를 뛰었지만 프레스턴은 데이브를 단 한 번도 이기지 못했다. 그 후 대학 스쿼시 팀에 와서도 여전히 데이브는 난공불락의 상대였다. 1학년 때는 국가 대표 선발전에서 데이브에게 패했다. 국가 대표로 선발돼야 세계 챔피언십에 나갈 수 있었다. 그리고 미국인에게만 참가 자격이 주어지는 전국 챔피언십 대회 SL 그린에서도 데이브에 패했다. 심지어 데이브는 1999년 SL 그린 주니어 우승을 차지했다. 놀라운 성과였다.

프레스턴은 2학년 때 데이브와 맞붙어 다섯 번의 매치 포인트에 이르고도 경기에 패했다. 엄청난 충격에 휩싸인 채 코트를 나왔다. 나는 패한 선수와 경기 직후 이야기하지 않는다는 스스로 정한 규칙을 어기면서까지 프레스턴의 어깨에 손을 올리고 말했다. "두 번 다시 데이브에게 지는 일은 없을 거야." 그냥 감이 왔다. 그만큼 접전이었고, 자신감을 조금만 높여 줘도 전세를 바꿀 수 있을 것 같았다.

내 생각이 맞았다. 프레스턴은 12번 연속으로 데이비드를 눌렀고, 두 번 다시 승리를 내주지 않았다. 확신에 찬 프레스턴은 SL 그린 단식과 복식에서 두 번 우승을 차지했다. 그저 약간의 응원이 필요했을 뿐이었다.

스쿼시를 하는 동안 나 역시 응원이 필요했다. 나는 3년 연속으로 50회가 넘는 전국 스쿼시 토너먼트 결승전에서 패했다. 모두 같은 선수, 크리스 버로스에게. 버로스는 뛰어난 선수였고, 세계 7대륙을 정복했다. 감히 이런 선수를 이길 엄두도 나지 않았다. 하지만 마침내 그 생각을 버렸다. 버로스를 이기는 건 중요치 않으며, 내 스쿼시 경력은 그 승패와는 상관없다고 생각했다. 그렇게 무의식적으로 이야기를 고쳐 씀으로써 내 스스로 만든 불안에서 벗어난 뒤 준결승에서 버로스를 꺾었다. 그는 첫 게임 초반에 불만스러워 하며 라켓을 박살냈고, 나는 내가 아닌 버로스가 압박감을 느낀다는 사실을 깨달았다. 2-0으로 앞섰고, 매치 포인트 상황에서 숨이 가쁘고 힘이 빠졌다. 이번 게임을 이기지 못하면 4게임까지 끌고 갈 힘이 없겠다는 생각이 들었다. 가슴이 쿵쾅거리고 다리가 후들거렸다. 그 순간 어디선가 목소리가 들렸다. "할 수 있어요." 내 딸 크리스틴이었다. 크리스틴의 목소리가 과거와 미래에 대한 생각을 몰아냈고, 나는 마지막 득점을 했다.

나는 선수들에게 현재에 충실하라고, 발등에 불이 떨어진 사람처럼 미친 듯 몰두하라고 말했다. "내게는 오직 미친 사람들뿐이다." 선수들에게 미국 작가 존 케루악의 장편소설 『길 위에서』에 나오는 유명한 구절을 이야기해 줬다. '미친 듯이 살고, 미친 듯이 말하고, 미친 듯이 구원받으려 하고, 동시에 뭐든지 욕망하고, 결코 하품하거나 진부한 이야기를 하지 않으며 다만 황금빛의 근사한 폭죽이 솟아올라 별을 가로지르는 거미 모양으로 작렬하는 가운데 파란 불꽃이 펑펑 터지는 것처럼 모든 사람이 '우와' 하고 감탄하는 그런 사람들만이 존재했다.'

문제는 내 아들 매튜가 진정 현재를 사는 아이였다는 점이다. 매튜는 폭죽이었고, 매튜가 한 일은 불타는 것뿐이었다. 매튜는 딱 자신의 코앞만 내다보았고, 딱 그날 하루의 끝만 생각했다. 미래와 과거의 불편한 감정과 고통을 없애려고 무슨 짓이든 했다. 믿기 힘들 정도로 눈앞의 일만 생각했고, 다음 몇 분 동안 일어날 일에만 늘 집중했다. 매튜는 헤로인 중독자였고, 헤로인 중독자들은 눈앞의 위기를 벗어나기 위해 무슨 말이든 했다. 1시간 또는 하루 만에 상황이 더 악화되는데도 아랑곳없이.

많은 부모가 그렇듯 나 역시 아들을 살리려고 온갖 일을 다 했다. 차를 사주고 치료 센터에서 나올 때마다 옷을 사줬다. 몇 년 동안 자동차 보험금을 내줬는데, 친구에게 현금을 받고 차를 팔아놓고는 나에게 말하지 않은 사실을 나중에야 알게 됐다. "아빠, 중독 치료 센터로 돌아가는 버스비 60달러가 필요해요." "아빠, 친구 차가 고장 났어요. 견인비 35달러가 필요해요." 웨스턴 유니언 은행에서 5,000달러를 매튜에게 송금했다. 그 돈은 전부 문제 해결이 아니라 약을 사는 데 들어갔을 것이다.

매튜를 중독 치료 센터에 보내 치료하려고 노력했다. 고급 시설에 보낼 형편은 안 돼서 주립 치료 시설에 보냈다. 한 가지 특이사항이라면 치료를 받으려면 대개 대기 명단이 있어서 가끔 매튜가 시설에 입소해 치료를 받기 전까지 1, 2주 정도 매튜를 돌봐야 했다. 기본적으로 매튜는 나와 살면서 헤로인을 계속 써야 했다. 2003년 여름, 치료 센터에 자리가 날 때까지 기다리는 동안 원예용품점에 일자리를 구해 줬다. 6월 어느 일요일 아침, 원예용품점에 가는 길에 매튜가 말했다.

"아빠, 나 약이 필요해요." 그러면서 트리니티 캠퍼스에서 1.6킬로미터가량 떨어진 거리로 나를 안내했다. 나는 은행 주차장에 들어가 빈자리에 차를 댔다. 매튜는 차에서 내리더니 사라졌다. 경찰관이 주차장으로 들어와 여기서 뭘 하고 있느냐고 묻는 상상을 했다. 뭐라고 말해야 되지? 미친 짓이었다.

하필 그날은 아버지의 날이었다. '너는 아버지지, 마약 파티 동반자가 아니잖아.'라고 혼잣말을 했다. 눈물이 맺히며 화가 치밀어 올랐다. 10분 뒤 차로 돌아오는 아들의 모습이 보였다. 매튜는 근처에서 버터를 하나 사러 다녀온 사람마냥 아무렇지 않게 차에 올랐다. 말없이 원예용품점에 아들을 내려주고 출근했다.

또 한 번은 호전된 것처럼 보였다. 매튜는 조경 회사에서 잔디 깎는 일을 했다. 일주일에 두 번 치료사를 만났고 항우울제를 복용하고 있었다. 그 약을 먹으면 약간 졸음이 왔고, 한 번은 저녁 식사 자리에서 졸기도 했다. 하지만 안정된 생활을 하고 있었다. 어느 날 오후, 매튜가 집에 오더니 차를 빌려줄 수 있느냐고 물었다. "시내에 가서 친구들 좀 만나려고요."

"그래, 대신 8시까지 돌아와." 나는 이렇게 말했다.

8시에 창밖을 내다봤다. 매튜는 그때까지 휴대전화가 없었던지라 기다리는 수밖에 없었다. 9시. 10시. 10시 30분에 내 혼다 시빅 자동차가 파이어타운 로드에 멈추는 게 보였다. 차 뒤쪽에서는 경찰차가 신호를 보내고 있었다.

"아빠." 매튜가 차에서 내리며 말했다.

"늦어서 미안해요."

"매티, 무슨 일이야?"

매튜가 대답하기 전에 경찰이 우리 집 진입로로 들어왔다.

"10번 도로에서 운전을 이상하게 하는 사람이 있다는 신고가 들어왔습니다."

"제 아들입니다. 경찰관님." 내가 매튜를 변호하며 말했다.

"아들이 지금 항우울제를 복용 중이라서요. 정량을 먹지 않아서 그런가 싶네요."

"두 분 다 괜찮으신 거죠?" 경찰관이 매튜에서 나, 다시 매튜로 시선을 옮기며 물었다.

"그럼 저희는 이만 돌아가도 괜찮을까요?"

"네, 경찰관님. 아들은 제가 잘 보호하고 있습니다."

나는 이렇게 말했고, 경찰은 돌아갔다.

매튜와 나는 집으로 들어왔다. "아빠, 늦어서 미안해요. 정말 고마워요." 매튜는 이렇게 말하고 자러 들어갔다. 아침에 차에 탔다가 진입로에 떨어져 있는 헤로인 네 봉지를 발견했다. 매튜가 차에서 내리면서 주머니에서 뺀 것이다.

나는 집으로 들어가 매튜를 깨웠다. "짐 싸라. 나가자." 나는 부슈널 공원에 있는 YMCA 보호소에 매튜를 태워다 줬다. 거기 있는 모든 사람이 매튜를 알고 있었다. 전에 여섯 번은 가본 곳이었으니까.

반 년 동안 매튜는 트리니티의 건물과 부지 관리부에서 일했다. 갑자기 가족 모임이 되어 버렸다. 나는 트리니티의 교직원이었고, 딸 크리스틴은 2학년생이었고, 매튜는 건물 관리인이 됐으니까. 독특한 공동생활이었지만, 우리는 신이 났다. 크리스틴은 갈퀴로 낙엽을 긁어모으거나 존 디어 트랙터를 모는 오빠의 모습을 보는 걸 좋아했고, 나는 매튜가 어디 있는지 알 수 있어서 좋았다. 우리는 매일 또는 이틀에 한 번 매튜를 만났다. 그러다가 물건이 없어지기 시작했다. 매튜가 범인이었다. 매튜는 가끔 지각을 하거나 결근을 했다. 결국 매튜는 체포됐고, 그렇게 트리니티의 일자리도 잃었다.

　매튜는 1개월간 징역형을 마치고 캠퍼스 근처에 살았다. 하루는 트리니티 스쿼시 밴을 몰고 하버드 대학교에서 열리는 스쿼시 시합에 가고 있었다. 배브콕과 브로드 거리 모퉁이에 서 있는 매튜가 보였다. 캠퍼스에서 40킬로미터가량 떨어진 곳이었다. 창문을 열자 매튜가 다가왔다. 담배 냄새가 났다. 퀴퀴하고 씻지 않은 냄새.

　"돈 좀 빌려주세요. 먹을 것 좀 사려고요." 탁한 목소리로 매튜가 말했다. 선수들이 지켜보고 있다는 사실을 신경 쓴다는 사실을 안 것이다. 지갑에서 60달러를 꺼내 주었다.

　"조만간 연락하마, 매티." 창문을 올리며 말했다. 케임브리지로 가는 내내 밴 안은 조용했다.

3장
서열 정리: 루샤브

스쿼시 팀 선수들이 나란히 자전거 운동 기구를 타고 있었다. 스무 명의 남자 선수들. 모든 선수가 동시에 자전거를 타기 시작해 동시에 끝냈다. 몸 상태와 재능, 집중력이 저마다 달라 각 선수가 페달을 밟은 거리는 제각기 달랐다. 스쿼시는 팀 스포츠라 모든 선수가 한꺼번에 페달을 밟아도 기여하는 정도는 저마다 달랐다. 타고난 천재형과 노력파, 열정적인 선수와 열정과는 거리가 먼 선수 모두 자전거 위에 있었다. 어떤 선수는 단거리형으로 뒤로 갈수록 힘이 빠졌다. 또 어떤 선수는 마라톤형으로 끝까지 꾸준한 힘을 발휘했다. 몇몇은 막판 스퍼트를 냈다. 한 선수는 헤드폰을 끼고 다른 선수들이 없는 듯 자기 운동에만 집중했다. 또 다른 선수는 앞쪽만 쳐다봤다. 또 누구는 계속 다른 자전거를 보면서 선수들의 기록을 신경 썼다. 일부 선수는 결승선이 가까워 올수록 긴장했다.

균등함이 아닌 공평함. 모든 선수를 공평하게 대하되 똑같이 대하지는 말 것. 선수들은 같지 않으니까. 나의 1위 선수는 20위 선수와 다르다. 선수들 각자에 맞게 대할 필요가 있다. 1970년대 중반에 웨스트포인트에서 코치 일을 할 때는 팀 전원을 같은 크기의 박스에 맞춰 넣을 수 있었다. 하지만 21세기에는 그럴 수 없다. 지금 사회는 세분화되어 있으며, 자기표현, 자아실현, 개인의 자율권이 중시된다. 1970년대에 방영된 리얼리티 TV 프로그램이 있다. 시끄러운 가족의 이야기를 다룬 유명한 다큐멘터리 〈미국인 가족〉으로, 1973년에 방영되었다. 하지만 35년이 지난 지금의 미국 생활이 곧 리얼리티 TV 쇼다. 모든 선수가 관심을 필요로 한다. 이제 나는 1위 선수의 자존심을 인정하고, 20위 선수의 자존심도 인정해야 하며, 두 사람의 자존심을 각기 다른 방식으로 상대해야 한다. 각 선수를 특별한 선수로 만들어야 한다. 그리고 일관성 있는 태도를 고수해야 한다.

선수들은 그 배경과 기질이 저마다 다르다. 하버드 스쿼시 팀의 오랜 스쿼시 코치 잭 바너비는 1978년 스쿼시에 대한 지혜를 담은 책을 출간했다. 내가 스쿼시 코치를 시작할 무렵이었는데, 책 속의 이 문장을 지금까지 잊을 수가 없다. 지도자들의 가장 큰 한계는 자신들이 경기하는 방식으로 대회 지도를 하는 경향이 있다는 것이다. 경계해야 하는 방식이다. 새로운 선수는 상당히 다른 재능을 지니고 있을지 모르지만, 지도자의 개인적인 경기 방식은 많은 면에서 제자가 가진 재능에는 맞지 않을 수 있다. 좋은 지도자는 학생의 정신적, 신체적 재능을 평가하고 여기에 맞춰 지도 방식을 바꾸려고 노력한다. 단 한 가지 만능의 경기 방식은 존재하지 않는다."

모든 사람이 다르다면 애초에 팀을 어떻게 꾸렸을까? 나는 나이와 경력에 따라 지위가 올라가는 방식을 핵심 원칙으로 삼는다. 자기 차례를 기다리는 방식이 좋다. 이는 선수들에게 4년 동안 열심히 할 동기가 되는데, 결국 보상받으리라는 사실을 선수들이 알기 때문이다. 나는 경험을 좋아한다. 어린 선수들을 지도할 때 18세와 22세의 나이 차이는 엄청나다. 10퍼센트 더 성숙하고 훈련을 받았다는 사실과 매치 플레이 방식의 부담감에 익숙해졌다는 건 패배를 승리로 바꿀 수 있는 큰 요인이다. 나는 졸업반 선수들이 팬들의 환호를 받으며 마지막 홈경기를 치르러 나가는 모습이 좋다. 신입생들이 궂은일을 도맡아 하며 학교 식당에서 쟁반을 옮기는 등의 잔일을 하건 학교 게시판에 광고지를 붙이건 고분고분하게 밴의 뒤쪽에 가서 앉건 별 관심이 없다. 신입생이 선배 선수를 밀어내고 팀 순위를 올리는 행동을 좋아하지 않는다.

주장들은 트리니티에서 중요한 부분이다. 나는 위계질서가 확실한 선수단을 이끌며, 전부 4학년 선수로 이루어진 주장들은 거의 전설적인 수준의 책임을 떠안는다. 예일 대학교는 전통적으로 주장이 한 명뿐이다. 예일 팀 주장은 팀 사진 촬영 때 하얀색 운동복을 입는데, 다른 모든 사람은 파란색 운동복을 입는다. 2009년 시즌에는 구스, 마넥, 루시, 찰리 타시지안까지 네 사람이 우리 팀 주장이었다. 선수들은 시즌 전 연습 일정을 만들어 운영했다. 어떤 선수가 지각을 하고 그 이유가 무엇인지 파악했다. 또 밴이 두 대일 때 어떻게 나눠 타고 갈지 정했다. 정신적인 차원에서는 선수들과 나 사이에 열려는 있지만 지속적 경계를 두어 내가 코치로서 기강을 세울 수 있도록 했다. 동시에 자유롭고 활발한 소통이 이루어질 수 있도록 했다. 나는 팀과 어느 정도 거리를 두어야 한다. 힘든 결정을 내릴 때 학생들이 친분 때문에 그런 결정을 내렸다고 생각하지 않도록 주의해야 한다. 개인적인 감정과 선호가 끼어들어서는 안 된다.

　주장들 전원은 이른 아침에 전화를 받는다. 나는 주장들 한 명 한 명에게 매일 전화를 한다. 보통 전화는 아침 7시쯤 한다. 때로 3, 4분 정도 대화를 나누지만, 보통은 더 길게 이야기한다. 주장들은 요즘 떠도는 소문이 뭔지, 어떤 선수가 뭘 하고 있는지, 어떤 말을 하고 어떤 감정을 느끼는지 이야기한다. 보통은 별것 아니지만, 선수들에 대한 사소한 이야기를 알면 문제가 커지기 전에 막을 수 있다. 이것은 단순히 팀 내 순위뿐 아니라 학년별 서열, 경험, 매일의 노력, 계급을 바탕으로 한 육군 사관학교 스타일의 리더십이었다. 1999-2000년에는 던컨 번스가 주장이었다. 17위 선수였음에도 말이다. 마커스 코위는 팀 순위는 1위였지만, 주장이 아니었다.

　나는 부코치들에게 상당히 많이 의지한다. 제임스 몬타뇨는 선수들에게 믿음직한 존재였다. 내가 힘든 결정을 내릴 때 선수들이 찾을 수 있는 사람이다. 레지 숀번은 작전 천재다. 전술을 짤 줄 아는 코치다.

약점을 잘 찾아낸다. 예전에도 훌륭한 부코치 몇 명과 같이 일했는데, 그중 한 명이 조 펜틀랜드다. 조는 졸업 후 팀으로 돌아와 성실하게 팀에 도움을 줬다. 2009년에 조는 제임스, 레지와 함께 선수들과 나의 거리가 너무 가까워지지 않도록 또 하나의 방지책을 마련하기도 했다.

학년에 따른 서열은 또한 상상 이상으로 치열한 챌린지 매치를 운영하는 데 필수적이다. 팀을 이루어 뛰는 수많은 개인 스포츠(골프, 테니스, 펜싱)처럼 우리도 챌린지 매치, 즉 팀 선수들끼리 대결해 팀내 순위를 정하고, 이 순위로 듀얼 매치 출전 순서를 결정한다. 대학 스쿼시 선수들은 본인의 팀 순위에 엄청난 의미를 부여한다. 스스로 2위 또는 7위로 생각하고 있다고 팀 내 순위가 떨어지면 세상이 무너져 내린다. 이 같은 분위기는 어느 정도 많은 라커룸에서 대화의 화제가 선수들 각자의 팀 내 순위인 데서 기인한다. 별수 없이 "몇 위로 뛰었어?"는 선수가 대학 팀 경력에 대해 받는 첫 번째 질문이며, 선수는 늘 가장 높았던 순위를 답한다.

또한 선수들은 팀 내 순위가 몇 위인지에 너무 큰 무게를 두어 본인의 위치와 본인이 생각하는 팀 내 순위에 따라 다른 경기력을 보이곤 한다. 가령 오랫동안 2위로 뛰다가 순위가 1위로 올라가면 훌륭한 경기력을 보인다. 한편 오랫동안 3위로 뛰다가 4위로 떨어지면 초조해하며 경기에 임한다.

팀원들끼리 대결하는 챌린지 매치에서 제일 심한 두려움이 나타나는 경우를 여러 차례 목격했다. '모두는 하나를 위해, 하나는 모두를 위해'라는 진부한 팀 철학은 시즌 거의 대부분의 시간 동안은 괜찮았지만, 챌린지 매치가 선수들을 심리적으로 무너뜨리는 경우가 많았다. 내가 윌리엄스에서 코치로 일할 때 선수 중 하나가 듀얼 매치에서는 기막힌 성적을 내면서(가령, 하버드에 단 한 번도 패한 적이 없었다), 챌린지 매치에서는 형편없는 선수가 있었다. 그 선수는 라인업에서 자기 자리를 잃을까 봐 겁이 나서 챌린지 매치 날만 되면 자동으로 몸이 아팠다. 시합을 뛰게 하면 대개 너무 심하게 긴장해 패했다. 하지만 다른 학교를 상대로 듀얼 매치에 나가면 평소 수준으로 경기를 펼쳐 챌린지 매치에서 졌던 다른 선수들보다 훨씬 나은 성적을 냈다.

흔히 있는 일이었다. 챌린지 매치는 이상할 정도로 너무 치열해서 일부 집념과 의욕이 강한 선수들은 느긋한 동료들보다 더 나은 성적을 내고, 질 거라고 예상했던 시합을 이긴다. 때로 경기 스타일이 비슷해 실력과 상관없이 승부가 나지 않는 대결도 있다. 가장 이상한 경우는 어떤 선수가 자신의 제일 친한 친구나 룸메이트, 사교 모임 회원, 또는 그 셋 모두 해당하는 선수에게 맹공을 퍼붓는 경우다. 나는 시합 일정을 짤 때 선수들 간 확연한 실력 차에도 불구하고 어떤 챌린지 매치가 5게임 타이브레이크까지 갈지 정확히 예측이 된다. 경기는 자주 적나라한 공격의 장이 되고 만다. 선수들은 산비탈 자리를 차지하려는 늑대처럼 자기 자리를 지키려고 애쓴다. 서로 밀치며 힘겨루기를 한다. 발톱을 세우고 득점을 위해 싸운다. 있는 대로 팔을 뻗어 올렸다가 또 있는 힘껏 라켓을 바닥에 내리꽂는다. 선수들은 부적절한 렛을 요청한다. 또, 심판의 판정에 불만을 쏟아낸다. 공이 바닥에 두 번 바운드된다. 말하자면 90분간의 전속력 마라톤이다. 챌린지 매치를 할 때마다 수십 명의 학생이 경기를 구경하러 온다. 스쿼시 시합은 관중 스포츠이며, 대학 버전의 닭싸움이다.

때로 챌린지 매치는 좋은 대결의 장이다. 무릎 보호대를 차고 하는 연습이자 듀얼 매치의 팽팽한 긴장감을 재현하는 유일한 방법이다. 또 리더십을 배우는 좋은 기회이기도 하다. 어느 해에는 두 미국인 선수 에릭 와드와와 토미 울프가 전국 대회를 앞두고 9위 자리를 놓고 대결을 펼치고 있었다. 당연히 다섯 번째 결승 게임까지 갔다. 게임 초반에 당시 신입생이었던 심바 무와티가 "파이팅!"이라고 외쳤다. 보통 챌린지 매치가 펼쳐지는 동안에는 누구도 환호하지 않았다.

심바는 드문 경우였고, 챌린지 매치를 대하는 우리 팀의 태도를 바꿀 수 있는 적임자였다. 심바의 아버지는 짐바브웨에서 경찰이었는데, 여섯 살 때부터 심바를 경찰 운동 클럽에 있는 스쿼시 코트에 보내기 시작했다. 심바는 매주 토요일마다 스쿼시를 했고, 심바가 아침 시합에서 이기면 아버지는 클럽 레스토랑에서 점심을 사 줬다. 그리고 지면 집에 가서 점심을 먹었다. 고등학교를 졸업한 뒤 심바는 하라레에 있는 은행에 외환 업무 담당자로 취직을 했다. 그렇게 3년 동안 은행에서 일을 하다가 트리니티 선수였던 동네 친구 숀 존스턴의 소개로 나와 연이 닿았다. 나는 심바에게 이메일을 보내 진로를 바꾸라고 설득했다. 두 달 만에 심바는 트리니티에 지원했고, 입학 허가를 받아 여권을 취득했는데(심바의 아버지가 힘을 써서 원래 대기 시간 6개월을 2주로 당겼다), 크리스마스 직후에 문제가 발생했다. 미국 대사관이 심바가 짐바브웨로 다시 돌아오지 않을 것이라고 판단해 비자 신청을 거절했던 것이다. 심바는 모아 둔 재산이 없었고 부모님도 마찬가지였으며, 게다가 항공권을 구입하기 위해 다니던 은행에서 대출도 받은 상태였기 때문이다. 나는 코네티컷주 상원의원이었던 조 리버먼의 사무실에 전화를 걸었고, 몇 시간 만에 리버먼 사무실은 하라레에 있는 미 대사관에 강경한 항의 서한을 팩스로 전달했다.

새해 첫날, 눈이 오고 기온이 영하 5도 이하로 떨어진 그날 심바는 미국에 도착했다. 난생 처음 오는 미국이었고, 심바는 티셔츠에 운동복, 슬리퍼 차림이었다. 달랑 가방 하나 들고, 주머니에는 20달러가 들어 있었다. 은행에서 같이 일한 친구가 준 돈이었다. 제임스 몬타뇨가 옛날 팀 재킷을 걸쳐 주었다(심바는 4학년이 될 때까지 매년 겨울 그 옷을 입었다). 공항 밖으로 나온 심바는 경계성 천식 발작을 일으켰다. 찬 공기에 말 그대로 숨이 막힌 것이다. 지금 생애 첫 챌린지 매치에서 심바는 그런 환경에서 자란 사람인 걸 생각하면 말할 것도 없고, 신입생 시절에는 누구도 예상하지 못하는 리더십을 보여줬다. 놀라웠다.

나는 챌린지 매치를 신뢰하지 않았다. 오랜 시간 엉뚱한 순위를 받는 선수들이 있었다. 팀 사람들 전부 그 사실을 알았지만, 거의 신성시되는 상호 대결 방식 때문에 무언가를 바꾸면 문제가 생겼다. 1999년

2월, 챌린지 매치 방식을 바꿔 보려고 하자 우리 팀 선수들 절반이 그만뒀다. 하버드와 듀얼 매치를 3일 앞두고 있을 때였고, 네 명의 선수가 5~8위 자리를 놓고 엎치락뒤치락했다. 선수들은 거듭해서 서로 대결을 펼쳤고, 결과는 엉망진창이었다. 나는 팀 선수들에게 4학년 선수인 찰리 손더스가 5위로 뛸 것이라고 말했다. 우리의 막강한 라이벌을 상대하는 찰리의 마지막 정규 시즌 듀얼 매치가 될 터였다. 손더스가 2학년 때 경기에 패하고 사기가 꺾인 경험을 만회할 수 있었으면 했다. 손더스는 우리 팀 주장 중 한 명이기도 했다. 여러 팀과 시합에서 몇 번 좋은 성적을 내기도 했다. 내 경우 코치 시절 초반에는 듀얼 매치 결과를 변수로 사용하지 않았고, 그 방식을 바꾼 건 더 시간이 흘러서였다. 챌린지 매치의 엄청난 중압감을 완화하자 원하는 순위로 선수들을 이동할 여지도 있었다. (나는 선수들에게 우리의 공식 일정에 챌린지 매치는 포함되어 있지 않으며, 다른 학교를 상대로 한 듀얼 매치뿐이라고 말하기 시작했다. 그게 팀의 존재 이유였으니까 프린스턴을 이기는 것이 서로를 이기는 것보다 중요했다.) 하지만 선수들의 순위가 움직이면 치명적인 도미노 효과가 생길 수 있었다. 즉 찰리가 5위로 가면 뭄바이 출신 신입생인 구아라브 주네자가 상위 9순위 명단에서 밀려나는 식이었다.

그날 밤, 집에 도착하니 음성 메시지가 하나 와 있었다. 팀 선수 6명이 그만둔다는 이야기였다. 모두 인도와 남아공 출신 1, 2학년생이었다. 하버드전을 3일 앞둔 때였고, 경기에 나갈 팀이 없었다. 내가 그 선수들을 배려하지 못했다. 구아라브 주네자 선수는 시합을 여러 차례 이겼다. 9위를 받았어야 했다. 하지만 상황은 종결됐다. 내가 동의하지 않으면 그 선수들은 하버드전에 나가지 않을 작정이었다. (그 외에도 섭섭함을 토로한 선수가 몇 명 더 있었는데, 겨울 초반에 내가 프레스턴 퀵을 다른 선수들을 제치고 2위로 올렸기 때문이다. 챌린지 매치에서 퀵을 이긴 선수들보다 높은 순위였다. 퀵은 리치먼드에서 열리는 연례 가을 토너먼트 대회인 프라이스 벌링턴에서 결승전까지 올랐다. 준준결승 다섯 번째 게임에서 타이브레이크가 되어 팀 와이언트를 꺾었고, 와이언트는 최고 서열의 선수였다. 몇 번 운 나쁘게 챌린지 매치에서 패했지만, 리치먼드의 경기 성적은 퀵이 팀에서 2순위 선수임을 증명해 보였다. 그전 해에도 그랬던 것처럼. 하지만 선수들은 내가 공식적으로 비경쟁 매치 결과를 라인업 선정 요인으로 이용한다는 사실을 몰랐기에 불공정하다고 생각했다.)

나는 주장들(손더스, 이언 콘웨이, 조 펜틀랜드)과 회의를 했고, 팀 전체 선수와 마라톤 회의를 했다. 듣기만 했다. 예전처럼 자존심을 다치면서 끼어들고 싶지 않았다. 편안한 분위기 속에서 선수들이 속내를 털어놓을 수 있도록 했다. 대학생들은 본능적으로 싫증을 잘 내기에 편한 분위기를 조성해야 했다. 1시간 동안 대화를 나눈 뒤, 구아라브의 쌍둥이 동생 로한 주네자가 자리에서 일어나 말했다. "코치님이 봄베이에서 어떤 식으로 순위를 정하는지 모르는 게 확실하네요. 우리는 코치님의 방식과 하트퍼드의 순위 선정 방식을 모르는 게 확실하고요.

하지만 우리는 지금 봄베이가 아니라 하트퍼드에 있습니다. 하트퍼드에 있으니 코치님 결정에 따르는 게 맞겠죠. 코치님이 봄베이에서 코칭을 하셨다면 우리가 하는 방식에 동의해야 하셨을 테고요."

우리는 8-1로 하버드를 꺾었다. 우리는 당시 선수들의 반항 사건을 인도 항쟁이라 불렀고, 이 사건으로 학년에 따른 순위 결정은 괜찮은 방식이라는 생각이 굳어진 듯했다. 인도인들이 4학년생이었다면 그들 역시 자신들에게 주어진 순위와 의식을 기쁜 마음으로 받아들였을 것이다.

대개 문제는 팀 순위의 양끝, 즉 1위와 9위에서 발생했다. 2000년에 재능 있고 대단히 잘생긴 남아공 선수 마이클 페레이라를 영입했다. 독특한 양손 백핸드를 구사하는 선수였다. 시즌을 시작하고 2주 정도 지났을 때쯤, 아직 챌린지 매치를 치르기 전에 페레이라가 내 사무실에 찾아왔다. 내가 모든 신입생과 매주 갖는 면담을 위해서였다. 미국과 트리니티에 잘 적응하고 있는지, 수업과 페레이라의 부모님, 그의 목표에 대한 이야기를 나눴다.

"너는 5위 정도가 맞을 것 같은데." 페레이라가 팀 순위에 대해 묻기에 이렇게 답했다.

"말도 안 돼요, 코치님." 페레이라는 바로 항의했다. "더 높은 순위를 받아야죠."

"글쎄, 나는 5위가 좋을 것 같다."

"제가 모든 선수와 시합해 봤잖아요. 아킬, 쿠체, 레피카와는 오래 알고 지냈고요. 제가 1위가 되는 게 맞아요."

"넌 1학년생이고 여기서 시작하는 게 맞아. 나중에 순위가 올라가겠지. 하지만 올해는 신입생이 아니더라도 3위 이상으로는 못 뛰어."

"저는 진심으로 제가 1위로 뛸 수 있다고 생각합니다."

"1위?"

"네, 코치님. 제가 1위로 올라가야 합니다. 챌린지 매치에서 우승하면 1위로 뛸 기회를 얻고 싶습니다."

우리는 설전을 벌였고, 분위기가 과열됐다. 나는 페레이라를 잘 몰랐고, 그렇게 야심이 큰 선수인지는 전혀 몰랐다. 까딱하면 오만함이 될 수도 있는 경쟁심이었다. 페레이라는 열두 살에 잉글랜드로 가서 스쿼시 경기력을 연마했다. 나중에서야 페레이라가 잉글랜드에서 발표되는 월간 랭킹 리스트를 열심히 챙겨봤다는 이야기를 들었다. 페레이라는 영국 주니어 국가 대표팀 훈련단 선수이기도 했는데, 선수단에는 미래의 상위권 10위 선수들 몇 명도 포함되어 있었다. 한편 페레이라는 트리니티 스쿼시의 팀 철학에 대해서는 전혀 모르고 있었다. 우리는 전국 챔피언십에서 두서너 시즌 우승을 거뒀을 뿐이었다. 아직 누구도 연승 이야기를 꺼내지 않을 때였다. 면담의 결말은 좋지 않았다. 우리 둘 다 욕설을 내뱉었고, 페레이라는 그만두겠다며 화를 내면서 나갔다.

내 스스로에게 실망했다. 새로 들어온 선수와 그렇게 감정적인 대화를 했다는 사실에, 그 선수가 어떤 사람인지 잘 몰라서 그런 상황을 초래했다는 사실에 실망했다. 어쩌면 챌린지 방식을 공개했어야 했는지도 모르겠다. 학년에 따른 순위 결정은 한 가지 방식이었다. 내가 상급생 선수들에게 우선권을 준 건 옳았지만, 페레이라가 다른 선수들보다 확실히 더 실력이 좋다면 1위로 뛰는 게 맞았다. 다음 날 페레이라를 다시 만났고 한발 물러서서 챌린지 매치에서 우승하면 1위로 뛰게 해 준다는 데 동의했다. 다음 4주 동안 페레이라는 5위에서 2위로 올라가며 챌린지 매치 3연승을 거뒀다. 그때 하버드와 듀얼 매치를 앞두고 우리 팀 1위 선수였던 조니 스미스가 독감에 걸렸다(9위 선수였던 로한 바푸 역시 독감에 걸렸다). 선수진이 대폭 줄었고, 경험 없는 신입생이 힘들고 낯선 환경에서 1위로 뛰는 게 불안했다. 페레이라는 내 생각이 틀렸음을 증명해 보였다. 하버드의 디팍 에이브러햄을 상대로 접전을 펼치며 3-0 승리를 거뒀다.

잊을 수 없는 경기였고, 끝없이 이어지는 듀얼 매치에서 중요한 결과였다. 3-3 동점 상태에서 마지막 세 경기가 시작됐다. 하지만 우리 팀이 재빨리 두 경기를 가져오면서, 이제 3게임에 돌입한 닉 카임과 숀딥 고시의 시합은 무의미해졌다. 결국 하버드의 고시 선수가 3-1 승리를 거두면서 듀얼 매치 최종 점수는 5-4가 되었다. 그 후 나는 팀 선수들에게 페레이라가 이번 시합의 최우수 선수이며, 본인의 말을 증명해 보여서 대단히 자랑스럽다고 말했다. 페레이라는 남은 시즌을 1위로 뛰었고, 무패를 기록했다.

하지만 다음 시즌에서 1위 자리를 빼앗기며 애를 먹었다. 콜롬비아

슈퍼스타였던 베르나루드 삼페르 선수를 영입하면서였다. 다른 학교와 듀얼 매치 경기력 면에서는 삼페르가 더 뛰어난 선수였다. 대학 대항전에서도 더 좋은 성적을 냈는데, 1학년 때 전국대회 우승을 하기도 했다. 반면 페레이라의 최고 성과는 한 번 준결승에 오른 정도였다. 또 삼페르는 프로 선수로 뛰었는데, 세계 랭킹 57위까지 갔다. 하지만 한 살 많은 페레이라는 이를 악물고 챌린지 매치를 몇 번 이기고는 1위를 달라고 우겼다. 어리석게도 나는 챌린지 매치에서 삼페르와 페레이라를 계속해 대결시켰는데, 이 때문에 우리 팀 3위 선수이자 역시 남아공 출신이었던 레지 숀번이 크게 마음이 상했다. 숀번 역시 1위 내지 적어도 2위로 뛰고 싶어 했기 때문이다. (레지 역시 프로로 전향하려는 의향이 있었는데, 졸업 후에 세계 랭킹 81위까지 오른 뒤 트리니티로 돌아와 부코치를 맡았다.) 갈등은 그리 심하지 않았다. 페레이라와 삼페르는 서로 마음이 잘 맞고 같은 방을 쓰는 괜찮은 선수들이었고, 두 사람은 밴에서 아프리칸스어로 남아공 민속 음악에 대한 이야기를 나누곤 했다. 하지만 순위 경쟁은 팀과 선수들 간 균형을 깨트렸다.

2007년, 1위를 누가 맡을지를 놓고 또다시 서열 문제가 발생했다. 졸업반 선수이자 이전 시즌을 1위로 마무리한 숀 존스턴이 새로운 시즌을 1위로 시작하고 싶다고 했다. 대학 스쿼시 역사상 최고의 영입이라 인정받던 바셋 아슈팍 선수가 얼마 전 입학했고, 실력이 훨씬 나아 보였다는 사실에는 아랑곳없이 말이다. 숀은 심바와 같은 짐바브웨 출신이었다. 깜짝 놀랄 만한 기량을 갖춘 선수였다. 177센티미터의 키에 한 손으로 농구 덩크슛을 할 수 있었다. 3학년 때에는 거의 내내 1위로 뛰었다(신입생 때 8위로 뛴 이후, 순위가 대폭 높아진 것이다). 그는 연공서열 방식을 원했다.

나는 늘 시즌 시작과 함께 진행한 팀 토너먼트 대진표를 발표했다. 바셋이 1번 시드, 쏜이 2번 시드였다. 곧바로 쏜은 팀 전체에 이메일을 보내 이 결과를 공유했다. 몇 시간 만에 욕설과 불만으로 가득한 이메일이 쏟아지며 메일함이 터져나갈 지경이었다. 존 우든은 코트 위에서 6시간 동안 흘린 땀을 코트 밖에서 1분 만에 물거품이 되게 할 수 있다고 말하곤 했다. 연이은 개별 면담과 그룹 면담으로 위기를 모면했다. 결국 쏜을 톱시드로 정했다.

괜히 사서 고생한 것이었다. 애초에 신입생을 곧장 1번 시드에 올릴 것이 아니라 바셋이 쏜을 이기게 만들었어야 했다. 결과를 까보기 전까지는 쏜의 실력을 믿어야 했다. 아이러니하게도 쏜이 옳았다. 몇 주 뒤에 열린 챌린지 매치에서 실제로 쏜은 바셋을 이겼고, 몇 번의 듀얼 매치에서 1위로 뛰었다. 게다가 시드 배정을 두고 나와 쏜이 벌인 실랑이는 더 큰 문제를 낳았다. 쏜은 나와 팀에게 거리감을 느꼈다. 더 많은 시간을 쏟아 쏜과 대화를 나누고, 계속 정보를 공유하고, 노련한 베테랑 선수처럼 대했어야 했다. 나는 쏜에게 서열을 존중하라고 가르쳤고, 지금은 쏜이 그걸 나한테 가르쳐 주고 있었다.

2009년 시즌에 챌린지 매치 시스템의 문제가 폭발했다. 프린스턴과 첫 듀얼 매치 직전에 진행한 챌린지 매치에서 랜디 림이 시합을 뛰지 않으려 했다. 결국 시합에 나가 2-0으로 지고 있을 때 랜디는 이기려는 노력을 멈췄다. 세 번째 게임은 불과 2분 만에 끝났다. 랜디는 시합 후 눈물을 보였다. 옆 코트의 비니와 루시는 거의 모래밭에서 노는 어린아이들처럼 굴었다. 소리치고 밀치고 울음을 터트리기 직전이었다. 경기 도중에 두 사람을 코트 밖으로 불러냈다. "둘 다 자제력을 잃었잖아. 서로 존중하는 태도도 없고." 결국 5게임까지 갔고 두 사람은 경기가 끝날 때까지 화가 나 있었다.

전국 챔피언십 현수막 앞 관중석에 선수들을 앉혀 놓고 말했다. "10여 년간 찰리 손더스, 프레스턴 퀵, 베르나르두 삼페르, 마이키 페레이라, 조니 스미스가 참여한 대회야. 저 선수들은 중도에 포기한다는 건 생각조차 안 했어. 그런데 너희는 어떻게 그만둘 수가 있지? 나는 중도 포기하는 녀석들이랑은 싸울 생각이 없다. 싸움을 멈추게 하는 네 녀석들한테 너무 화가 나. 이런 상황을 어떻게 용납하는 거야? 바셋, 너는 드라스데일 컵에서 우승했지. 그런데 오늘 아무 말도 없던데? 무슨 리더십이 그 따위야? 지는 건 받아들일 수 있다. 하지만 노력하지 않는 건 용납 못 해. 형편없는 스포츠맨십은 용납 못 한다. 수프리트, 너는 무릎을 두드리면서 시간을 낭비하고 있잖아. 무릎에 테이프를 감아. 너는 '무릎에 테이프를 감고 시합하고 싶지 않다'고 말하지. 글쎄, 이게 프린스턴 경기였다면 테이프를 감고 뛰었을 것 같은데. 루시와 비니. 둘 다 제정신이야? 아니면 샷이란 샷은 모조리 막고 보자야? 드라

마라면 몰라도 스쿼시로서는 최악의 시나리오야. 너희 둘은 너무 붙어서 경기하는 데다 반바지도 똑같은 걸 입고 있잖아."

"너희는 스스로 특별하다고 생각하지. 연승 이야기를 하고. 너희가 이룬 게 아니잖아. 연승은 옛날에 선배들이 했던 거지. 우리는 197승 0패가 아니다. 4승 0패야. 지난 시즌은 지난 시즌이야. 너희는 반지, 셔츠, 모자 이야기를 하지. 전국 챔피언십 우승. 전국 챔피언십 우승 반지 10개를 끼고 있는 사람은 여기서 나 혼자뿐이다. 나는 내 자신에게 실망했다. 구역질난다. 네 녀석들이 역겨워."

그 후 무섭도록 차가운 눈빛으로 30초 정도 선수들을 쏘아봤다. 무리에서 튀지 않는 제일 좋은 방법은 동의의 끄덕임을 하는 것이며, 선수들 모두 미친 듯이 고개를 끄덕이기 시작했다. 마치 고개를 까닥대는 인형 같았다. 선수들은 나에게 집중하고 있었다.

목소리를 낮춰 말했다. 각 단어를 마치 하나의 문장처럼 끊어서 말했다. "그러니까. 전국. 챔피언이. 목적이라면. 나가. 여기서."

그날 밤, 이메일 여섯 통을 받았다. "코치님, 그렇게 말씀해 주셔서 정말 기뻤습니다." 선수들로서는 후련한 순간이었다. 실망감 때문에 선수들은 겁에 질린 것이다. 실망감이 분노보다 더 치명적이었다. 분노는 선수들을 그렇게까지 흔들지 않았다. 나와 내 다혈질 성격, 논리적인 생각을 못 하는 자기네 코치, 바로 나의 무능을 탓하면 되니까. 죄책감은 밀어둘 수 있었다. 하지만 실망감은 선수들을 갉아먹었다. 내가 100퍼센트의 노력을 하면, 선수들은 본인이 거기에 못 미친다는 사실을 내가 알아차리는 걸 미치도록 싫어했다.

우리의 만년 9위 선수 크리스 비니는 앳된 얼굴의 늦깎이 학생으로, 자신감이 부족한 선수였다. 자메이카 출신의 이 2학년 선수는 자메이카의 수도 킹스턴에 있는 영국 식민지 시절 지어진 리과니아 클럽(1910년 설립되어 1962년 독립할 때까지는 100퍼센트 외국인들만 이용하는 클럽이었다)에서 스쿼시를 하며 자랐다. 이 클럽은 제임스 본드 시리즈인 〈007 살인번호〉의 촬영지이기도 했다. 리과니아는 여섯 개의 코트를 구비하고 있으며, 카리브해 지역 스쿼시를 꽉 잡고 있었다.

비니의 아버지는 다국적 회계 컨설팅 기업인 프라이스워터하우스쿠퍼스에서 근무했으며, 스쿼시를 즐겼다. 비니의 어머니도 마찬가지였다. 그 덕분에 비니는 여섯 살에 스쿼시를 처음 시작했으며, 열 살 때는 강습을 받았다. 하지만 (자메이카에서 인기 종목이었던) 크리켓을 자주 쳤고, 비니가 정말 좋아하는 스포츠는 축구였다. 축구팀 골키퍼로 뛰었다. 트리니티의 많은 선수들과 달리 비니는 스쿼시를 십대 시절 인생 세 번째 스포츠로 꼽았다. 비니는 자메이카 최고의 스쿼시 주니어 선수가 되었지만, 바베이도스의 브라이언트 컴버배치에게 뒤졌다. 그러다가 캐리브해 17세 이하 주니어 챔피언십에서 컴버배치를 이긴 뒤 스쿼시를 진지하게 치기 시작했다.

비니는 트리니티에 와서 뛴 첫 번째 시즌에서 고전했다. 팀내 순위는 13위로, 본인의 예상보다 낮았다. 비니는 초조했고, 늘 나에게 잘 보이려 했다. 하지만 성적은 좋았고, 우리는 모두 그의 2학년 성적을 기대했다. 하지만 그해 여름, 자메이카로 돌아간 뒤 라켓을 잡지 않았고 가을에는 트리니티 축구팀에서 예비 골키퍼로 뛰었다. 스쿼시 코트에는 여섯 번인가 왔는데, 주장의 연습 경기는 대부분 불참했다. 새해 첫날이 지난 뒤 비니는 오른쪽 햄스트링 부상을 입었다. 일주일 동안 연습을 하지 않았고, 둘째 주에는 가볍게 연습에 참여하며 조심스럽게 코트 위를 오갔다. 얼마나 많은 부상이 심리적 이유 때문에 생기는지 그때는 잘 몰랐다. 비니는 조용하고 내성적인 선수로, 레게머리에 아프리카인 특유의 쾌활함을 지닌 흔한 자메이카인의 이미지와는 정반대였다. 인간관계가 어떤지는 잘 모르겠지만 사람들 눈치를 많이 보는 것 같았다. 거의 가을 내내 무단이탈을 한 탓에 농담도 농담이 뜻하는 바도 알아듣지 못했다. 밴 앞에 앉아 키득거리며 다른 선수를 골리는 짓도 하지 않았다.

비니는 자신의 경기를 하나하나 해체하고 다시 조립했다. 마치 군인이 총을 들고 전투 준비를 하듯이. 우리 팀 부코치 제임스 몬타뇨는 이런 농담을 하곤 했다. 게임 전후에 선수들에게 조언을 할 때 많은 선수들의 경우 조언 몇 마디만 해 주면 되는데, 비니에게는 백과사전을 들고 가야 한다고. 우리의 다른 부코치 레지는 비니와 적당히 일적인 관계를 맺고, 게임 전후로 조언을 하고 연습 지도를 했다. 비니는 레지의 영향으로 2학년 때부터 성장하는 듯했다. 두 사람은 스쿼시에 대한 소소한 정보를 나누는 것을 좋아했다. 앞벽에서 뒤로 물러날 때 선수의 발이 어떻게 움직이고, 서비스 리턴은 어떻게 하는 게 제일 좋은지 등을 이야기했다. 하지만 비니는 대회에 나가서 뛰기에는 자신감이 부족했다. 그맘때쯤 모든 선수가 계속되는 부상으로 고생했다. 경기에 나가든 안 나가든 마찬가지였다. 내 눈에는 비니가 부상을 목발처럼 이용하고 있는 듯했다. 내 사무실에는 이런 말이 적혀 있다. "고통은 몸을 떠나가는 약점일 뿐이다." 비니의 경우, 그 고통을 떠나보내기 힘들어했다.

나는 프린스턴과 맞붙는 첫 번째 듀얼 매치에서 비니를 팀 순위대로 내보내기로 했다. 밸런타인데이에 열리는 경기였다. 비니는 불도저처럼 밀고 나가 워싱턴 출신 2학년생 피터 소퍼를 꺾고 승리했다. 비니는 1게임, 3게임, 5게임을 2점 이상 내주지 않고 이겼고, 접전을 펼친 2게임, 4게임은 포기했다. 하지만 시합 중 비니는 약간 당황한 듯했다. 스쿼시 때문이 아니라 관중 때문에. 비니가 심판에게 판정에 대한 이야기를 할 때마다 적대적인 수백 명의 관중이 머리 바로 위에서 소리쳤다. "페어플레이하라고!" 공포 분위기였다. 4게임을 4-0으로 리드하며 승리를 목전에 둔 상황이었는데, 관중이 격하게 달려들었고 결국 맥없이 게임을 내줬다. 다섯 번째 게임에 들어가기 전, 구스와 레지가 다가가 비니 본인이 듀얼 매치에 뛰겠다고 했으니 해내야 한다는 점을 상기시켰고, 비니는 해냈다.

우리 팀은 토요일 저녁 늦게 하트퍼드로 돌아왔다. 돌아온 지 몇 시간 만에 비니는 다음 주에 있을 전국대회를 준비하느라 집중 훈련을 시작했다. 그전 여름과 가을에 빠진 훈련을 보충하기라도 하듯이 일요일 오전 오후, 월요일 오전 오후, 화요일 오전 오후, 수요일 오전에 훈련을 했다. 보통 어떤 선수도 시즌 후반에 하루 두 차례 연습을 하지 않았지만, 비니는 하도록 내버려 뒀다. 그래야 비니의 정신적 면역력이 튼튼해지고 어느 정도 자신감이 붙을 수 있겠다는 생각에서였다. 마지막 연습을 하던 날 아침, 레지와 공을 주고받던 비니가 이상하게 몸을 틀더니 햄스트링에 통증을 호소했다. 훈련을 중단하고 휴식을 취했다. "뛸 수 있을지 모르겠습니다, 코치님." 아픈 건 어떠냐고 묻자 비니는 이렇게 대답했다.

　전국 팀 토너먼트는 3회 추첨식 듀얼 매치를 치른 뒤 60개 남짓 되는 팀의 순위를 매겨 8개 팀을 선발했다. 우리는 1번 시드를 받았고, 금요일에 8번 팀인 다트머스와 시합을 했다. '빅 그린'이라 불리는 다트머스 팀과 맞서며 비니는 약간 자신이 없어 보였고, 다리에 테이프를 감았다. 3게임에서 6-1로 리드하던 비니는 앞쪽에 떨어지는 공을 향해 돌진했고 다시 햄스트링에 통증을 느꼈다. 오른쪽 다리에 거의 힘을 실을 수 없었고, 공을 칠 때마다 짧게 떨어지는 드롭 샷을 구사하며 경기를 서둘러 끝내려고 했다. 토요일 하버드전에서 다시 테이프를 감았지만, 상태가 더 심각해 보였다. 다른 모든 선수가 3-0으로 이겼지만 비니만 패했고, 확실히 움직임에 무리가 있었다. 이전 경기에서는 하버드 선수를 완전히 제압했지만, 그날은 몸이 안 좋아 보였다. 왼쪽 코너 위로 뜨는 공을 아예 치지 못했다. 비니는 점수를 내줄 때마다 목걸이를 물어뜯었고, 머뭇거리며 뛰었다. 지구가 무너지길 바라는 사람 같았다.

경기가 끝난 뒤 우리 팀 트레이너 이보 웨슬링을 불러 햄스트링 통증에 관해 비니와 이야기를 해본 뒤 살펴보게 했다. 이보는 다리에 힘이 안 들어가 움직이기가 힘들며, 무리한 경기로 부상이 더 심해지게 두면 안 된다고 했다. 코트 밖 바닥에 앉아 비니에게 이야기했다.

"네가 75퍼센트만 뛰어도 100퍼센트로 뛰는 루시보다 나을 거야. 하지만 이보는 부상이 상당하다고 생각해. 너도 그렇게 생각하지. 지금 너는 50퍼센트밖에 못 뛰잖아."

"걱정 마세요, 코치님. 내일은 괜찮을 거예요." 비니가 대답했다. 설득력이 없었다.

"내일은 없어. 듀얼 매치에서 널 뺄 생각이야." 나는 이렇게 말했다.

비니는 혼란스러운 표정이었다. 100퍼센트에 못 미치는 컨디션으로 팀을 패배하게 만들지 않아 안심하는 눈치였다. 하지만 동시에 겨울 동안 했던 훈련이 모조리 물거품이 된다는 사실에 실망한 듯했다. 비니는 불평하지 않았다. 아마도 선수 교체가 빈번하게 일어나는 축구 선수로 오래 뛴 덕분인 듯했다. 나로서는 비니가 고집을 피우며 불평을 하고 팀 분위기를 해치지 않아서 감동이었고 또 안심이었다. 지금껏 지도한 모든 선수 중 비니는 제일 나와 닮았다. 나도 늘 자신이 없었다. 나의 기량과 우정을 의심했고 내 상황에 결코 만족하지 못했다. 부상을 변명 삼기도 했다.

내 여동생 미셸과 나는 브롱크스에서 자랐다. 아버지는 허드슨 AS 포토그래픽이라는 셀룰로이드 공장의 총괄 관리자로 일했다. 양가 조부모님은 20세기가 시작될 무렵에 이탈리아에서 미국으로 이민을 오셨다. 우리는 브롱크스의 넬슨 애비뉴에 있는, 긴밀한 유대를 자랑하는 이탈리아계 미국인 거리에 살았다. 고모와 이모, 삼촌과 사촌들이 늘 근처에 살고 일요일마다 대규모 파스타 만찬을 즐겼는데, 그 거리에서는 아주 일상적인 일이었다. 우리 아버지의 아버지는 구두 수선공이었는데, 할아버지는 내가 어릴 때 돌아가셨다. 한편 할머니 노니는 여자 족장 역할을 하며 넬슨 애비뉴를 호령했다. 외할머니는 어릴 때 폐결핵으로 돌아가셨고, 어머니는 세 명의 이종사촌들 틈에 끼어 이모 손에 자랐다.

우리는 양키 스타디움에서 엎어지면 코 닿을 거리에 살았다. 내가 어릴 때 아버지는 나를 스타디움 바로 옆에 붙어 있는 경기장 마콤스 필드로 데려가 400미터가량 되는 트랙을 뛰게 했다. 아버지는 뒤로 달려 나를 이겼다. 그때는 아버지가 세계에서 제일 위대한 사람이라고 생각했다.

나는 내 나이치고 키가 작았다. 열여덟 살에 165센티미터에 45킬로그램이었다. 키 작은 사람들이 흔히 갖는 나폴레옹 콤플렉스가 약간 있어서 키 얘기만 나오면 예민하게 반응했다. 고등학교 2학년 때 체조를 시작했는데, 그 이유는 무엇보다 체격이 중요하지 않은 스포츠였기 때문이다. 펄 리버 고등학교에서는 제일 기초 과정만 가르쳤다. 내가 열세 살에 부모님은 브롱크스에서 뉴저지 국경 근처 조용한 교외 지역으로 이사를 왔다. 1960년대 중반에는 미국에서 체조가 그다지 인기 종목이 아니었고, 펄 리버에는 매트도 기본 장비도 없었고, 체조 기구인 도마는 천장이 낮은 복도에 놓여 있었다. 교실을 지나 갈색 타일 바닥을 따라 달리다가 다리를 가위처럼 엇갈리게 만드는 동작인 시저 킥을 하거나 심지어 용기가 생기는 날에는 핸드스프링(도움닫기 후 도마를 양손으로 짚는 동작-옮긴이 주)도 했다.

체조라는 스포츠가 나를 변화시키는 듯했다. 내 몸은 점점 크고 단단해졌고 배에도 약간의 복근이 생겼다. 화요일 밤마다 부모님은 나를 데리고 뉴저지에 있는 리틀페리란 도시에 갔다. 그곳에서 나보다 나이도 많고 실력도 좋은 선수들과 훈련을 했다. 어머니는 관중석에 앉아 스웨터를 짰다. 어머니는 고개를 숙이고 있었는데, 내가 공중에 몸을 날리는 모습을 보면 불안해서였다. 아버지는 무릎에 팔꿈치를 괸 채 나의 동작을 하나하나 지켜봤다. 집에 오는 길에 우리는 그날의 연습 경기를 분석했다.

대학 진학 면에서 나는 장래성이나 잠재력이라고는 전혀 보이지 않았다. 점수도 평범했다. 시험 성적은 형편없었고 대학 수학능력(SAT) 시험에서는 100점도 받지 못했다. 나의 대학 지도 선생님은 미국 내 어느 대학도 가지 못할 것이라고 말했다. "대학에 갈 재목이 못 돼." 선생님은 솔직하게 말했다. 그래서 나는 미국에서 이름난 체조 학교란 체조 학교는 모조리 지원했다. 위스콘신 대학, 아이오와 주립 대학,

서던 코네티컷 대학, 스프링필드 대학까지. 내 성적이 열어 주지 못하는 문을 체조는 열어 줄 것 같았다. 스프링필드 대학 면접을 보면서 입학 사정관이 서던 코네티컷 대학에도 지원한 이유를 물었다. 나는 서던 코네티컷 체조 팀에 들어가고 싶다고 말했다. (미국 남자 올림픽 팀 코치이기도 했던 체조의 전설 아비 그로스펠드가 코치로 있었다.) 입학 사정관은 흐뭇한 표정이었는데, 나중에 듣기로는 그로스펠드가 관심을 보였으면 분명 실력이 좋을 거라고 생각해서 합격시켰다고 한다. 결국 나는 위스콘신 대학, 아이오와 주립 대학, 서던 코네티컷 대학에는 불합격했으며, 그로스펠드는 내 이름을 들어본 적도 없었다.

스프링필드 체조팀에 들어가서는 나 역시 프린스턴에서 듀얼 매치를 뛸 때의 비니처럼 굴었다. 허비한 시간을 보충하려고 주말과 연휴에도 쉬지 않고 연습을 했다. 새벽에는 웨이트 운동을 했다. 얼음 낀 인도를 달렸다. 매트 위에서 처음 품었던 나의 열정이 여전히 살아 있었지만, 반짝하는 열정이라기보다는 더 깊이가 있지만 자아도취적 욕망으로 변했다. 체조는 나의 불안감을 키웠다. 완벽함이란 불가능했다. 그 누구도, 심지어 루마니아의 체조 천재 나디아 코마네치도 늘 완벽하지는 않았다. 경기에서 이길 수는 있지만, 결코 완벽해질 수는 없다. 나는 완벽함 근처에도 못 갔다. 그래서 내 스스로가 보잘것없이 느껴졌다. 나는 결코 닿을 수 없는 결승선을 향해 전력으로 질주하고 있었다.

2학년 때는 대학 2군팀 1위 선수가 되려고 안간힘을 다했다. 코치

프랭크 월콧은 규칙에 엄격한 사람이었다. 1971년 어느 날, 코치는 우리 팀 1위 체조 선수이자 전년도 링 종목 전국 챔피언인 지미 마틴에게 전국 대회 경기장으로 출발하기 전에 머리를 자르라고 했다. 마틴은 거절했다. 나는 아침 7시에 전화를 받았는데, 1시간 내로 밴을 타라고 했다. 마틴의 대타였다. 나의 대표 팀 첫 출전 경기는 전국 대회였다. 당시 돌아가는 상황을 전혀 몰랐던 나는 13위를 했는데, 스프링필드 팀의 어떤 선수보다 높은 순위였다.

다음 시즌에서는 보스턴에서 가장 큰 연간 토너먼트 대회인 이스턴즈에 출전했다. 안마에서 1위, 링에서 3위를 했다. 안마 연기를 마친 뒤 깔끔하게 착지해 아픈 팔을 들어 올리던 기억이 난다. 손에는 여전히 초크가 하얗게 묻은 채로 '예스'라고 생각했다. 일요일이었던 그날, 우리 팀 선수들과 버스를 타고 즐거운 마음으로 집에 돌아왔다. 밤늦게 캠퍼스에 도착해 체육관으로 향했다. 전국 대회는 일주일 뒤였고, 비니가 그랬던 것처럼 훈련을 하고 싶어 미칠 것 같았다. 라커룸에 슬쩍 들어가 반바지와 티셔츠로 갈아입고 매트 위로 달려가서 마루 연기를 연습했다. 어둑한 불빛 아래 스트레칭을 하고 있으니 한밤중 느릿느릿 걸어가는 학생들의 목소리가 울려 퍼졌고, 그 순간 버스에 트로피를 놓고 내린 기억이 났다.

그동안 편집증적으로 스스로 체조에 대한 애정이나 만족감을 느낄 틈을 주지 않았다. 실패에 대한 두려움 때문에 정신적으로 피폐해져 스프링필드에서 심리적 요인의 부상을 여러 차례 입었다. 발목을 삐고 무릎이 까이고 어깨가 움직이지 않기도 했다. 부상을 당하면 약간 안도가 됐다. 교묘한 꾀를 내기도 냈다. 연습은 누구보다 열심히 하지만, 부상을 당하면 경기에 나가지 않아도 됐다. 코치와 동료들은 내가 얼마나 열심히 연습하는지 알고 있으니 경기 전 부상을 입으면 이렇게 말하겠지. "경기에 못 나가게 돼서 안타깝네." 나는 울부짖는 사자 소리를 피해 달아나고 있었다.

'변화를 가져온 사람, 이곳에 잠들다.' 나중에 내 묘비명으로 삼고 싶은 말이다. 하지만 내 묘비명은 이렇게 되지 않을까 하는 생각이 수시로 든다. '그때만 해도 괜찮은 생각 같았는데.'

나는 막판에 계획을 바꾸는 걸 싫어했지만, 9위 매치를 반드시 이겨야 했다. 그래서 2009년 시즌 전국 대회 결승전에서 마지막 듀얼 매치 직전에 출전 순서를 바꿨다. 11번의 완벽한 시즌을 치르는 동안 우리 팀 9위 자리는 따 놓은 당상이었다. 연승 행진을 시작한 뒤로 아무리 접전이라도 9위 경기는 거의 내준 적이 없었다. 제임스와 나는 이어질 매치 이야기를 하면서 9위부터 순위표를 훑어보기 시작했다. 이기는 시합부터 따져야 계산하기가 쉬웠다. 우리는 늘 우리 팀의 마지막 주자로 나가 초반에 승리를 안겨 줄 아주 뛰어난 선수를 찾아냈다. 투사만이 챌린지 매치 시스템에서 살아남아 그 마지막 자리를 차지할 수 있었다.

루샤브 보라는 전형적인 9위 주자였다. 수다스럽고 쾌활하며 외향적인 성격으로 팀의 광대 노릇을 했다. 늘 짓궂은 허풍을 떨고, 유익하면서도 상스러운 조언을 건넸다. 명랑한 선수였다. 비니처럼 보라의 부모님 역시 스쿼시를 했고, 일요일 저녁이면 보라와 형 사힐은 부모님과 함께 인도 컨트리클럽(CCI)에 가서 부모님이 옆 코트에서 경기를 하는 동안 빈 코트에서 노닥거렸다. 여섯 살쯤부터 진지하게 스쿼시를 치기 시작했다. 여덟 살 때는 홍콩에서 열리는 토너먼트에 나갔다가 10세 이하 추첨식 경기에서 졌다. 루시는 일취월장했다. 어머니에 이어 아버지까지 이겼다. 매년 본인의 연령대 그룹에서 상위 4위에 랭크되었고, 인도 주니어 전국대회 준결승까지 올라갔다.

사힐은 이미 트리니티에서 활약하고 있었지만, 루시는 처음에 펜실베이니아에 지원했다. 펜실베이니아 대학교 경영 대학원에 가고 싶었기 때문이다. 이 대학 입학이 좌절됐을 때는 트리니티에 지원하기에 이미 때가 늦었다. 나는 루시를 프랭클린 앤드 마셜 칼리지(F&M)에 있는 코치에게 보냈다. 그곳에서 루시는 신입생 때 1위 선수로 뛰었다. 루시는 그 팀도 마음에 들었지만, 전국 대회에 참가했다가 갑자기 트리니티로 옮기기로 마음먹었다. 루시가 팀 동료들 몇 명과 서 있는데, 트리니티 팀이 첫 듀얼 매치를 끝낸 뒤 학교 건물로 느릿느릿 걸어들어가는 모습이 보였다. 나는 우리 팀 선수들을 가능한 한 오래 코트에서 멀찌감치 떨어져 있게 하려고 했다. 익숙해지지 않고 낯설게 만들고 싶었다. 모든 선수가 동작을 멈추고 트리니티 팀을 쳐다봤다. 마치 서부 영화 속 악당이 술집 안으로 막 들어오기라도 한 듯이. 우리에게는 불굴의 아우라가 있었다.

루시는 그런 우리 팀에 들어오고 싶어 했다. 심지어 F&M에 있는 동안에도 트리니티에 한 번 와본 적도 없었지만, 형과 어린 시절 제일 친한 친구였던 마넥 마투르에게 이야기를 전해 듣기는 했다. 어쨌거나 루시는 전국 대회에서 우리 팀을 마주친 뒤로 마음을 굳혔다. 학년말에 우리 학교로 전학했고, 2학년 때 8위로 뛰었다. 사힐은 주장이었고, 4위로 뛰었다.

루시는 트리니티에 온 첫 해인 2007년, 하버드에서 열린 듀얼 매치에 나갔다가 충격을 받았다. 루시는 세 게임 만에 상대 선수인 베르디 디세사를 이겼지만, 악담, 고성, 보디페인팅을 하고 현수막을 흔드는 하버드 팬에 적응하지 못했다. 듀얼 매치를 치른 뒤 전향자 특유의 광기를 보여줬다. 인터넷을 뒤져 트리니티 팀에 대한 이야기, 특히 부정적인 이야기를 모조리 뒤져 찾았다. 선수를 비방하는 글에는 똑같이 비방으로 응수했다.

루시는 2008년, 4학년이 되기 전 여름에 금융 회사인 UBS 뉴욕 지사에서 근무했는데, 얘기치 못하게 이듬해 겨울 USB에서 대침체(2009년 서브프라임 사태 이후 미국과 전 세계가 겪고 있는 경제 침체 상황-옮긴이 주)를 이유로 그의 복직 요청을 보류했다. 루시는 서둘러 일자리를 찾아 다녔다. 이력서를 보내고 뉴욕에 가서 면접을 봤다. 연습에 참가하는 시간보다 뉴욕에 가 있는 시간이 더 많았다. 결국 챌린지 매치 일정을 잡기가 너무 힘들어 몇 년 만에 처음으로 9위 자리를 놓고 전쟁이 벌어지지 않았다. 비니는 9위, 루시는 10위였기 때문에 몸 상태가 최상이 아니더라도 그다지 문제될 것 같지 않았다.

　결승전이 열리기 전날인 토요일 밤, 루시에게 프린스턴 듀얼 매치 출전 소식을 알렸고 루시는 흥분했다. 그리고 곧 이렇게 말했다. "꼭 이기겠습니다." 1시간 뒤 루시는 다음과 같은 문자를 보내왔다. "다른 여덟 경기 중 4승은 거둬야 합니다. 그럼 제가 9위전에서 결과를 보여 드리죠." 나는 이렇게 답장했다. "지금까지 너는 나를 한 번도 실망시킨 적 없어." 하지만 루시는 초조해했고, 6명의 선수들과 함께 쓰는 방에서 밤새 잠을 이루지 못했다. 대신 혀를 차면서 말했다. "난 이길 거야." 하지만 아침에는 원래의 명랑한 모습으로 돌아왔다.

　막상 경기가 시작되자 루시는 자신이 없어 보였다. 10일 동안 연습을 못했다. 잠이 부족할 때 나오는 몽롱하고 피곤한 얼굴이었다. 관중은 이렇게 연호했다. "우리에겐 소퍼가 있다, 소퍼가 있다." 루시는 조심스럽게 주의를 둘러봤다. 피터 소퍼는 워싱턴 DC 출신의 2학년 선수였다. 소퍼와 그의 쌍둥이 동생 둘 다 잘나가는 주니어 선수 출신이었고, 엄숙한 얼굴에 깃든 투지와 숱 많고 검은색 곱슬머리를 한 두 형제는 서로 바꿔 뛰어도 될 정도로 닮았다. 소퍼는 밸런타인데이에 비니에게 졌는데, 5게임에서 9-2로 패했다. 소퍼는 비니보다 루시와의 경기를 더 기대하고 있었다.

　로데오 경기의 황소처럼 뛰어나와 루시는 8-4로 경기를 리드했다. 하지만 마지막 득점을 못해 승리를 거머쥐지 못하고 있었다. 소퍼는 버렸다. 1년 전만 해도 소퍼는 전국대회 결승전에서 트리니티를 상대로 뛸 때 초조해 보였다. 서비스 박스로 급하게 뛰어 들어가 자신을 제외한 세상의 시간이 정지하기라도 한 마냥 랠리를 시작했다. 하지만 오늘은 침착하고 더 성숙하게 경기를 풀어갔고, 급하게 플랫폼으로 뛰어가 기차를 잡으려 하지 않았다.

한편 루시는 겁에 질린 신입생 같았다. 전국 선수권이 위태로운 상황이다. 세 번 연속으로 공이 틴에 맞는다. 철퍼덕 하며 크고 불쾌한 소리를 내면서. 점수는 순식간에 8-8 동점이 된다. 루시는 다음 두 포인트를 따내며 게임을 가져오지만, 지칠 대로 지쳤다. '한 게임 따기도 이렇게 힘든데 매치를 어떻게 이기지?' 지난밤의 자신감은 모두 증발했다. 경험이 충분하니 이길 거라고 자신만만했지만, 이제 몸 상태가 약간 걱정된다. 한 게임이 끝났을 뿐인데 어쩐지 숨이 차다. 한 번도 없던 일이다.

"코치님, 저 지쳤어요." 코트를 나오며 루시가 말했다.

다음 세 게임은 악몽 같았다. 관중은 계속 연호했다. "피터 소퍼, 짝짝짝짝짝." 루시는 열 번 넘게 틴을 맞혔고, 서브 리턴을 놓치고, 양쪽으로 넓게 들어오는 공을 놓치고, 게임 초반을 쉽게 내줬다. 그는 지면서도 투지를 불태웠지만 득점하는 방법을 잊어버린 것 같았다. 두 게임을 일방적으로 내줬다. 한 게임은 타이브레이크까지 갔는데, 루시가 8-4로 리드하다가 기회를 날려 버렸다.

1회전 세 번의 매치 끝에 프린스턴은 2-1로 이기고 있었다. 나중에야 소퍼와 프린스턴 팀이 비니 자리에 루시를 넣어서 기뻐했다는 이야기를 전해 들었다. 덕분에 9위 승률이 높아졌다 싶었던 것이다. 돌이킬 수 없는 실수였다. 이 결정은 몇 주 전에 했어야 했다. 하루 전날 밤이 아니라.

　루시가 생각하기에 본인은 트리니티에서 완벽한 경력을 쌓지 못했다. 루시는 올 아메리칸 선수였고, 듀얼 매치에서 져본 적이 없으며, 트리니티의 수준에 엄청난 긍지를 느끼고 있었다. 라인업 뒤쪽 순위 선수들은 결코 져서는 안 된다고 생각했다. 9위 경기 이겼어. 그건 우리 팀에게 일종의 주문이었다. 그리고 오늘 우리는 9위 경기를 졌다.

4장
사랑의 힘: 비크람

　마치 다가올 폭풍의 바로미터 같았다. 별명은 팀의 손발이 잘 맞는지 내게 알려주는 계측기였다. 늦가을쯤이면 다행히 농담, 엉뚱함, 다정한 동지애가 드러났다. 선수들 누구도 서로를 이름으로 부르지 않았기 때문이다. 우리 팀 부코치 제임스 몬타뇨는 별명 작명에 재주가 있었다. 말레이시아 출신 꼬마 포탄 랜디 림은 샤크, 이어서 야쿠자라는 별명을 얻었는데, 윙크를 하며 말을 했고 갱스터처럼 빠른 속도로 말을 쏟아내서였다. 파스는 심지어 랜디보다 더 체구가 작은 선수인데, 우리 팀 정보원 데이브 킹슬리는 두 사람의 키를 174센티미터로 인심 좋게 기록했다. 파스의 별명은 쓰나미였다. 비크람은 패션에 관심이 많고 멋 부리기를 좋아하는 인도인 선수로, 이름 두 번째 음절을 응용해 럼(Rum)이라고 불리기도 하고, 뭄바이 영화계의 연락을 오래 기다리고 있다는 뜻에서 발리우드로 불리기도 했다. 콜롬비아 출신인 바르가스는 큰 고양이를 뜻하는 엘 가토 그란데라고 불렸다. 찰리 타시지안은 헝클어진 머리와 감긴 눈꺼풀, 늘어진 셔츠 자락 때문에 흐트러진 침대처럼 보인다며 섀기(Shaggy)라는 별명이 붙었다. 수프리트는 시크교 장신구를 주렁주렁 차고 있어 블링이라 불렸다. 마넥은 지큐(GQ) 또는 머슬이었다. 바셋은 처음에 B로 불리다가 '살인 벌'이라는 의미의 킬러 B라는 별명을 얻었다. 딱이었다. 바셋은 눈꼬리가 올라간 거구였기 때문이다. 작년에 바셋은 연습 시간에 단 한 번도 일찍온 적이 없다. 올해 가을, 바셋은 운동복 바지를 구입한 지 이틀 만에잊어버렸다. 여기저기 이메일을 보냈다. 바셋보다 38센티미터나 작은팀 매니저 메리가 답장을 보냈다. "고백할게요. 제가 가져갔어요, 킬러 B." 그녀는 로마에서 연수 중이었다.

구스타프는 거위를 뜻하는 '구스', 간달프, 마법사로 불렸다. 그는스웨덴 출신으로, 대중문화의 영향에서 약간 떨어져 있는 곳에 다녀온적이 있었다. 3학년 가을에 구스타프와 루시는 중국에서 연수를 했다.구스는 만리장성에서 찍은 사진을 보내왔다. 머리카락이 대단히 길었고, 옅은 금발머리가 고대의 잿빛 성벽 위에서 구불구불 늘어져 있었다. 이메일이 쏟아지기 시작했다. 구스는 이제 파비오로 바뀌었다. 구스에게 이메일이 왔다. "이 파비오라는 사람은 누구인가요? 포르노 배우인가요?"

제임스 외 우리 부코치들도 예외가 아니었다. 2006년에 학교를 졸업하고 지금은 부코치로 일하는 레지는 남아공 출신으로, 이 나라는원래 사람을 본명으로 부른다. 레지의 본명은 리가트였다. 그러나 JFK

공항에 도착한 날부터 레지가 되었고, 그 이후로 리가트는 없는 이름이 되었다. 레게머리를 한 짐바브웨 선수 심바라시는 당연히 심바라고 불렸다. 심바는 무급 부코치로 일했다(졸업하기 전에 선수 자격을 상실했다). 결승전을 하기 전까지 심바는 본인의 별명이 이름 첫 음절에서 따온 것뿐이라고 생각했다. 프린스턴과 맞붙은 전국 대회에서 심바는 2-0으로 두 경기를 내주며 코트를 나왔다. 내가 말했다. "심바, 넌 심바야." 심바가 무표정한 눈으로 나를 쳐다봤다.

"〈라이언 킹〉이라고 들어봤어?"

"아뇨, 코치님." 심바는 디즈니의 영향이 미치지 않는 짐바브웨에서 자랐다.

"영화 제목이야. 사자가 나오는데, 그 사자 이름이 심바야."

"그렇군요." 심바는 내가 왜 알지도 못하는 미국 영화 이야기를 하는지 영문을 모르는 눈치였다.

"사자는 호랑이를 갈가리 찢어 놓지. 코트에 들어가서 상대를 찢어 버려."

심바는 웃으며 코트 안으로 걸어 들어갔고, 다음 세 게임을 이겼다.[4]

---

4 제임스의 별명 짓기는 긴 역사를 자랑한다. 트리니티의 졸업생 중 브라질 선수였던 에두아르도 페레이라는 축구를 연상시키는 별명이 있었는데, 바로 다도였다. 일부 선수들은 HB라고 부르기도 했는데, 거구 브라질인(Humongous Brazilian)을 줄여서 부른 이름이었다. 베르나르두 삼페르는 투우사라는 의미의 '엘 마타도르'였다. 마이클 페레이라의 별명은 보완관이었다. 로한 주네자는 ITC, 즉 인도판 톰 크루즈였다. 닐 로베트슨은 게이츠(빌 게이츠의 게이츠)였다. 토미 울프는 티머니(T-Money)라 불렸다. 피터 스칼라는 요다였고, 자크 스와네풀은 레드 또는 빅 레드라고 불렸다. 찰리 손더스는 크레이머(드라마 〈사인필드〉 속 인물)라는 별명을 얻었다. 토시 벨싱어는 토시 스테이션(영화 〈스타워즈〉에 나오는 장소)이었다. 이베인 바단은 스위스인 또는 뱀파이어였다. 데이비드 맥도너는 샴푸였다. 에릭 와드와는 람보라 불렸다. 키루스 아푸는 바이러스라는 별명을 얻었다.

팀워크는 신비하고 불가사의하면서도 깨지기 쉽다. 태양과 같아서 각자의 작은 생태계에 늘 영향을 미친다. 구름 없는 화창한 날씨에도, 비 오는 날에도, 캄캄한 밤에도. 늘 같은 자리에 있지만, 너무 빤히 쳐다보면 눈이 멀고, 살금살금 다가가 만지려고 하면 화르륵 타버린다. 마음 맞는 무리를 만들 수 있지만, 단 한 번의 실수만으로 망쳐버릴 수 있다.

나는 선수들에게 한 학기 휴학을 하고 3학년 때 해외 연수를 가라고 권한다. 선수들은 더 풍부한 경험을 쌓고 더 성숙해져서 돌아오는데, 이 경험은 코트 안팎에서 굉장히 도움이 된다. 대개 여러 나라 출신 선수 몇 명이 모여 함께 간다. 2009년 가을, 우리는 필라델피아 출신 게드 디세사, 말레이시아 페낭 출신 랜디 림, 콜롬비아 보고타 출신 안드레스 바르가스를 상하이의 아파트에 함께 살게 했다. 선수들은 트리니티에서 주어지는 경험을 최대한 누리기 위해 이곳에 왔고, 대학이 이런 과정을 지원하고 운영한다면 이용해야 한다. 또한 이런 경험은 일생일대의 기회다. 나는 해외에서 공부할 기회가 한 번도 없었다. 1970년대 초반 스프링필드에서는 아직 해외 연수가 보편화되지 않아서였다. 내 딸 크리스틴은 2006년에 트리니티를 졸업했는데, 3학년 가을에 로마에 갔던 경험이 4년간의 대학 생활 중 가장 좋았다고 말했다.

하지만 큰 대가가 따르기는 한다. 대개 선수들이 복귀할 때 부상을 치료하는 데만 한참이 걸린다. 선수들은 많은 경우 부상을 입고 부상은 끊이지 않는다. 공백을 메우려 이를 악물고 훈련을 하고, 상처를 입어도 충분한 시간을 내어 치료하지 않는다. 또한 가을 내내 팀 활동을 하지 않았기에 다시 팀에 섞이는 과정이 쉽지 않다. 가령 신입생들을 잘 모르고, 팀 순위나 팀의 정신적 서열에서 자기 자리를 지키기가 어려울 수 있다.

예전에 육군 사관학교에 언어 틱 장애를 앓는 선수가 하나 있었다. 그 선수는 팀에 대해 이야기할 때 일인칭 단수형을 사용했다. 내가 다음 시합에 대해 질문하자 그 선수는 깊이 생각하지 않고 이렇게 말했다. "저는 다트머스와 대결해요." 이 말에 많은 선수가 분노했고 선수들 사이에 잠깐 분열이 일었다. 어떤 선수들에게 그 말은 신경에 거슬렸고, 또 어떤 선수들은 팀 선수들이 화를 내니까 같이 화를 냈다. 나는 이 문제와 관련해 그 선수에게 수십 번 주의를 줬지만, 결코 개선되지 않았다. 시즌 막바지에 팀 선수들이 내게 시계를 하나 주면서 말했다. "고맙습니다, 애사 안테 코치님."(원래 이름인 Assaiante에서 영어의 일인칭 주격 주어인 'i'를 빼고 Assa Ante라고 부른 것-옮긴이 주) 일부러 내 이름을 잘못 발음해 불렀다. 내가 그해 내내 팀에는 '내(I)'가 없다고 강조했기 때문이다.

승리에는 '내'가 있으며, 개인과 팀, 특히 대학 스쿼시에서 선수 개인과 팀의 균형을 맞추기란 지독히 어렵다. 일류 스포츠에서 선수들이 경기장에서 몸이 부딪치지 않는 종목은 많지 않다. 수영장과 트랙 위에서 팀 선수들은 옆 레인에 붙어 서로 몸을 부대끼며 시합을 하거나 함께 복식 경기를 펼친다. 골프에서는 때로 2명이 팀을 이뤄 단체전을 하고 서로 퍼트를 할 수 있도록 준비해 주기도 한다. 대학 대항 스쿼시에서는 각 선수가 일대일 경기를 펼치고 벽으로 둘러싸인 사각 코트 안에서 혼자 경기를 한다. 마치 수도실 안 수도승과도 같이. 옆 코트에서 시합을 하는 동료는 볼 수 없다. 그래서 팀을 신뢰하고 싶다면 겉보기에는 본인의 경기에 별다른 영향을 주지 않는 것들을 믿어야 한다.

때로 그냥 믿기 힘들 때도 있다. 외국인 선수들로서는 더욱 그렇다. 1997년 겨울 어느 날, 난데없이 비디오테이프 하나가 내 앞으로 배달됐다. 예일 대학교의 쾌활한 코치 데이브 탤벗이 보낸 것이었다. 이런 메모와 함께. "코치님, 이거 한번 보세요." 비디오는 이스라엘 출신의 어린 선수 자피 레비의 소개 영상이었다. 이스라엘 스쿼시 선수 몇 명이 미국 대학교에서 뛰고 있었고, 제일 유명한 선수로는 1990년대 초반 하버드 대학교의 조니 카예 선수가 있었다. 하지만 이스라엘은 스쿼시의 벽지였다. 자피는 이십 대였는데, 고등학교를 졸업한 뒤 3년간의 군 복무를 마쳤다. 영상은 쿵쾅거리는 배경음과 함께 역기를 들고 수영을 하는 자피의 모습뿐 아니라 스쿼시 경기를 하는 장면도 포함되어 있었다. 엉망진창이었다. 시선을 돌려야 할지, 계속 봐야 할지 알수 없었다.

팀워크 면에서 자피는 내 코치 인생 최대의 실패작이었다. 첫날부터 쉽지 않았다. 너무 나이가 많고, 너무 복잡하고, 대학 생활, 특히 대인관계에 지나치게 관심이 없었다. 한번은 신입생 하나가 트리니티에서 운영하는 협동조합에서 재킷을 사고 있었다. 자피는 한 번도 만난 적

없는 그 학생에게 다가가더니 같은 재킷을 더 싸게 만들어 파는 곳을 안다고 말했다. 그 학생은 이렇게 말했다. "오, 근데 나는 트리니티라는 글씨가 새겨진 재킷을 사려고. 그게 이 재킷의 포인트거든." 자피는 그 말을 이해하지 못했다.

자피가 우리 가족들과 크리스마스 저녁 식사를 함께하고 있는데, 자피에게 끔찍한 전화 한 통이 걸려왔다. 이스라엘 스쿼시 동료 선수의 약혼녀가 비행기 사고로 사망했다는 전화였다. 친구는 자피에게 전화로 그 소식을 알렸다. 자피는 충격을 받았다. 새해 연휴가 끝나고 다른 선수들이 복귀했을 때 자피가 팀과 함께 연습을 하고 싶지 않다는 이야기를 해서 깜짝 놀랐다. 선수들끼리 친목에만 관심이 많아서 연습에 집중하지 않는다는 이유였다. 수업 일정과 맞물릴 때 본인 방식대로 혼자서 훈련을 하고 싶다고 했다. 팀 분위기가 너무 편하고 친목 모임 같다고 생각했다. 팀 선수들을 모아 투표를 했다. 간발의 표차로 자피가 혼자 훈련해도 좋다는 결과가 나왔다. 단 두 가지 규칙을 따른다는 전제에서. 팀 회의에 참석하고 모든 챌린지 매치에도 참여해야 한다는 것. 자피는 결국 틈틈이 몇 시간씩 혼자 연습을 했고, 팀의 다른 선수들과 마주치지 않는 날이 부지기수였다.

처음에는 다들 괜찮을 것 같았다. 우리 팀은 잘하고 있는 것처럼 보였고, 사상 처음으로 전국 챔피언십에서 우승할 수 있는 좋은 기회였다. 3년 전 내가 하트퍼드에 오고 난 이후로 정말 많은 변화가 있었다. 1996년, 크림슨 대학과 맞붙은 첫 홈 듀얼 매치에 200명 정도 되는 친구와 가족들이 왔다. 대학 스쿼시에는 상당히 도움이 되는 평범한 관중 수였다. 트리니티는 팬이 많기로 유명했다. 특히 스쿼시에 대한 식견이 있는 여자들에게 인기가 많았다. 그 여성들은 스쿼시 팀이 있는 고등학교를 다녀서 보통 양 팀의 선수들을 알고 있었다. 하지만 1998년, 트리니티 스쿼시에 뭔가 있다는 소문이 눈에 띄게 퍼졌다. 하버드 시합이 있던 날, 경기장에 사람들이 마구 몰려들었다. 1,000명이 넘는 사람이 페리스 애슬레틱 센터에 경기를 보러 왔다. 졸업생, 현지 스쿼시 선수, 부모님, 수많은 학생들까지. 자리가 터져나갈 지경이었다. 학생들이 선수들에게 다가와 사인을 부탁했다. 팬들은 뒷벽에 몸을 붙이고 득점을 할 때마다 유리를 두드려 댔다. 사람이 너무 많아서 게임이 끝난 뒤 선수들이 코트 밖으로 걸어 나가 통로를 지나 식수대까지 갈 수가 없었다. 다음 게임 시간에 맞춰 코트로 돌아올 수 없었기 때문이다.

일찌감치 경기를 리드하며 우리 팀은 첫 다섯 경기 중 네 경기를 따냈다. 이전 몇 해와 가장 큰 차이라면 탄탄한 선수단을 갖추게 됐다는 것이다. 순위표 한 가운데 범상치 않은 대학 예비반 선수가 들어가 있었고, 스쿼시로 전향한 전 테니스 선수가 8위, 9위에 있었다. (사실 찰리 손더스는 신입생 때 2위로 뛰었는데, 3학년 들어서는 5위로 뛰었다.) 우리는 6-3으로 이겼다. 이 패배로 하버드 팀은 듀얼 매치 89연승 행진이 중단됐다. 그때까지 트리니티는 70년 동안 하버드를 단 한 번도 이기지 못했다.

중대한 분기점을 맞았다고 생각했다. 하지만 10일 뒤 프린스턴전에서 큰 구멍이 생겼다. 정규 시즌 마지막 듀얼 매치였고, 이겨야 한다는 부담감은 극에 달했다. 프린스턴이 하버드에 패했기 때문에 더 그랬다. 우리가 프린스턴을 꺾으면 정규 시즌을 무패로 끝내고 전국 선수권에서 톱시드를 받을 수 있기 때문이었다. 하지만 성적은 5-4로 떨어졌고, 프린스턴의 3위 선수 벤 피시먼이 결승 매치에서 자피 레비를 3-1로 꺾었다.

그달 말에 전국 대회가 프린스턴에서 열렸다. 트리니티 총장 에번 도벨이 비서 모린을 시켜 샌프란시스코에서 나에게 전화를 걸었다.

"총장님이 결승전 날짜가 언제인지 알고 싶어 하십니다."

겨우 목소리를 짜내 말했다. "결승까지 갈 수 있을지 모르겠습니다."

"무슨 말씀이시죠?"

"준결승전에서 프린스턴과 싸워야 하는데, 일주일 전 경기에서 패했습니다. 게다가 프린스턴 홈코트라 우승은 힘들 수도 있겠어요."

모린이 에번에게 상황을 설명하는 동안 통화가 한참 중단됐다. 모린이 다시 말했다.

"결승전 날짜를 알고 싶어 하시네요."

전국 대회에 참가하러 프린스턴 대학으로 갔다. 준결승에서 프린스턴 타이거스를 7-2로 눌렀다. 만족스러운 경기였다. 다음 날 아침인 1998년 2월 22일, 결승전에서 하버드와 맞붙었다. 한 번 이겼으니 다시 한 번 꺾고 전국 선수권 우승 타이틀을 가져가야 했다. 하지만 어린 선수들이 싸우는 모든 스포츠는 예측 불가다. 하버드에는 빌 도일이라는 탁월한 코치가 있었다. 과거 트리니티 인기 선수였던 도일은 내가 뉴욕주 라이에 있는 아파와미스 클럽에서 헤드 코치로 일할 때 근처에서 일했다. 우리는 친한 친구이자 복식 파트너였으며, 라이와 그리니치의 한적한 시골길에서 자주 달리기 훈련을 같이 하곤 했다.

어느 쪽 홈도 아닌 중립 코트라 학생들의 응원을 거의 받지 못했다. 1차전 후 2-0으로 앞서다가, 다음 네 번의 매치를 내줬다. 우리 선수 세 명이 3주 전에는 이겼던 선수들에게 패했다. 1위 선수인 대니얼 에즈라가 트리니티의 마커스 코위를 3-0으로 눌렀다. 1게임에서 마커스는 14-11로 앞서고 있었지만 승리로 연결하지 못했고, 2, 3게임을 별 힘도 써보지 못하고 내줬다. 한 시합이 끝날 때마다 하버드는 5연승이라는 마법의 숫자에 가까워졌고, 하버드 팀은 점점 더 활기가 넘쳤다. 선수들이 코트 밖으로 나오면 팀의 다른 선수들이 몰려들어 트리니티 선수들은 이따금 방금 시합으로 하버드가 우승했나 생각할 정도였다. 듀얼 매치 성적은 4-2로 하버드 쪽으로 기울었다. 그리고 다시 우리는 4-4 동점까지 끌어올렸다.

손에 땀을 쥐는 대결이었다. 아직 가능성이 있었다. 하지만 마지막 매치가 3위 선수 자피였다. 하버드의 팀 와이언트와 맞설 예정이었다. 우리 팀은 자피 옆을 지키지 않았다. 선수들 대부분이 현재 상황 때문에 심경이 복잡했다. 전국 선수권 우승이 욕심났지만, 자피의 행실 탓에 감정이 좋지 않았기 때문이다. 누구도 게임이 끝난 뒤 격려의 말을 건네러 오지 않았다. 자피는 세 게임 만에 패했다. 그게 우리의 듀얼 매치 마지막 패배였다.

우리가 1999년 마침내 전국 챔피언이 될 수 있었던 이유, 그 후로 패배하지 않았던 이유는 선수 영입도, 운도, 더 나은 전문 지식도, 작전도 아니다. 비밀스럽고 신비한 공식 같은 건 없다. 비결은 시간이다. 나는 전국의 어떤 스쿼시 코치보다 아침 일찍 출근하고 저녁 늦게 퇴근한다. 선수들과 최대한 많은 시간을 보낸다. 사무실에서 하루 온종일 시간을 보내고, 연습 전후에도 함께 시간을 보낸다. 코트 밖, 캠퍼스 밖에서도 선수들과 함께한다. 선수들을 속속들이 파악하고 있다.

나는 해마다 늙어가지만, 우리 팀 팬들은 18세부터 22세 사이로 변함없이 젊다. 나와 팬들 사이 나이차는 매년 벌어진다. 나는 꼰대처럼 굴지 않는다. 문신도 새겼다. 사무실에서는 ESPN 라디오를 시종일 틀어놓고 스포츠계의 온갖 소식을 꿰고 있다. 밴에서는 하트퍼드의 팝뮤직 라디오 방송인 키스 95.7 FM을 틀어놓는다. 하지만 어린 선수들의 문화를 따라가려면 의식적인 노력을 해야 한다. 선수들을 모르면서 지도할 수는 없으니까. 선수들을 파악하기 힘든 이유는 쉽게 영향을 받고 변하는 나이이기 때문이다. 선수들은 내가 그들과 함께 훈련하는 45개월 동안 아주 많이 변할 수 있다. 풋풋한 십대에 팀에 들어와서 다 큰 어른이 되어 나가기 때문이다. 4년 동안 선수들은 자신이 누구인지 탐색하고, 그동안 나는 선수들을 움직이는 원동력이 무엇인지 확실히 알아내야 한다. 대개는 내가 1974년에 대학을 다닐 당시 대학생들을 움직이던 원동력과는 상당히 다르다.

　나는 매일 아침 선수들에게 전화를 한다. 하트퍼드에 온 뒤 몇 년이 지나고서야 팀 전체에 전화를 거는 방법을 알아냈다. 휴대 전화와 아이폰, 블랙베리가 나오기 전이었고, 각 선수는 기숙사에 유선 전화가 있었다. 아침 6시나 6시 반쯤 일어나 메시지를 녹음한 뒤 20명의 선수들에게 전송했다. '얘들아, 좋은 아침. 월요일 아침이네. 하트퍼드는 아름답고 춥구나. 새들이 밖으로 나오기 시작했어.' 간단하게 인사를 건넨 뒤 그날 일정과 준비물을 이야기하고(그날 라켓을 보내 줄을 조인다거나), 무엇을 중점적으로 연습할지, 언제 어디까지 오면 될지 이야기했다. 대개 인용한 문장이나 좋아하는 글로 메시지를 마무리했다. '명심해. 오리 같은 선수가 돼라. 물 위에서는 고요하지만 물 아래에서는 미친 듯이 발을 저어라.'

　화요일에 새로운 단체 음성 메시지를 녹음해 보냈고, 평일에는 매일을 그렇게 했다. 연습 시간 때면 매일의 전화에 얼마나 적응됐는지는 상관없이 선수들은 음성 메시지에 대한 이야기를 하곤 했다. 그 메시지는 내가 일어나서 잠드는 순간까지 선수들을 챙기고 팀에 대해 고민한다는 사실을 보여 주는 증거였다. 지난 10년 사이 휴대 전화가 보편화되면서 매일 문자 메시지를 보내기 시작했다. 보통 아침 8시 전에 서너 개의 메시지를 보냈다. 2009년에는 모든 문자가 11로 끝났다. 우리는 10년 연속 전국 타이틀을 거머쥔 터라 11번째 우승 타이틀을 노리고 있었다.

또 선수들을 일대일로 최대한 자주 만난다. 내 사무실은 대학교 내의 비좁은 공간이라 창문도 없고 멋대가리도 없다. 내 사무실과 여자 팀 코치인 웬디 바틀릿의 사무실은 원래 하드볼 코트였다. 소프트볼 구역으로 바꿀 수 없었던 이유는 그러면 장비를 둘 통로가 없어지기 때문이었다. 라켓이 통로 가득 거대한 무더기를 이루며 쌓여 있다. 이런저런 트로피와 모자, 비디오테이프가 방 둘레에 놓인 하얀색 선반 위 잘 보이는 위치에 빽빽하게 놓여 있다. 팀 관련 기사를 넣은 액자 몇 개와 명판 몇 개가 벽에 걸려 있다. 작은 냉장고에는 2005-2006년에 활동한 선수들이 적은 메모가 붙어 있다. 나는 사무실 문을 절대 잠그지 않으며, 가방이나 신발이 난장판으로 쌓여 있을까 봐 걱정하지도 않는다. 하루 온종일 선수들이 들어와서 내 책상 옆 검은색 커다란 가죽 의자에 털썩 앉아 이야기를 한다. 아침 식사 후, 점심 식사 후, 수업이 끝난 뒤, 실험 수업 전 내 사무실로 온다. 나는 다이어트 콜라를 홀짝거리며 선수들과 대화를 나눈다.

시즌 초반에 선수들에게 활동 조건을 정하게 하지만, 여전히 주기적으로 연락하는 일과만은 지키게 한다. 일단 리듬이 생기면 어떤 선수에게 연락이 안 된다 싶을 때 속도를 낼 수 있다. 나는 매주 모든 선수와 저녁을 먹는다. 나의 규칙은 적어도 일주일에 한 번, 일대일로 또는 소규모로 식사를 하는 것이다. 트리니티의 학생으로 있는 1,300일 동안 단 한 번도 20시간 동안 나에게 어떤 형태로든 연락을 받지 않는 선수는 없다. 나는 늘 선수들과 연락을 한다. 선수들의 체온을 재 건강 상태를 파악한다. 선수들도 내가 신경 쓰고 있다는 걸 안다. 어린 학생들은 굉장히 압축된 시간 속에 살아가는 느낌을 받는다. 대학에서 한 달은 바깥세상의 1년과도 같다. 그래서 나의 노력이 선수들에게 의미가 있다고 생각했다. 부모들 역시 좋아한다. 선수들의 부모는 본인의 자녀들과 수천 킬로미터 떨어져 있으며, 대부분 몇 년 동안 자녀를 보지 못한다.

연휴에는 모든 선수를 가족 기념 식사에 초대한다. 보통 6명의 선수는 갈 데가 없어 내 제안을 받아들인다. 우리 부모님네 집 소파에서 잠을 자고 설거지를 하고 쇼핑을 가고 빵을 굽는다. 선수들은 서로, 그리고 나와 더 가까워지며, 95시간을 계속 함께 보내면서 생기는 이 유대감은 팀을 강하게 만드는 중요한 방법이다.

시간이 쌓이며 사랑이 싹튼다. 당연히 사랑은 늘 이긴다. 사랑은 사랑의 행위 안에서만 생기며, 많은 행동과 사랑의 행위에서 비롯된다. '사랑해'라는 말을 할 수도 있지만, 그 말을 행동으로 보여줄 때 사랑은 훨씬 큰 의미를 갖는다. 우리는 이 세상에 혼자 있으려고 태어나지 않았다. 사랑하기 위해 태어났다. 시간이 흐르면서 내 선수들이 본인들이 내 세계의 중심임을 믿게 되면, 마찬가지로 나와 스쿼시 팀에 대한 책임을 느끼게 될 것이다. 혼신을 다해 만반의 준비를 할 것이다. 선수들은 내가 사사로운 이익을 위해 일하는 코치가 아님을 안다. 내가 인맥을 동원해 졸업생들의 일자리를 구해 준다는 사실을 안다. 전화를 하고 추천서를 쓰고 면접을 잡아 준다는 걸 안다. 졸업생들을 보듬어 준다는 걸 안다. 결혼식과 장례식에 참가한다는 사실을 안다. 크리스마스에 끊임없이 전화를 받는다는 걸 안다. 졸업생들 수십 명이 전화로 연휴 인사를 건네기 때문이다. 선수들은 이 관계가 평생 이어지리라는 사실을 안다. 트리니티는 긴 여정의 작은 일부에 불과한데도 말이다. 웨스트포인트의 체육관에는 맥아더 장군이 한 말이 적힌 명판이 있다. "우호적인 갈등의 전장에 씨앗을 뿌리면 이후 전장에는 승리의 열매가 열릴 것이다." 이 관계는 평생에 걸친 과정이며, 이후 전장을 위한 과정이다. 단순히 듀얼 매치를 이기는 문제가 아니다.

나의 코칭 방식은 숨 막히게 따라다니는 헬리콥터 스타일이 아니다. 선수들의 가장 친한 친구나 아버지가 되려고 하지 않는다. 나는 선수들의 코치다. 중요한 건 내가 아니다. 그래서 트위터나 페이스북을 하지 않는다. 선수들의 기숙사 방이나 사교 클럽에 가지 않는다. 선수들과의 관계를 조심스럽게 조정한다. 해군 사관학교의 스쿼시 겸 테니스팀 코치인 보비 베일리스는 내가 군에서 코치 일을 시작했을 때 늘 벽을 허물라고 거듭해서 말했다. 하지만 그 벽을 다시 쌓기가 너무 힘들었다. 선수들은 내 삶이 어떤지 알고 있다. 가령 나는 늘 아들 매튜에 대해, 그리고 결혼 생활을 그만뒀을 때도 솔직하게 말한다. 하지만 균형을 지키려고 노력한다. 모든 사람이 별명이 있지만 나는 없다. 나는 그냥 폴이 아니라 코치 폴이기 때문이다.

코치 경력 초반에 나는 각 선수와 충분한 시간을 보내지 않을 때 어떤 대가를 치러야 하는지 배웠다. 대니 해먼드는 군 역사상 가장 뛰어난 라켓 경기 선수 중 하나였다. 스쿼시 실력 면에서 해먼드는 전설적인 선수 마이크 드솔니에르를 상대로 기습 전술을 펼쳐 대학 선수 시절의 드솔니에르에게서 한 게임을 가져온 유일한 선수가 되었다. 대학 팀에서 뛰는 동안 드솔니에르를 상대로 시합에서 이긴 유일한 선수가 되었다. 해먼드는 미국 랭킹 10위 안에 들며, 올 아메리칸 퍼스트 팀에 발탁됐다. 내가 육군에서 9개 시즌을 치르는 동안 최초로 올 아메리칸 퍼스트 팀에 뽑힌 선수였다.

테니스 팀에서 해먼드는 4학년 때 1위로 뛰어 13-6 승리를 거뒀다. (2m가 넘는 키에 무시무시한 서브를 날리는 선수였다.) 하지만 이상하게도 교과 성적은 심하게 나빴다. 시즌 막바지에 사관학교 총장이 대니는 NCAA 토너먼트에 나갈 수 없다고 말했다. 대니에게 이 이야기를 하자 대니는 증오에 찬 눈빛을 보내며 사무실 문을 박차고 나가면서 이렇게 소리쳤다. "날 위해 싸워 주지 않았잖아요. 정말 실망입니다." 그러고는 문을 쾅 닫았다. 마치 그 문에 부딪치기라도 한 듯 얼굴이 붉어졌다.

정규 시즌 마지막 일정은 연례 육해군 듀얼 매치였다. 일주일 내내 대니는 시비조였다. 해군에 온 날은 덥고 숨 막히는 날씨였다. 체서피크만에는 바람 한 점 불지 않았다. 3,000명에 달하는 사관생도들 앞에서 대니는 첫 게임을 6-0으로 완패했다. 그냥 포기한 것이다. 모든 사람이 운동화 속까지 땀에 젖어 코트 위에 발자국을 남기고 있었지만, 대니만 예외였다. 이런 대니의 모습은 당황스러웠지만, 육해군 듀얼 매치였기에 더 용납할 수 없는 행동이었다. 대부분의 선수들이 남은 평생 기억할 한 해의 가장 중요한 행사였기 때문이다. 놀라서 말도 나오지 않았다. 첫 게임이 끝난 뒤 피켓 펜스로 대니를 불렀다.

"이게 네가 마지막으로 남기고 싶은 모습이야? 마지막 대학 매치를 망치는 게?"

대니가 입을 벌리며 이를 내보였다. 눈이 커졌다. 마치 지진이라도 삼킨 듯한 얼굴이었다.

"엿 먹어요. 코치님은 날 위해 싸우지 않았잖아요. 근데 나는 왜 당신을 위해 싸워야 돼요?"

나는 폭발했다. 펜스를 넘어 대니의 셔츠를 잡았다.

"빌어먹을 새끼. 지금 당장 그만둬. 나쁜 새끼야."

대니는 내 손을 물리쳤다. 나는 셔츠에서 손을 뗐고, 대니는 코트 쪽으로 걸어갔다. 대니는 6-0, 6-0 러브 게임으로 다음 두 게임을 이겼다. 어이없는 결과였다.

버스를 타고 집에 오는 길에 우리는 한마디도 하지 않았다.[5] 이 일이 30년 뒤에 일어났다면 그 자리에서 적절하게 화를 냈을 것이다. 그날 나는 실수를 했다. 사람이 일단 자제력을 잃고 직함에 자연스럽게 따

---

5 몇 년 뒤 대니와 우연히 만나 화해를 했다. 나는 대니가 보우도인에서 코치 자리를 얻을 수 있도록 도움을 줬고, 대니는 그 일을 훌륭하게 해냈다. 위협은 결코 장기적 해결책이 아니다. 나는 일찌감치 대니의 학업 문제를 알아차렸어야 했고 자격을 유지하기 위해 함께 고민했어야 했다. 대니가 일에 치여 사는 걸 눈치 챘어야 했고, 대니가 나에게 보복하는 상황까지 끌고 가지 말았어야 했다. 육군 사관학교 선수가 해군 사관학교와의 대결에서 경기를 망쳐버리고 싶은 마음이 드는 상황을 만들지 말았어야 했다.

라오는 품위와 선의를 포기하면 모든 것을 우연에 맡기게 된다.

운 좋게도 사람들이 트리니티 팀에 매료되어 다양한 지원망을 만든 덕에 나 혼자 팀을 이끌어야 하는 부담을 전부 짊어지지 않아도 됐다. 대학 전체가 든든한 지원군이었다. 총장 지미 존스는 본인의 책상 뒤쪽에 사진 하나를 뒀다. 2006년 아틀라스 라이브스 경기에서 이긴 구스타프의 사진이었다. 총장은 본인의 개들을 끌고 우리의 홈 듀얼 매치에 대부분 참석한다. 오랜 시간 트리니티의 체육 부장인 릭 헤이즐턴은 정신적 지주였다. 대부분의 스쿼시 팀이 총장과 체육 부장의 공개적이고 적극적인 지원을 받지 못한다.

정말 우연하게도 제임스 몬타뇨는 우리 팀 부코치가 됐다. 제임스는 미국 여섯 개 주와 독일에서 어린 시절을 보냈고, 1995년에 코네티컷 대학교를 졸업한 뒤 대학 개발실에 일자리를 얻었다. 제임스는 종종 자기가 너무 아무것도 몰라서 면접 자리에서 "여기선 뭘 만들죠? 뭘 개발하나요?"라고 물었다는 농담을 하곤 했다. 1998년, 제임스는 트리니티 개발실에서 비슷한 일을 하게 됐다. 하루는 두 학생이 찾아와 체험 학습 일자리를 구했다. 두 사람은 쌍둥이 형제 구아라브와 로한 주네자로, 트리니티 스쿼시 팀 신입 선수였다. 제임스는 독일에서 스쿼시를 좀 했고, 스포츠 지식과 국제적 견해를 둘 다 가지고 있던 터라 주네자 형제와 친해질 수 있었다. 그해 겨울, 제임스는 종종 스쿼시 연습에 찾아오다가 주네자 형제의 비공식 조언자 역할을 하게 됐다. 그러다 다른 외국인 선수들에게까지 조언을 하게 됐다. 제임스가 연습에 오는 주기가 점점 더 짧아졌고, 그러다 홈 듀얼 매치와 원정 듀얼 매치까지 찾아오게 됐다. 몇 년 뒤 제임스는 개발실 일을 그만두고 다른 일자리를 찾고 있었는데, 빈 시간을 이용해 매일 오후 연습에 참가했다. 팀에 대한 애정과 책임감 때문이었다. 육군 학교 출신인 제임스는 거친 터프가이의 태도로 팀을 이끌었고, 선수들의 사기를 북돋우고, 동기를 부여하고, 격려했다. 그는 수시로 영화 〈300〉에 나오는 대사인 '자네들의 직업은 뭔가?'를 인용하며 선수들 스스로 약자, 약체, 소수자라고 느끼게 만든다. 돈 많은 거물급 아이비리그를 상대로 싸우는 트리니티처럼. 영화 〈300〉에서 스파르타의 왕 레오니다스는 이렇게 말한다. "결국 스파르타의 진정한 힘은 그의 옆에 있는 전사다." 제임스는 손에 땀을 쥐는 듀얼 매치에서 중요한 단결력 향상에 도움을 준다.

벨린다 테리는 팀의 어머니 같은 존재다. 벨린다와 그녀의 남편 루크(트리니티 평의원회 회원)는 트리니티 여성 스쿼시 팀이 원정 훈련을 가서 새로운 유니폼 구입에 도움을 달라고 요청했을 당시 런던에 살고 있었다. 벨린다가 도움을 주기로 했고, 남자 팀 유니폼 구입도 도와줬다. 벨린다는 몇 년 전 조지 워싱턴에 다니는 동안 스쿼시 듀얼 매치에 출전한 적이 있다. 벨린다는 루크와 함께 남부 코네티컷으로 돌아왔을 때 루크가 회의를 하는 동안 코트에 들렀다. 거기서 벨린다는 해외 선수들은 응원을 해 주거나 홈메이드 쿠키를 가져다 줄 엄마가 없다는 사실을 깨달았다. 지금은 학교에서 1시간 정도 거리에 살며 팀을 위한 숙소를 운영한다. 두 사람은 매년 근로자의 날이면 팀 선수와 졸업생들을 초대해 바비큐 파티를 연다. 연휴에는 선수들을 위해 하숙을 친다. 선수들의 빨래를 한다. 가을에는 낙엽을 쓴다. 트리니티의 색깔로 두툼한 럭비 셔츠를 만들고, 적어도 매년 티셔츠 하나씩은 제작한다. (벨린다가 제일 좋아하는 티셔츠는 트리니티 선수들의 나라별 국기와 함께 각국의 언어로 '컴온'이라고 적은 티셔츠다.) 또 모자, 현수막, 운동복 상의를 만든다. 듀얼 매치에서 경기 시합을 문자로 보내지 않을 때는 큰 소리로 응원을 한다. 한번은 어느 코치가 벨린다 앞에 앉아 있다가 돌아보면서 벨린다와 코트에 있는 트리니티 선수를 번갈아 쳐다보더니 이렇게 물었다.

"누구시죠?"

"쟤 엄마예요." 벨린다는 이렇게 대답했다.

엄마와 함께 '보스'도 나타났다. 2004년 어느 날, 트리니티 건물 부지 관리부의 출입 관리 책임자 콜린 스튜어트는 일자리를 찾으러 사무실에 찾아온 학생 하나를 만났다. 스튜어트는 열 명이 넘는 학생을 시켜 캠퍼스를 돌아다니며 출입문 보안 코드를 바꾸게 했다. 그 학생은 심바 무와티였다. 심바는 돈이 필요했고 문을 만지작대고 있는 반 친구를 보고 뭘 하고 있는지 물었다. 콜린은 심바를 채용했다. 매력적인 일자리가 아니라서 추가 인력 채용에 애를 먹고 있던 상황이었다. 모든 학생을 대상으로 구인을 하고 있었지만, 하려는 사람이 별로 없어 가끔 외부에서 사람을 고용하는 경우도 있었다. 심바는 콜린의 사무실에서 노는 걸 좋아했다. 팀의 다른 선수들이 출입 관리 일을 하기 시작했고, 곧 콜린은 스쿼시 팀 후원 단체 운영에 관여했다. 거의 모든 해외 선수가 콜린 밑에서 일하며, 콜린은 보스라고 불린다. 그 별명에도 불구하고 콜린이 선수들에게 다가갈 수 있었던 비결은 말이 잘 통해서였다. 콜린은 20대 중반으로 나이가 어리고, 센트럴 코네티컷 주립 대학교 재학 시절 만난 아일랜드 축구 선수와 결혼을 했다. 덕분에 외국인 선수가 미국의 대학 생활에 적응하는 게 얼마나 힘든지 잘 알고 있다. 또 콜린이 선수들과 공감대를 형성할 수 있었던 이유는 부단한 노력의 가치를 이해하는 사람이기 때문이다. 콜린의 아버지는 트리니티에 있는 중앙 발전소를 운영했다. 또한 콜린은 대단히 현실적인 사람이라 선수들에게 은행 계좌를 어떻게 여는지, 휴대전화와 운전 면허증은 어떻게 구하는지 등의 방법을 알려준다. 선수들은 벨린다의 사무실에서 몇 시간씩 빈둥대며 보낸다. 모든 홈 듀얼 매치와 거의 모든 원정 듀얼 매치에 참석한다. 또 시즌 마무리 회식에도 참석한다. 선수들은 콜린에게 사진과 셔츠, 팀 모자 등을 선물한다. 새로운 팀 모자를 콜린의 책상에 누가 제일 먼저 갖다 놓는지를 놓고 경쟁을 벌이기도 한다. 그녀는 하나만 빼고 전부 자동차에 갖다 놓는다. "전 머리가 하나뿐이거든요."라고 말하며.

우리 팀에는 전문 사진가도 있다. 딕 드럭먼. 딕은 트리니티 졸업생으로 제약 회사 브리스톨마이어스 스퀴브에서 선임 부사장으로 30년 넘게 근무한 뒤 은퇴했다. 딕은 내가 트리니티에 오기 직전에 스포츠

사진가로 일하기 시작했다. 모든 올림픽 경기와 매달 수십 번의 프로 경기를 취재한다. 우리 팀의 거의 모든 듀얼 매치에 오고 매년 프린스턴에 있는 본인의 스튜디오에 우리 팀을 초대해 피자를 대접하고 본인의 대표 사진을 액자에 넣어 나눠 준다. 북미 아이스하키 리그(NHL) 결승전에서 찍은 웨인 그레츠키의 사진과 야구 경기에서 카메라를 가리키는 무함마드 알리 사진 등이었다.

20년 전 윌리엄스 칼리지에서 코치로 일할 때 우리 대학이 전국 대학 대항 개인전 토너먼트를 주최한 적이 있다. 주말에 빠질 수 없는 중요한 회의가 있어 데이브 피시에게 경기 중 내 선수 중 하나인 롭 핼러건을 코치해 줄 수 있는지 급하게 물었다. 피시는 전설이었다. 6회 연속 전국 대회 우승 타이틀을 거머쥔 하버드 대학교 베테랑 코치였다. '잘됐다. 선수들이 좋아하겠네.' 이런 생각을 했다.

돌아오니 시합이 끝나 있었다. 핼러건은 경기에서 참패한 뒤 마음이 상해 있었다. 핼러건은 피시가 게임 사이에 이상한 지시를 했는데, 말도 안 되는 지시였다고 했다. 피시가 다른 나라 말을 하는 줄 알았다고 했다. 말하자면 이 나라 최고의 코치를 선수들 앞에 갖다 놓는다고 무조건 통하는 게 아니었다. 피시는 선수들을 파악했어야 했다. 선수들을 움직이는 원동력과 동기는 무엇인지, 무엇 때문에 힘들어하는지 알아야 했다. 코치는 각 선수가 쓰는 말을 같이 써 줘야 했다.

몇 년 전 트리니티의 여자 축구팀 코치가 중요한 홈경기 전에 격려 연설을 해줄 수 있느냐고 부탁하러 온 적이 있다. 그 코치는 내가 팀 선수들에게 영감을 주는 연설을 잘 한다는 이야기를 들었고, 내 연승 기록을 알고 있었다. 내가 팀 선수들의 사기를 충전해 주기를 바랐던 것이다. 그는 자기 선수들을 스쿼시 관중석으로 데려왔다. 나는 선수들 중 누구도 만난 적이 없었고, 내가 아는 정보라곤 그 팀이 무패를 기록했고 리그 우승을 위해 선발된 선수들이라는 사실뿐이었다. 모두 경기 준비를 끝낸 복장이었다. 무릎 보호대, 스파이크 운동화, 질끈 묶은 머리로 무장하고 뛸 준비를 마친 상태였다. 5분 동안 지옥불을 묘사하는 목사처럼 목청 높여 연설을 했다. "이번 경기가 선수 생활 마지막 경기처럼 뛰십시오. 혜성처럼 뛰어요. 힘없이 타버리지 말고 뜨겁게 불태우십시오. 탱크 속 연료를 모조리 다 쓰라고요." 진심을 다해 그들을 격려했다. 그야말로 기퍼를 위한 승리를 다짐하는 순간이었다 (미 미식축구 역사상 가장 극적인 삶을 살았던 조지 기퍼 기프 선수를 빗댄 말로, 미국의 스포츠팀과 대통령 후보들이 '기퍼를 위해 이기자'를 구호로 썼다가 승리한 경험이 있다-옮긴이 주). 선수들은 완전히 흥분해서 함성을 지르며 방을 나갔다.

그날 축구팀 선수들은 시즌 최악의 경기를 펼쳤고 7-0으로 완패했다.

"천재가 뭐냐고 묻는다면 무엇보다 집착하는 능력 아닐까?" 미국 소설가 스티븐 밀하우저의 이 문장을 처음 읽었을 때 강한 인상을 받았다. 공을 수만 번 치고 세계 최고의 선수가 되기 위해서는 무언가를 희생해야 했다. 나는 좋은 스쿼시 코치가 되는 일에 집착해 내 아들 매튜를 희생해 그런 상황까지 초래했다. 내가 트리니티 팀에서 한 일, 즉 팀에 강박적으로 시간을 쏟고 애정을 표현하고 편안하고 든든한 환경을 조성했지만, 애석하게도 내 아들 매튜를 위해서는 그러지 못했다.

매튜는 1976년생이다. 매튜의 엄마와 나는 고등학교 때 사귀기 시작해 내가 대학을 졸업한 뒤 여름에 결혼을 했다. 매튜가 태어나던 날, 나는 미국 동부에 있는 코네티컷주 뉴헤이븐에서 육군 체조 팀을 지도하고 있었다. 아버지가 아침 일찍 내가 묵고 있는 홀리데이 인으로 전화를 걸었다. 아버지는 이렇게 말했다.

"안녕, 아빠."

"안녕, 아빠."

"아니, 안녕 아빠." 아버지는 다시 말했다.

"무슨 말씀이세요?"

"네 아이가 태어났어. 아들이야."

호텔에서 나와 아이를 보러 갔던 기억이 난다. 눈부신 봄날이었고, 나는 요크 스트리트를 따라 걸으며 '어떡해. 나한테 아들이 생기다니. 내 삶은 달라졌어.' 속으로 이런 생각이 들었다. 체육관 안으로 들어가면서 이런 생각도 들었다. '아니, 아내가 아니라 아버지가 이 소식을 전하다니. 나는 병원에 없었어. 심지어 다른 도시에 와 있잖아. 조짐이 안 좋네. 아내한테 별일 없어야 하는데.'

우리의 첫 아이 매튜는 사랑을 듬뿍 받는 아기였다. 하지만 우리는 아이를 둘 더 낳았다. 또 다른 아들 스콧은 매튜가 네 살 때 태어났고, 딸 크리스틴은 매튜가 일곱 살 때 태어났다. 매튜는 우리의 관심을 두 동생들과 나눠야 했다.

우리 부부 관계가 소원해졌다. 아내는 폐렴으로 죽어가던 자기 동생에게 정신을 빼앗겨 있었고, 나는 코칭 일에 몰두했다. 웨스트포인트에서는 한 주에 80시간씩 일했다. 어떤 해는 크리스마스 날 밤에 선수 영입을 위해 출장을 가기도 했다. 기상나팔 시간에 맞춰 매일 아침 5시 전에 일어났다. 아침 5시 30분에 240명에 달하는 무리를 이끌고 약 5킬로미터씩 달리기를 했다. 반환 지점 중반까지 선수들은 모두 내 뒤에 있었다. 뒤로 돌아서 모두 연병장으로 뛰어 돌아갔다. 육상 경기 팀 선수들이 늘 1등으로 들어왔지만, 나는 스쿼시 선수, 테니스 선수 에게는 절대 지지 않았다. 그리고 점심시간에 캠퍼스의 다른 젊은 남 자들, 즉 교수, 체육 교사들과 함께 장거리 달리기를 하러 나갔다. 녹음이 무성한 시골길을 통과해 군 기지의 오솔길까지 19킬로미터가량 짧은 여행을 다녀왔다. 때로 우리는 웨스트포인트의 미키 스타디움 옆을 지나거나 캠퍼스 남서쪽에 있는 훈련 센터인 캠프 버크너를 향해 달리기도 했다. 날씨가 화창한 날에는 스쿼시팀도 이끌고 오후 조깅에 나서기도 했다.

하루 세 번 달리기를 했다. 달리기가 좋았다. 오랜 시간, 원정 듀얼 매치가 있는 날이면 우리 팀이 묵는 호텔에서 경기장까지 혼자 달리기를 하곤 했다. 나는 수많은 도시에서 조깅을 했는데, 땀범벅이 돼서 돌아올 때면 우리 부코치들이 막 밴을 세우고 있었다. 세 번의 마라톤을 하기도 했다. 1989년 12월에는 마라톤 풀코스에 해당하는 울트라 마라톤을 했다. 우리 다섯 명은 새벽 3시에 일어나 군용 지프차의 호위를 받으며 웨스트포인트 문을 나섰다. 9시간 뒤 매도랜즈에 있는 자이언츠 스타디움으로 뛰어 들어갔다. 이곳에서는 처음으로 육해군 미식축구 경기가 펼쳐지고 있었다. 육군 군단은 캠퍼스에서 경기장까지 88킬로미터를 달려온 우리의 노력을 잘 알고 있었기에 우리가 스타디움을 들어왔을 때 뜨거운 환호를 보냈다. 회색 재킷을 입은 수천 명의 군인들이 국기를 흔들며 있는 힘껏 함성을 지르던 모습은 결코 잊지 못할 것이다. 우리는 운동복 말고는 아무것도 챙겨 오지 않아 3시간 동안 춥디추운 스타디움에 앉아 있다가 꽁꽁 얼어붙었고 경기장을 걸어 나가려고 했을 때는 거의 몸을 움직일 수 없었다. 육군 팀은 마지막 순간에 필드 골(페널티나 자유투가 아닌 방법으로 골문에 공을 넣어 득점하는 일-옮긴이 주)에서 보기 좋게 패했다. 교훈: 12월에는 마라톤 풀코스를 뛰지 마라.

웨스트포인트는 단순했다. 그게 군대식이었다. 양자택일. 예스 아니면 노. 매주 일요일마다 우리는 군 예배당에 가서 생도 기도문을 암송했다. "우리로 하여금 쉬운 불의보다 힘든 정의를 선택하게 하시고 완전한 진실이 이길 수 있을 때 절반의 진실에 만족하지 않게 하소서." 기도문의 내용은 이랬다. 나는 1960년대의 사회, 문화적 격동을 통과하지 않고 자랐다. 나는 오히려 1950년대의 산물이었다. 여전히 너무 어렸고 순진했고 삶의 방식에 무지했다.

하지만 선수들은 흑백 둘 중 하나로 규정할 수 없었다. 완전한 진실이 아니라 절반의 진실이 당연했다. 매튜는 문제아였다. 짐승 같은 에너지를 내뿜는 아이였다. 나에게는 매튜의 행동 뒤에 숨은 의미가 무엇인지 알아낼 시간이 없다는 걸 알았다. 매튜는 허드슨강에 돌멩이를 던지곤 했는데, 심지어 우리가 해안선의 어부들이 돌에 맞을 수도 있으니 그러지 말라고 한 뒤에도 멈추지 않았다. 또 자신의 트럭과 기차를 큰 소리로 부딪치며 출입구를 막으면서 즐거워했다. 매튜는 끝없이 애정을 갈구했고, 원하는 애정을 받지 못하면 좌절해 반항했다. 한번은 사각형 안뜰에서 매튜가 조지 S. 패턴의 조각상을 테니스 라켓으로 마구 때리는 모습을 목격하기도 했다. 나는 아들이 육군 사관학교의 명예를 그토록 공개적으로 더럽힌 데 화가 나서 한 달 동안 외출 금지를 했다. 나는 늘 다른 사람들이 무슨 생각을 할지 걱정했다. 매튜의 나쁜 행실을 보고 내가 나쁜 리더라고 생각할까 봐 걱정했다. 매튜가 사람들 앞에서 말썽을 피우면 팔을 확 비틀어 옆쪽으로 당겨 미친 듯이 화를 내며 그만하라고 말하곤 했다. 매튜는 자주 스쿼시 연습 장소에 왔지만, 내가 자신과 놀아 줄 시간이 없다는 게 확실해지면 주변을 서성거렸다. 코치들은 슈퍼볼이 열리는 밤에 선수들을 초대하는 전통이 있었는데, 매년 슈퍼볼을 하는 밤이면 소파에 함께 앉아 경기를 보는 대신 사관생도들에 아버지를 빼앗겨 버렸다.

우리 가족은 비들 루프라는 거리에 살았는데, 얼마 안 되는 집이 늘

어선 언덕 아래로 허드슨강이 내려다보였다. 흔히 '루프'라고 불렸는데, 코치들이 사는 전설적인 거리를 가리켰다. 29년간 축구팀 코치였던 조 펄론(네 개의 육군 팀이 NCAA 준결승에 진출했다), 36년간 아이스하키팀 코치였으며 1960년 올림픽에서 미국에 금메달을 안겨 준 잭 라일리, 레슬링 코치 리로이 알리츠(23년간 3만 명에게 레슬링을 가르쳤다), 보비 나이트는 얼마 전 이사를 나갔다. 유일하게 젊은 이웃이었던 마이크 시셰프스키 코치는 내가 오고 몇 달 뒤에 농구팀 코치로 웨스트포인트에 들어왔다. 젊은 가족을 둔 우리 두 코치는 금세 친해졌다. 하지만 연륜 있는 코치들은 그만큼 지혜로웠다. 하루는 경기장을 나가면서 펄론이 나를 옆으로 불러 말했다. "매튜의 기를 꺾지 마세요. 달리게 놔두세요. 아이들은 날뛰는 말 같은 법이에요. 숨 쉴 틈을 줘야 해요." 그 말을 들었어야 했다. 하지만 그때 나는 어렸고 아이를 어떻게 키워야 하는지 안다고 자신했다.

십대가 다가오자 매튜는 변덕스러운 취향을 드러냈다. 신랄한 가사의 힙합 뮤직에 빠져 지냈다. 창의적인 구석이 있는 아이였다. 웃음도 많았다. 팀 스포츠를 좋아했고, 언제나 경기장에서 가장 목소리가 크고 야단스러웠다. 하지만 실력은 좋았다. 테니스와 미식축구를 둘 다 비슷하게 잘했다.

하지만 올바른 길, 혹은 내가 생각한 길로 가고 있지 않다는 신호를 보였다. 상당히 감정적이었고, 언제라도 금방 울음을 터트렸다. 아주 부끄러움이 많았다. 패스트푸드 식당에서 동생 스콧을 잡더니 카운터에서 자기 메뉴를 대신 주문하라고 떼를 썼다. 아주 겁이 많았다. 내가 본 매튜는 다이빙 도약대 끝까지 달려가서 끽 하며 멈춰 서서는 수영장에 물이 있나 없나 확인하는 아이였다.

매튜는 자주 허세를 부리며 큰소리로 자기주장을 했지만, 누가 뭐라고 하면 금세 물러섰다. 아마도 거친 말투는 행군하며 구호를 외치는 사관생들이 가득한 세상에서 내 관심을 끄는 한 가지 방법이었으리라. 6학년 때 매튜가 차에 탔는데, 담배 냄새가 났다. 처음에는 담배를 피우지 않았다고 잡아떼며 담배를 피운 아이들과 같이 있었다고 했다. 내가 말없이 가만히 쳐다보자 매튜는 몇 모금 피웠다고 인정했다. 나는 폐암으로 죽은 친척 이야기를 했다. 매튜는 다시는 그러지 않겠다고 했다.

나는 1985년에 웨스트포인트를 나왔고, 아내와는 별거 후 이혼했다. 떠돌이 생활을 했다. 뉴욕주 라이의 아파와미스에서 3년, 윌리엄스 칼리지에서 2년, 뉴욕의 볼티모어 컨트리클럽에서 2년, 시애틀의 헬스클럽에서 1년, 뉴욕의 프린스턴 클럽에서 1년을 있었다. 볼티모어에 있는 동안은 매튜가 들어와 함께 살았다. 매튜는 윌리엄스타운에 있는 두 개 학교에서 퇴학을 당하다시피 했다. 정차 중인 버스 안 매튜의 얼굴을 보며 생각했다. '그럼, 잘할 수 있어.' 연보라색 모히칸 머리의 매튜가 버스에서 내렸다. 버스 정류장의 초자연적인 불빛 속에서 매튜를 품에 안으며 생각했다. '잘할 자신이 없네.'

매튜는 근처 공립학교에 다녔다. 3년 사이 네 번째 학교였고, 아직도 9학년이었다. 매튜는 훌륭한 운동선수였다. 미식축구와 테니스 팀 대표로 뛰었다. 하지만 전부 순탄치 않았다. 아즈텍의 태양 문신을 비롯한 자신의 문신이나 머리카락을 쳐다본 반 친구들에게 욕설을 퍼부었다. 학교가 끝나면 가끔 클럽에 있는 프로 숍에 와서 내가 라켓 줄을 조이는 동안 매장에서 노닥거리곤 했다. 하지만 그 모습은 매튜가 10년 전 육군 사관학교 연습에 오던 모습과 비슷했다. 나는 너무 바빠서 매튜에게 관심을 줄 틈이 없었다. 나는 코치로서 내 목표를 달성하는 데 몰두해 있었고, 매튜는 다시 한번 아빠와 보내야 할 시간을 너무 많은 사람에게 빼앗겼다. 내 일이 우선이었던 웨스트포인트 시절 패턴을 깨지 못한 것이다. 매튜는 엇나가기 시작했다. 때로 집에 들어오지 않는 날도 있었다. 한번은 부지 관리인의 골프 카트를 타고 클럽의 가파른 언덕 아래에 있는 연못을 향해 돌진했다. 또 언젠가는 매튜와 클럽 회원의 아들이 수십 명의 다른 회원들 앞에서 귀청이 찢어질 듯 큰소리로 말다툼을 벌이기도 했다. 나중에야 매튜가 당시 주말에, 그러다 차츰 평일에도 대마초를 피웠다는 이야기를 들었다. 지나고 보니 뻔히 보였지만, 나는 당시 아들이 마약을 한다는 신호를 전혀 감지하지 못했다. 싱글대디였던 나는 통제 불능의 비뚤어진 아이를 키울 요령도 성숙함도 경험도 힘도 없었다. 외출 금지와 잔소리는 효과가 없었다. 매튜는 포효하는 사자였다. 그것도 나의 사자. 아들의 문제를 정면으로 마주하는 대신 나는 모른 척하고, 달아났으며, 변명으로 일관했다.

매튜를 윌리엄스타운으로 돌려보냈다. 내가 아들을 실망시키고 있다는 사실을 알았다. 이혼한 아내와 내가 이 문제를 함께 해결할 수 있기를 바랐다. 포기하는 대신 함께 머리를 맞대고 해결하고 싶었다. 하지만 우리는 더 이상 온전한 가정이 아니었고, 그 노력을 지속할 정서적 공감대가 없었다. 일단 일주일 휴가를 낸 뒤 볼티모어에서 차를 운전해 갔다. 7시간을 달려 약속 시간보다 10분 늦게 도착했다. 주말을 맞아 매튜와 스콧, 크리스틴을 데리러 간 길이었다. 문에 메모가 붙어 있었다. "지각이네. 내가 애들 데려간다."

부모님이 매튜를 돌봐 주기로 했다. 부모님은 두 분 다 일에서 은퇴한 60대였고, 교외에 사는 두 사람의 삶에 대마초를 피우고 문신을 하고 심통이 난 열일곱 살짜리가 끼어들었다. 부모님은 사랑을 듬뿍 주는 든든한 보호자였다. 매튜는 부모님과 있을 때 꽤나 얌전했고, 부모님 집 근처에 살던 나의 여동생 미셸도 매튜와 많은 시간을 보냈다. 그리고 거의 곧바로 매튜와 스콧, 크리스틴에 대한 양육권을 가져올 수 있었다. 당시 나는 뉴욕의 펄리버에 살며 프린스턴 클럽에서 일하고 있었고, 재혼을 했다. 트리니티에서 사람을 구했고, 나는 곧장 지원했다. 우리 가족이 새로 출발할 수 있는 기회가 될 것 같았다.

하지만 매튜는 우리의 통제 범위를 벗어났다. 본인조차 그 사이클을 어떻게 멈춰야 할지 몰랐다. 매튜의 재킷 주머니에서 작은 대마초 봉투를 발견했다. 매튜는 예전에 몇 번 펴본 게 전부이며 친구의 것이라고 말했다. 며칠 뒤 매튜의 방에서 대마초 봉투를 여러 개 찾았다. 학교 선생님들은 매튜가 수업에 오지 않는다며 전화가 왔다. 교장은 매튜가 싸움을 했다고 말했다. 이제 손쓸 도리가 없었다. 몸은 어른이었으며, 어떤 면에서는 우리를 조종하는 법을 알았다. 사람을 조종하는 데 천부적 소질이 있었다. 내가 양보할 때마다 요구 조건을 추가했다. 감정적이고 거침없었다. 영리한 아이였고, 매일 아침 신문을 찾아 읽었다. 마음은 우리와 함께 그곳에 있었다. 하지만 언제 자기 파괴적인 행동을 할까 봐 두려워 우리가 동요할 때만 사랑을 느끼는 듯했다. 그때 우리는 매튜의 손바닥 안에 있었다. 내가 장단을 맞춰 준 이유는 너무 일에만 매달려 산 데 대한 죄책감 때문이었다. 예전에 매튜를 실망시켰다는 걸 알았고 이제라도 만회하고 싶었다.

매튜는 미꾸라지 같았다. 통금 시간을 어겼고, 약속을 어겼다. 거의 내내 매튜가 어디 있는지조차 알 수 없었다. 집에 들어와서는 자기 방문을 닫고 들어가 동면처럼 긴 잠을 잤다. 미네르바의 부엉이처럼 해가 지면 사라지곤 했다.

어느 날 밤엔 아예 집에 들어오지 않았다. 나는 새벽 3시쯤까지 침대에 누워 있다가 잠드는 걸 포기했다. 주방에서 다이어트 콜라를 마시고 해가 뜰 때까지 기다렸다가 여기저기 전화를 했다. 매튜의 친구들에게 전화했다. 아무 소득이 없었다. 매튜의 상담사에게 전화를 했더니 걱정하지 말라고 매튜는 잘해 낼 것이라고 했다. 이번에는 병원 응급실에 전화를 했다. 경찰서에 전화했다. 스콧과 크리스틴은 겁에 질려 손을 떨면서 토스트를 먹었는데, 눈 주변이 거무스름했다.

매튜는 그날 오후 집에 들어와 한마디도 하지 않고 자기 방으로 직행했다. 18시간 동안 잠을 잔 뒤 일어나 주방으로 왔다. "걱정하지 마세요. 나름 교훈을 얻었어요." '무슨 교훈?' 매튜가 등교를 하는 사이 속으로 이렇게 생각했다.

그날 오후 늦게, 코트를 치우다가 대마초가 든 지퍼백을 발견했다. 노란색과 파란색이 섞인 초록색 가루였다. 그때 마지막 학년의 봄이었고, 반 학기만 더 다니면 고등학교 학위를 받을 수 있었다. 마침내 고등학교 졸업장을 따내는 대단한 일을 앞두고 있었다. 먼 길을 돌아온 학교생활의 결승선이 코앞이었다. 하지만 완주가 힘들어졌다. 스콧과 크리스틴에게 약 봉투를 보여주고 싶지 않았다. 두 아이가 규칙을 깨고 몸을 망가뜨리고 부모 말을 듣지 않는 것이 당연하다고 생각하지 않았으면 했다. 매튜가 몰고 다닌 폭풍으로부터 두 아이를 보호할 수가 없었다.

집에서 내보내기로 했다. 나는 매튜의 방에 올라갔다. 매튜는 침대에 누워 만화책을 보고 있었다. 나는 이렇게 말했다. "매튜, 이제 끝이다."

내 목소리가 너무 공허하게 들려서 놀랐지만, 일순 우리가 헤어진다는 느낌이 들었다. 마치 이혼하는 부부처럼. 방을 둘러보며 아이의 눈을 피했다. 부츠와 셔츠, 재킷으로 미어터질 거 같은 옷장이 보였다. 옷걸이는 비어 있었다. 매튜가 침대에 누워 있어서 다행이었다. 음울한 거구의 몸이 똑바로 서서 나를 마주보고 있지 않아서. "이제 좋고 나쁨은 구분할 수 있는 나이잖아. 내가 이 집에서 마약은 안 된다고 말했지. 네 여동생은 이제 겨우 열세 살이야. 크리스틴한테 좋을 게 없어." 나는 사과를 바랐다. 매튜는 눈을 감았다. 잔인하게 굴려는 의도는 없었다. 실패자라고 탓하고 싶지도, 부담을 주고 싶지도 않았다.

"알겠어요." 매튜가 빈정대는 말투로 말했다. 몸은 전혀 미동도 없이. 이 행동이 나를 자극했다. 화가 부글부글 끓었다. 방 안으로 걸어들어가 굵직한 목소리로 말했다. "이 집에서 나가라."

매튜는 말없이 일어났다. 옆으로 몸을 비켰다. 매튜는 아래층으로 내려가 파란색 비옷을 집어 들더니 현관문을 열었다. 단 한 번의 주저함 없이, 뒤를 돌아보지 않고 나갔다. 마치 미리 계획이라도 한 듯이, 오래전부터 이 순간을 기다려왔다는 듯. 짐을 싸지도 않았다. 옷이나 물건도 챙기지 않았다. 눈길 한번 주지 않고 걸어 나갔다.

나는 코트도 입지 않은 채 빗속을 걸으며 매튜가 돌아보길 바랐다. 그랬다면 다시 받아 주고 안아 주고 용서하고 비바람을 피할 안식처를 내줬을 것이다. 내가 자초한 상황이고, 매튜는 이 상황에 정면으로 맞섰다.

매튜는 파이터타운 로드까지 계속 걸었다. 이상하게도 그날 오후 거리는 붐볐다. 차들이 빠른 속도로 도로를 달리고 있었다. 와이퍼를 양옆으로 작동하고 브레이크 등을 깜박이면서. 매튜는 혼자서 걸었다. 그렇게 멀어지던 매튜는 비와 나뭇잎, 아스팔트 포장재, 잿빛 하늘에 희미하게 둘러싸이며 점점 작아졌다.

매튜는 10번 국도까지 가서 오른쪽으로 돌더니 내 인생에서 사라졌다. 아무것도 없이. 돈도 없었다. 열여덟 살. 걸치고 나간 옷이 전부였다. 갈 곳도 없었지만, 그렇게 떠나버렸다.

내가 스쿼시 코치 일을 시작할 때만 해도 시간과 애정을 들일 필요성에 대해서는 전혀 몰랐다. 스쿼시도 모르기는 마찬가지였다. 1976년 여름, 육군 사관학교의 테니스 코치였던 론 홈버그가 은퇴를 했다. 홈버그는 캠퍼스의 골리앗이었다. 그곳에서 코치 일을 시작한 때는 1970년 직후였는데도 불구하고. 코트 위에서 홈버그는 윔블던 주니어 결승전에서 호주 선수 로드 레이버를 꺾었고, 데이비스 컵에 출전했으며, 전국 랭킹 10위 안에 들었다. 홈버그의 팀은 잘했다. 홈버그 본인의 이름이 새겨진 테니스 라켓 모델도 있었다. 웨스트포인트에 있는 사람치고 홈버그를 모르는 사람이 없었다.

당시 나는 체조팀 부코치였고, 테니스 코치직에 지원했다. 나는 1974년 여름에 웨스트포인트에 왔다. 스프링필드 칼리지를 졸업한 직후였다. 그때 체조팀 헤드 코치였던 존슨 대령을 만났는데, 2년 전에 미국 올림픽 대표 팀에 들어가려고 노력할 당시 웨스트포인트 연수에서 만난 적이 있었다. 처음 만난 자리에서 존슨 대령이 나에게 이렇게 말했다. "스프링필드 졸업하면 여기서 나랑 같이 코치로 일하면 좋겠다." 비록 올림픽 팀에는 들어가지 못했지만, 일자리는 구했다.

1974년, 체조팀 부코치 자리는 사병 전용이 되었고, 그래서 웨스트포인트에서 보낸 첫날 체육부 책임자였던 앤더슨 대령이 존슨 대령과 일하는 대신 뉴저지의 포트 딕스에 가서 기초 훈련을 담당하라고 알려

왔다. 이 9주간의 고생은 결코 잊지 못할 것이다. 아침 5시 기상, 빡빡 깎은 머리, 인식표, 소총 분해, 수천수만 번의 팔굽혀 펴기. 그곳에서 신경질적인 훈련 교관과 같이 일했는데, 그 교관은 베트남에 두 번 파견 근무를 나갔고 나처럼 연락이 끊긴 대학생 아들이 있었다. 우리는 한겨울에 숲에서 야영을 했다. 독가스전 훈련을 했다. 최루가스로 가득한 방에서 방독면을 벗고 본인의 이름, 계급, 군번을 큰소리로 외칠 때 개미 수백만 마리가 코 위를 기어 올라오는 기분이 들었다.

일병 폴 도미닉 앤서니 아시안테는 다른 사람이 되어 웨스트포인트에 돌아왔다. 나는 팀을 사랑했고, 체조를 하며 배운 신체적 기술을 사랑했다. 나의 특기는 다리를 공중으로 뻗은 채 손만 바닥에 대고 오래 걷기였다. 하지만 부상을 당한 뒤에 체조 코치 일을 그만두기로 결심했다. 1975년 12월의 어느 토요일이었다. 체육관에서 사관생도 몇 명을 지도하는 중이었다. 평소처럼 마루 운동을 했다. 마지막 더블 백 플립을 마치고 두 번째 플립을 시도하다가 바닥에서 일찍 손을 뗐다. 잠깐 이런 생각을 했다. '아니야, 괜찮아.' 방금 일어난 일을 재빨리 합리화하려고 했다. 그런데 매트에 누워 있는데 몸에 아무 감각이 없었다. 마비가 온 것이다.

헤드 코치였던 네드 크로슬리가 구급차를 불렀다. 매트에 누운 채 의식이 왔다 갔다 했다. 순진한 얼굴을 한 응급 구조사가 와서 바늘로 발을 찔렀다. 발에 감각이 있는지 알아보는 바빈스키 반사 검사였다. 입안이 말라 쉰 목소리로 그렇다고 말했지만, 사실이 아니었다. 구급

차를 타고 병원으로 향하며 고통스러워 얼굴을 찡그렸다. X선 검사 결과, 세 개의 척추 뼈에 심한 타박상을 입었지만, 마비는 척수가 부어올라 생긴 일시적 증상이었다. 하루 꼬박 지나 제 컨디션이 돌아왔고, 일주일이 지나서야 편하게 걸을 수 있었다. 의사들은 체조 경기에 다시 나갈 수는 있지만, 내가 너무 놀라서 원하는 방식으로 지도하는 데 필요한 위험한 동작을 하기는 힘들 거라고 했다. 몇 시간 동안 벨트와 케이블을 제자리에 가져다 놓으며 필요한 용기를 다시 끌어모아 보았지만, 도저히 용기가 나지 않았다.

테니스가 나에게 더 잘 맞는 표현 수단 같았다. 더 안전하고 사교적이고 자기도취적인 성격도 덜하고 체조보다 배우기도 쉬웠다. 체조 경기장에서 익힌 자기 수용 감각, 즉 자기 몸이 어디 있고 어떻게 움직이는 느끼는 감각은 라켓을 어느 쪽으로 휘둘러야 할지 파악하는 데 도움이 됐다. 공이 한 번 바닥에 튄 다음 치는 그라운드 스트로크 기술은 빨리 익혔다. 나로서는 어릴 때부터 테니스를 한 선수들이 지닌 본능적인 손과 눈의 협응력을 키울 기회가 없었다. 나는 투지와 의욕을 무기로 삼아 경기를 했다. 잽싸게 공을 치는 능력이 아니라. 물론 평소 나답게 테니스에 미친 듯이 몰두했다. 하루에 몇 시간씩 연습을 하고, 매주 하루도 빠짐없이 훈련했다. 종종 장교나 주니어 대표 팀 선수들과도 대결을 했다. 테니스 책이란 책은 모조리 찾아 읽었다. 당시 나무 라켓 시대가 저물고 있었다. 딱 붙는 반바지에 발목까지 올려 신은 양말, 서브에 거칠거나 부드러운 스핀을 넣을 수 있는 나일론 줄이 사라져갔다.

어느 정도 궤도에 오른 뒤 몇 번 토너먼트에 출전했다. 오렌지카운티와 록랜드카운티 챔피언십에서 우승을 했다. 큰 경기의 2차전까지 간 뒤 지역 랭킹에 들었다. 한번은 롱아일랜드의 포트 워싱턴 테니스 아카데미에서 열린 대회에 나가 그 지역 고등학교 유망주와 대결했다. 왼손잡이였던 그 선수는 서브를 좌우로 깊숙이 넣어 내가 공을 치기도 전에 사면 벽에 때려 넣었다. 상당히 거만하다고 들었는데, 나에게는 그렇지 않았다. 내 실력이 그의 관심을 끌 정도가 아니었기 때문인지도 모르겠다(그 선수는 나를 6-4, 6-3으로 이겼다). 몇 달 뒤 신문에서 그 선수의 이름을 보았다. 존 매컨로가 윔블턴 준결승에 진출했다는 기사였다.

그때쯤 홈버그 코치가 은퇴를 했다. 나는 부코치가 아닌 헤드 코치가 되고 싶었고, 테니스가 좋았기에 그 자리에 지원했다. 채용 과정은 힘들었다. 다른 최종 후보 7명에게 코치직 제안이 갔는데, 체육부에 소속될 거라는 이야기를 듣고 하나같이 제안을 거절했다. 즉 매일 새벽 5시 30분 기상나팔과 함께 시작되는 달리기를 이끌어야 한다는 의미였다. 기상나팔은 웨스트포인트가 존재하는 한 흐리나 맑으나 멈추지 않고 울렸다. 체조, 레슬링, 기타 종목을 주 6일 지도해야 했고, 여름휴가도 없었다. 웨스트포인트에서 나에게 그 자리를 제안한 이유는 이 나라에서 그 자리에 관심 있는 사람은 나뿐이라서 그런 듯했다.

전화를 받고 앤더슨 대령과 그의 사무실에서 한 시간 동안 대화를 나눴다. 대령은 나의 업무를 대충 설명했다. 테니스 코치직으로 들어와서 스쿼시 팀 헤드 코치까지 맡게 됐다. "스쿼시? 그게 뭐죠?" 내가 물었다. 앤더슨 대령은 웃지 않았다. 웃음기조차 없었다. 그는 나를 이끌고 사관학교 체육관 2층으로 데려가더니 웨스트포인트의 스쿼시 시설을 보여 줬다. 스무 개의 낡은 스쿼시 코트가 어둑한 복도를 따라 늘어서 있었다. 모든 코트의 벽에는 탄소 소재의 공이 튀긴 흔적이 남아 있었다.

스물일곱 살에 나는 미국 육군 사관학교에서 평생 처음 듣는 스포츠의 코치를 맡게 됐다. 홈버그 코치도 했을까? 스쿼시 팀이 존재했는지조차 알 수 없었다. 득점을 어떻게 내는지, 규칙은 어떻게 되는지, 선수들이 사용하는 기술과 전략이 뭔지도 몰랐다. 스쿼시의 역사도 알 턱이 없었다. 어디서 선수를 영입하고 장비를 사는지도 몰랐다. 완전히 낯선 스포츠였다. 내가 아는 거라곤 야채 스쿼시, 즉 호박뿐이었는데, 그마저도 좋아하지 않았다.

상급생 선수들을 사무실로 불렀다. 그때쯤 이전 시즌에서 사관학교가 10-6의 기록으로 전국 8위를 했다는 사실을 알게 됐다(트리니티보다 한 순위 앞선 성적이었다). 선수 여섯 명이 내 사무실에 들어왔다. 하나같이 짧은 머리에 튼튼한 다리, 성실한 얼굴을 하고 있었다. 내 소개를 한 뒤 스쿼시에 대해 아는 바가 전혀 없다고 솔직하게 말했다. 선수들은 이렇게 말했다. "걱정 마세요, 코치님." 그런 뒤 나를 코트로 안내했다. 처음에 선수들은 내가 농담을 한다고 생각했지만, 이내 내 말이 사실임이 적나라하게 드러났다. 선수들은 나에게 스쿼시 기초 지식과 규칙을 설명해 줬다. 어쩌다가 삶의 지극히 중요한 사실 하나를 알게 됐다. 자기를 거짓으로 포장하지 않으면 신뢰를 얻을 수 있다는 사실.

대표팀 자리를 어린 초짜에게 내주는 게 걱정됐던 육군은 J.H.브래들리 대령을 명목상 헤드 코치로 임명했다. 그 사이 나는 부코치가 됐다. 매력적인 직업 장교였던 브래들리는 코치 일에 대한 지식이 전무하다시피 했지만, 과거에 스쿼시를 쳐본 경험이 있었다. 브래들리가 어려운 드롭 샷인 보스트를 치던 기억이 난다. 공이 세 벽을 맞고 튕겨나왔다. 내 실력으로는 흉내 낼 수조차 없었다. 브래들리는 이렇게 말하곤 했다. "코치님은 발이 빨라요. 달려가서 공을 잡으면 되잖아요?" 그러면 나는 이렇게 응수했다. "나도 그러고 싶은데, 어느 방향으로 가야 할지 감이 안 잡혀요."

다음 며칠 동안 육군 스쿼시의 역사를 열심히 공부했다. 코트가 1930년대 언젠가 지어졌다는 사실을 알게 됐다. 사관학교 총장 맥스웰 테일러는 열정적인 스쿼시 선수였는데, 1946년에 스쿼시 대표팀을 만들고 레이프 노르들리를 코치로 기용했다. 노르들리 역시 나와 같은 브롱크스 출신이었다. 노르들리는 테니스와 스쿼시 모두 지도해 본 경험이 있고 뉴욕 주변의 여러 컨트리클럽에서 일한 경험이 있었다. 좋은 선수였고, 전국 선수권 대회(지금은 챔피언 토너먼트라 불린다) 결승전에도 진출한 이력이 있었다. 팀 성적은 나쁘지 않았다.

16번의 시즌 동안 단 한 번 패했고, 14번은 3패 이상 내주지 않았다. 1952년에는 10-1의 기록으로 전국 2위를 했으며, 예일, 다트머스, 애머스트, 트리니티, 윌리엄스, 프린스턴을 격파했다. 1949년, 찰리 올리버라는 사관생도가 대학 대항전 결승전에 진출했다.

1963년 최고의 아마추어 테니스 선수였던 빌 컬런이 노르들리 후임으로 왔다. 컬런은 웨이크 포레스트 대학의 농구 대표팀 선수로 뛰었다. 상위 20위 팀이었던 웨이크 포레스트는 ACC 챔피언십 우승을 차지했다. 1964년, 육군은 세 번의 매치 포인트를 득점으로 연결하지 못하고 하버드에 5-4로 패했다. 1965년에는 월터 오어라인이 연달아 타이브레이크에서 득점해 대학 대항전 우승 타이틀을 쥐었다. 다음 날 총장은 저녁 식사 시간에 확성기로 우승 발표를 했고, 2500명의 생도들이 월터에게 기립 박수를 보냈다. 컬런은 1970년 스워스모어 대학 팀으로 갔고, 그 자리에 론 홈버그가 들어와 우수한 팀 전통을 이어 두 번이나 국내 랭킹 5위 안에 진입했다.

내가 육군 사관학교에서 치른 첫 듀얼 매치는 케임브리지의 하버드 대학교와 맞붙은 시합이었다. 우리는 9-0으로 패했고, 전 매치를 3-0으로 내줬다. 나는 하버드 크림슨(하버드 대학의 모든 스포츠팀 이름-옮긴이 주)이 듀얼 매치를 보도하는 방식을 늘 좋아했다. 가령 '수소 폭탄 9개, 물총 9개에 맞서다' 같은 식이었다. 결국 그해 첫 시즌은 5-6으로 패했다. 이전 패배 전력이 그리 많지는 않아서 기뻤다. 하지만 패배 기록이 좋아할 일은 아니었다. 해군에 패한 일 역시 그랬다. 우리의 최대

라이벌인 해군을 이겼다면 다른 10번의 듀얼 매치를 9-0으로 져도 괜찮았을 테고, 육군 고위 장교들도 흡족해했을 것이다. 후에 오어라인은 웨스트포인트 코치 경력에서 가장 큰 성과는 대표팀에 있는 동안 육군이 해군을 3년 연속 격파한 것이라고 말했다. 그게 대학 대항전 우승이라는 어마어마한 성과보다 훨씬 중요했다고 했다.

해군과 육군의 경쟁은 몇 개월간 준비, 궐기 대회, 설교로 이어지며 숨 막히도록 치열했다. 설교 내용은 나라를 위해 뛰라는 둥, 사랑하는 학교의 명예를 드높이라는 둥 하는 이야기였다. 세 번에 걸친 경기 시즌마다 육군과 해군 팀 모두 같은 주말에 경기를 했다. 시합이 메릴랜드주 아나폴리스에서 열리면 사관학교 전체 학생들이 학교를 비우고 아나폴리스로 내려갔다. 우승 팀 선수가 되면 삶은 180도 변했다. 당장은 식사 좌석 규정이 완화되는 등의 특혜를 받고, 길게는 해군을 격파한 사람이 될 수 있었다.

해군 스쿼시팀의 경우 네 개의 체육관에 36개의 코트가 흩어져 있었다. 해군 팀 코치 아트 포터는 1957년, 1959년, 1967년 팀을 전국 선수권 우승으로 이끌었다. 아이비리그가 아닌 팀이 전국 챔피언이 된 흔치 않은 해였다. 트리니티가 우승한 1999년만 제외하고는. 포터는 한계까지 밀어붙였다. 홈경기가 있을 때마다 포터는 하얀색 생도복을 입은 4500명의 해군 사관생도 전원을 데려와 구호를 외치고 노래를 부르고 응원을 하게 했다. 라인업을 교묘하게 뒤섞는 것은 해군 팀에 매년 쏟아지는 비난이었다. 수년 전에는 9위 선수를 태연하게 2위로 뛰게 했다는 이야기도 있었다. 1959년에는 이런 혐의 때문에 예일 대학팀이 시합 일정에서 해군을 제외했다. 그리고 그러한 항의는 17년간 지속됐다.

아나폴리스에서 치른 우리 팀 첫 듀얼 매치는 포터의 마지막 듀얼 매치였고, 포터는 육군을 상대로 마지막 승리를 거두고자 하는 열의가 대단했다. 우리는 하루 전날 도착해 해군 코트에서 연습을 했다. 다음 날 시합을 위해 코트로 돌아오자 문이 열려 있었고 벽과 바닥이 체서피크의 습기로 미끌미끌했다. 나중에서야 포터가 한 주 내내 미끄러운 코트에서 사관생도생에게 연습을 시켰다는 사실을 알게 됐다. 우리는 순식간에 9-0으로 패했다.

그럼에도 우리는 미국 랭킹 8위 자리를 지켰는데(22개의 대표 팀 중), 우리의 빡빡한 경기 일정 때문이었다. 우리는 모든 상위 팀과 경기를 했다. 대학 스쿼시를 장악하고 있던 모든 아이비리그 팀을 포함해서. 나는 정말 열심히 했다. 어마어마한 시간을 쏟아 최근 동향을 따라잡고자 했다. 스쿼시 책을 읽었다. 선수들에게 조언을 구했다. 지도자 수업도 들었다. 하지만 한편으로는 사관학교 총장이 오래된 체육관에 늘어선 스쿼시 코트를 바라보던 날 오후에 느꼈던 기분을 결코 잊지 않았다. 즉 내가 외부인이며 백인 주류의 스포츠에서 이름 끝에 모음이 붙는 사람이며(이름 끝에 모음이 붙으면 선조가 미국인이 아닌 다른 나라 출신임을 뜻한다-옮긴이 주), 나이가 너무 어리고(나는 선수들보다 나이 들어 보이려고 콧수염을 길렀다), 스쿼시에 늦게 입문했다는 기분을 결코 잊지 않으려 노력했다.

육군 스쿼시 팀에서 코치로 일하기 시작한 초반 몇 달 동안 해군과 싸우는 시합에서 코치를 하는 꿈을 꿨다. 꿈에서 장군 하나가 관중석에서 코트로 내려오더니 시합을 중단했다. 그러고는 마이크에 대고 관중을 향해 이렇게 말했다. "이자는 사기꾼입니다." 꿈을 꾸다가 깨면 대개 다시 잠들지 못했다. 다시 그 꿈을 꿀까 봐 무서워서. 한번은 실제로 버지니아에 있는 컨트리클럽에서 시범 경기를 펼친 적이 있다. 진짜 선수처럼 보이고 싶어서 팔 한가득 새 라켓을 안고 클럽 안으로 성큼성큼 걸어 들어갔다. 전날 밤 라켓 회사에 전화를 걸어 새 라켓 6개를 주문해 받은 것이었다. 라켓은 비닐 포장지에 쌓인 채 배달됐고, 나는 라켓을 가방에 아무렇게나 집어넣었다. 코트에 도착해 당당하게 새 라켓 5개를 팔 밑에 끼고 기분 좋게 걸어 나왔다. 라켓 하나의 포장지를 벗겨 일류 프로 선수처럼 워밍업을 시작했다. 상대 선수가 나에게 공을 쳐서 라켓을 휘둘렀지만 이상하게 공이 맞지 않았다. 아래를 내려다봤다. 줄이 조여 있지 않았다.

스쿼시만의 문제는 아니었다. 테니스를 할 때도 테니스가 완전히 편해지지는 않았다. 1981년 짐 피터슨 대령은 테니스에 대한 책을 한 권 펴내면 어떻겠느냐고 했다. 테니스계에 몸담고 있는 10명 넘는 친구들에게 물었다. 빅 브레이든, 프레드 스톨, 그리고 여러 대학팀 동료 코치들에게 연락해 에세이와 사진을 엮어 『전문가가 알려주는 챔피언십 테니스』를 펴냈다. 책은 괜찮았다. 적어도 일곱 명은 읽은 것 같았다. 그럼에도 나는 여전히 아웃사이더였다. 육군 사관학교에서 한 첫 테니스 연습 시간에 나는 네트 옆 엉뚱한 위치에 서 있었고, 한 선수가 서브를 받아 내 관자놀이를 향해 쳤다. 곧바로 쓰러졌고, 잠깐 동안 또 다시 선수 생활을 위협하는 부상을 입고 체조 매트 위로 돌아온 줄 알았다.

육군 스쿼시 팀에는 한 가지 큰 문제가 있었다. 웨스트포인트에서 아홉 시즌을 뛰는 동안 스쿼시를 쳐본 경험이 있는 신입생을 받은 적은 딱 한 번뿐이었다. 거의 모든 선수가 스쿼시라는 스포츠를 들어 본 적도 없었다. 일류 스쿼시팀 어디도, 심지어 해군도 그런 상황은 겪지 않았다. 팀을 꾸리는 것 자체가 기적인 상황에서 올 아메리칸 선수를 두 명이나 배출했다. 댄 해먼드가 1979년 올 아메리칸 퍼스트 팀에 발탁됐고, 1983년 댄 캘러스가 올 아메리칸 세컨드 팀에 선정됐다. 또한 육군 팀은 꾸준히 좋은 성적을 유지했다. 실제로 나의 경력을 통틀어 다른 무엇보다 한 가지 성적이 제일 자랑스럽다. 28년간의 대학 스쿼시 팀 코치를 지내는 동안 육군 사관학교에서 아홉 개 팀을 포함한 내가 맡은 모든 팀이 미국 랭킹 10위 안에 들며 시즌을 마감한 것이다.

웨스트포인트에서 나는 진짜 코치가 되기 시작했다. 나의 스쿼시 팀 선수들 대부분은 역시 내가 맡고 있던 테니스 팀에서 영입했다. 일부 선수는 몸 상태를 유지하고 라켓 기술을 단련하기 위해 스쿼시 팀에서 뛰었고, 또 일부 선수는 대표팀 선수용 특별식 식탁에서 식사를 하게 되면 다른 모든 신입 생도들이 식사시간에 겪는 신고식을 피할 수 있어서 스쿼시 팀에서 뛰기도 했다. 또한 어떤 선수는 신입생이 겨울에 할 수 있는 유일한 다른 종목이 교내 복싱뿐이라 스쿼시 팀을 선택하기도 했다. 두려움은 탁월한 동기 요인이다.

매년 완전 초짜들에게 스쿼시를 가르쳐야 하다 보니 스쿼시를 공부할 수밖에 없었다. 전략, 전술, 기술을 기초부터 배워야 했고, 거기다가 그렇게 얻은 지식을 선수들에게 전수해야 했다. 그 과정에서 장기적 안목을 익히기도 했다. 육군 사관학교는 4년 과정이었고, 그 과정에서 나 역시 코칭이 평생에 걸친 과정임을 깨달았다. 선수들에게 새로운 스포츠 종목뿐 아니라 새로운 가치, 새로운 태도, 새로운 시야를 함께 가르쳤다. 매년 가을, 선수들에게 나 역시 선수들만큼이나 스쿼시를 잘 모른다고 이야기했다. 선수들은 나의 솔직함을 알아줬다. 또한 기술적인 면에서는 그다지 큰 도움을 주지 못한다고도 말했다. 나는 체조 선수였다. 몸의 동작, 공중에서 몸의 움직임, 근력, 민첩성, 유연성에 대해서는 아는 바가 많았다. 선수들에게 이렇게 말했다. "내가 할 수 있는 부분은 이런 거다. 최고의 몸 상태를 만들어 줄 수는 있어. 탄탄하고 유연한 몸을 만드는 걸 도와주겠다. 더 나은 운동선수, 더 나은 스쿼시 선수, 그리고 가능하다면 더 나은 사람으로 만들어 주겠다."

하지만 대개는 선수들의 생각을 헤아리려고 애썼다. 스쿼시로 전향한 이 테니스 선수들을 움직이려면 그들을 움직이는 원동력부터 알아야 했다. 몸의 움직임을 유심히 봤다. 코트에서 선수들의 움직임을 보며 선수들이 어떤 기분이고 무슨 생각을 하는지 알 수 있었다. 점수는 알 필요가 없었다. 얼굴 표정, 어깨, 자세를 보고 선수들에게 게임 중간에 어떤 말을 해줘야 할지 알 수 있었다. 듀얼 매치 전 선수 소개를 하며 서로 악수를 할 때 특히 잘 보였다. 어떤 선수의 동작과 행동으로 코치와 상대 선수는 그 선수의 현재 기분과 생각을 파악했다. 내가 확실히 알았던 건 머리를 꼿꼿이 들어야 한다는 점. 우리 할머니가 늘 하던 이야기였다. 머리를 꼿꼿하게 들고 당당한 종마처럼 걸어라. 이 이야기가 스쿼시 시합에서도 유용한 조언임을 깨달았다. 컨디션이 좋지 않은 날도 있겠지만, 상대 선수가 눈치 채게 해서는 안 된다.

『전문가가 알려주는 챔피언십 테니스』 집필을 위해 전 테니스 선수 빌리 진 킹을 인터뷰했다. 그녀에게 중요하게 생각하는 코칭 팁이 무엇이냐고 물었더니 이렇게 답했다. "첫째, 선수에게 어떤 경우라도 지각을 허용하지 할 것. 둘째, 몸짓에 모든 답이 숨어 있다. 몸은 거짓말을 못 하니까요." 나는 이 그녀의 두 번째 조언을 하루에 열 번씩 되새긴다. 선수가 내 사무실에 걸어 들어올 때마다.

2년째 되던 해에 브래들리 대령, 즉 나의 임시 감독관은 사라졌다. 웨스트포인트 관료 조직의 또 다른 자리로 배치된 것이다. 우리는 새로운 '70+'볼로 바꿨다. 기존에 쓰던 크라진-심플렉스 하드볼보다 속도가 더 느렸다. 경기장은 여전히 북미식 5.6m 너비의 코트에서 했지만, 새로운 공 덕분에 국제 규격이 된 소프트볼 경기에 더 가까워졌다. 나는 스쿼시에 대한 감을 잡기 시작했고, 팀 기록도 좋아졌다. 그해 시즌을 1승에서 12승, 그리고 15승, 마지막에는 18승으로 마무리하며 육군 역사상 최다승을 달성했다. (덕분에 듀얼 매치 일정을 최대한으로 잡을 수 있었고, 그 방법이 우리 스쿼시 초짜들의 실력을 끌어올리는 유일한 현실적인 전략이었다. 다양한 경기 스타일을 경험하게 하고, 본인들만큼 스쿼시를 모르는 십여 명의 육군 팀원들을 상대로 경기를 하게 했다.) 나는 천천히 스쿼시의 세계로 합류했다. 토너먼트에 참가하기 시작했고, 우리 팀 최고 북미 단식팀 선수들이 랭킹 19위를 기록했다. 1979년에는 전미 대학 경기 협회 총무로 선출됐다. 웨스트포인트에서 두 번 전국 개인전을 치렀는데, 1978년 첫 대회에서 졸업생이자 헌정 대상자인 러스 볼의 이름을 딴 새로운 뒷벽 유리 코트를 개시했다.

1980년과 1981년에는 육군 역대 최고 순위인 국내 6위를 기록했다. 1980년 시즌은 18-5의 성적을 내며 특히 흥미진진한 경기를 펼쳤는데, 무엇보다 해군 팀을 이길 좋은 기회였기 때문이다. 웨스트포인트에서 열린 듀얼 매치에서 우리는 4-3의 점수로 결승전 시합을 리드하고 있었다. 사관생도들은 함성을 내질렀다. 내 평생 들어본 함성 중 제일 크고 쩌렁쩌렁했다. 마침내 우리 5위 선수인 3학년생 러스 버코프가 코트에 들어섰다. 이번 시합에서 나는 선수들을 사랑하는 법을 배우게 됐다.

러스는 웨스트포인트에서 유일하게 내가 정식으로 영입한 스쿼시 선수였다. 러스는 뉴욕주 버펄로라는 도시에서 자랐고, 아버지 사울이 일하는 버펄로 유대인 센터에서 스쿼시를 배웠다. 버코프는 실력이 상당히 좋았다. 열다섯 살에 버펄로 C 챔피언십에서 우승을 했는데, 부담감이 큰 결승 5게임을 15-13으로 이겼다. 같은 해에 16세 이하 전국 대회 2차전에 진출했지만, 마크 탤벗 선수에게 패했다. 2년 뒤 다시 18세 이하 전국 대회 2차전에 진출했고, 후에 명예의 전당에 오른 선수 존 니믹에게 다시 패했다. 러스는 심지어 버펄로 팀에서 뛰며 1977년 전국 성인 대회에서 예전 전국 팀 토너먼트 방식으로 경기를 했다. 용감하게 싸웠으나 최종 우승팀 멕시코시티에 패했다. 러스는 진정한 실력파 스쿼시 선수였다.

무엇보다 러스는 딱 세 개 대학에만 지원했는데, 해군, 공군, 그리고 육군이었다. 그의 첫 번째 선택은 웨스트포인트였다. 러스가 내 선수라니 엄청난 행운 같았다. 하지만 처음에 우리 둘은 부딪쳤다. 러스는 내가 거만하다고 생각했다. 나는 러스가 철이 없고 코트 밖에서 팀을 위하지 않는다고 생각했다. 러스는 학교 수업을 벅차했고 한밤중에 일어나 공부를 했다. 나는 충분히 신경을 쓰지 못했고, 러스가 스쿼시와 공부를 병행할 수 있도록 여유를 주지 못했다. 결국 러스는 팀을 그만뒀다. 나는 해군전을 앞두고 러스를 돌아오게 하려고 애썼다. 홈경기였고 러스가 있으면 해군을 근소한 차로 이길 수 있을 것 같았다.

초반에 러스는 탁월한 경기를 펼쳤다. 러스의 부모님과 여자 친구가 버펄로에서부터 운전해 내려왔고, 소음과 부담감에는 단련된 듯해 보였다. 러스는 2-0으로 앞섰고, 점수가 14-6이 되자 아트 포터의 후임으로 해군 팀 코치를 맡은 보비 베일리스가 내 쪽으로 오더니 악수를 청했다. "훌륭하네요, 폴 코치님. 축하합니다. 더 앞선 팀이 오늘 승리를 가져갔군요. 그 팀 선수들이 우리 팀에 비해 너무 잘하는군요. 더 이상은 보고 있기가 힘드네요." 그러더니 체육관 밖으로 나가 자신의 밴에 올랐다.

45분 뒤 나는 밴에 가서 말했다. "보비, 돌아와야겠어요. 다섯 번째 게임입니다." 러스는 여덟 번의 매치포인트를 내줬고, 패배 직전이었다.

몇 분 뒤 공식적인 패배가 선언됐다. 육군이 다시 한번 해군에 졌다. 러스를 사무실로 불러 고함을 질렀다. 불만이 폭발했다. "승리가 코앞이었잖아." 화가 나서 말했다. 러스 역시 화가 났다. 나와 자기 자신에게.

최악의 실수였다. 해군 팀을 근소한 차로 꺾는 일, 매치포인트 8개를 내주는 일은 스무 살짜리 선수에게 엄청난 부담이었다. 러스를 탓하는 대신 위로했어야 했다. 러스는 당시 4학년 마지막 경기를 뛰고 있었지만, 나는 사무실에서 있었던 그 말다툼 이후 만회할 기회를 놓쳤다. 우리는 철저히 사무적인 관계를 유지했다. 러스가 졸업한 이후로는 서로 연락을 하지 않았다. 나중에서야 러스 버코프가 중동과 아시아에 있는 특수 부대에서 20년간 복무했다는 이야기를 들었다. 러스가 부담감, 그것도 심한 부담감을 이겨 낼 수 있다는 증거였다. 코칭의 핵심은 언제 입을 열고 언제 입을 다물지 아는 것이다. 1980년 해군에 패한 뒤 두 번 다시 시합에서 진 선수와 경기 직후 대화를 나누지 않았다. 화가 머리끝까지 난 상태에서 어떤 말도 귀에 들어오지 않을 테니까. 감정을 가라앉히도록 두는 것이 최선이었다.

다음 날 베일리스 코치에게 긴 편지를 썼다. 해군 팀의 노력과 용기를 칭찬했다. 편지는 러스에게 사과 대신 하는 일종의 속죄 행위였다. 베일리스는 우리 팀과 러스의 훌륭한 스포츠맨십에 대한 깊은 존경을 담은 편지를 보냈다. 베일리스는 실력보다는 운이 좋았다고 덧붙였다. 우리가 서로에게 쓴 편지는 웨스트포인트와 아나폴리스에 같은 날 도착했다.

그럼에도 불구하고 해군에 패한 경험은 유령처럼 나를 따라다녔다. 몇 년 동안 그 순간을 생각하면 러스에게 했던 말 한 마디 한 마디를 떠올리며 나의 잘못을 되새겼다. 러스가 세 번째 게임에서 매치 포인트를 하나도 성공시키지 못한 이유는 내가 러스를 알지 못했기 때문이라는 것을 확실히 알게 됐다. 나는 친근한 환경을 조성하지 못했다. 충분한 시간을 들이지 않았다.

몇 년 뒤, 윌리엄스 칼리지 코치가 되었을 때 우리의 첫 듀얼 매치 상대는 해군이었다. 우리 팀 실력이 많이, 그것도 훨씬 많이 좋았지만, 해군에 영패한 기록을 떠올리며 이렇게 생각했다. '다시 날려버릴 기회가 왔군.' 우리 팀은 9-0으로 이겼다. 하지만 별로 흡족하지가 않았다. 해군 쪽 관중은 10명 남짓이었다. 육군 듀얼 매치 관중보다 990명 정도 더 적었다. 그럼에도 만족스럽지 않았다. 여전히 나는 러스 버코프를 잊지 못했다.

비크람 말호트라는 뭄바이 출신이었다. 우리가 맨 처음 영입한 인도 선수였다. 비크람은 하트퍼드에 오기 직전에 인도 주니어 대표팀 주장으로 뛰며 스위스 취리히에서 열린 세계 주니어 챔피언십에서 4위를 했다. 또한 단식 토너먼트 준준결승에 진출해 최종 챔피언에게 9-7, 9-7, 9-7로 패했지만 대단히 흥미로운 경기를 펼쳐 보였다. 하지만 11세 이하, 13세 이하, 15세 이하, 17세 이하, 19세 이하 전국 대회 우승을 차지하며 인도에서 주니어 타이틀을 휩쓴 첫 선수가 되었다.

존 콜트레인의 정신적 후계자인 비크람은 일정한 전통에 따라 공을 움직일 수 있었고, 종잡을 수 없고 받아칠 수 없는 샷을 날리며 아름다운 아르페지오를 완성해 보였다. 비크람은 재능 있는 선수였다. 완만한 곡선을 그리며 높이 솟는 로브 샷과 중간 속도의 크로스코트를 번갈아가며 했고, 때로 앞벽 닉을 향해 강한 발리 샷을 구사했다. 비크람은 트릭을 절묘하게 구사했고, 어떤 선수든 함정에 빠뜨렸다. 매년 겨울이면 이집트 국가대표팀 코치 아미르 와기와 함께 카이로에서 훈련을 했다. 와기의 마구간에는 21세기 스포츠의 뛰어난 순혈종이라 할 수 있는, 아므르 샤바나와 라미 아슈르 선수가 있었다. 둘이 통틀어 세계 챔피언십에서 다섯 번 우승을 차지했다. 샤바나와 아슈르는 공격형 스쿼시를 했고, 비크람은 그 사고방식을 흡수했다.

여러 가지 면에서 비크람은 전형적인 인도인 스쿼시 선수였다. 아홉 살에 스쿼시를 시작했는데, 섬유 수출업자였던 아버지가 클럽에 데려가 수업을 듣게 했다. 몇 년 뒤 비크람은 크리켓과 스쿼시 중 하나를 택해야 하는 상황에 놓였다. 크리켓 실력도 좋았다. 선발 타자였고, 교체 투수였으며, 학교 크리켓 팀의 주장이었다. 하지만 비크람은 스쿼시를 택했다. 전국 무대에서 스포츠의 제왕이 되고 싶었다. 선수가 수백만 명에 달하는 크리켓에서는 거의 불가능에 가까운 일이었다.

비크람은 스쿼시도 잘했다. 오터스 클럽에서 훈련을 했다. 토너먼트에 나갔다가 연습 경기에서는 이겼던 선수에게 초반에 완패했다. 상대 선수는 수많은 토너먼트 출전 경험이 있으며, 어느 순간 강해진 선수였다. 비크람은 시합이 끝난 뒤 눈물을 보였다. 토너먼트 폐막식에서 비크람의 아버지가 트로피를 손으로 가리키며 말했다. "너도 갖고 싶니?"

"네." 비크람이 대답했다.

"그럼 훈련을 시작해."

비크람은 결국 트리니티 팀 순위에서 8위를 차지했다. 놀랄 만한 일도 아니었다. 비크람은 신입생들이 흔히 겪는 경험을 했다. 처음에는 팀내 성적이 형편없이 낮았다. 나는 처음에 비크람에게 높은 순위를 줘 팀 상위권 선수들의 자존감을 무너뜨리고 싶지 않았다. 그리고 비크람은 순위를 올릴 시간이 부족했다. 설상가상 1월 초에 햄스트링을 심하게 다쳐 회복하는 데 몇 주가 걸렸다. 챌린지 매치에서 실력 발휘를 제대로 못하고 두 경기에서 패했다. 그중 하나가 우리 팀 7위 선수인 안드레스 바르가스였다. 시합을 보며 안드레스가 틀림없이 이기겠다고 생각했다. 또 비크람은 1월에 정신없이 바빴다. 40시간에 달하는 비행(뭄바이-두바이-JFK) 끝에 어느 날 오후에 캠퍼스에 도착했고, 다음 날 JFK로 돌아가 콜롬비아로 훈련을 떠났다. 또 학교 수업을 따라가려고 안간힘을 쓰면서 대표팀에 들어갔다. 많은 인도인 신입 선수들처럼 비크람 역시 오랜 시간이 걸려 하트퍼드의 삶, 수업, 숙제, 일상에 적응했다. 대학교에 오면서 미국에 처음 온 것이었고, 향수병도 약간 앓았다. 매일 몇 시간씩 전화기를 붙잡고 아버지와 통화를 했다. 수업에서도 뒤처졌다. 이 상황을 보고 나는 즉시 개입했다. 또다시 러스 버코프나 대니 해먼드 같은 상황을 만들고 싶지 않았다.

비크람은 내성적인 선수였다. 가슴이 떡 벌어지고 양쪽 귀에 귀걸이를 달고 코트 위에서 한껏 화려한 외모를 뽐냈지만, 성격은 예민하고 까탈스러웠다. 동시에 다정하고 마음이 따뜻했다. 타고난 기계광이었고, 최신 장비, 인기 장비는 꼭 사고야 말았다(비크람은 웬만한 크리켓 프로 선수보다 크리켓 장비가 많았다). 또 머리띠와 신발을 맞춰 착용했다. 라켓마다 원하는 줄의 장력이 달랐다. 대부분의 선수는 줄을 다시 조이면 좋아하지, 장력이 어떤지는 별 관심이 없다. 때로 비크람은 많은 천재적인 선수들이 그렇듯 건성건성 연습하기도 했는데, 모든 연습이 도움이 된다고 생각하지는 않아서였다.

하지만 팀 순위 8위였던 비크람은 상대했던 어떤 선수들에 비해 여러 모로 경기력이 탁월했다. 시즌 내내 한 게임도 지지 않았다. 심지어 프린스턴과의 대결에서도 경기를 압도했다. 밸런타인데이에 산티아고 임베르톤 선수와 맞붙었다. 비크람은 산티아고를 쓰러뜨렸다. 불과 14점밖에 내주지 않았다.

오늘 우리 팀 라인업을 보면서 비크람은 우리의 유일한 자동 승리 주자라고 생각한다. 하지만 엘살바도르 출신의 키 큰 공격형 선수 산티아고는 매년 우리를 도발했다. 산티아고는 어딘가 비정통적이었는데, 전형적이지 않은 샷을 구사하는 공격형 선수였다. 산티아고는 리버스 샷이나 전형적이지 않은 로브 샷인 스키드 보스트를 이용해 공을 세게 치는 경향이 있었다. 무엇보다 산티아고는 라켓을 휘두르는 타이밍이 절묘했는데, 라켓을 공 위에 위치시키고 있다가 마지막 순간까지 기다려 휘둘렀다.

오늘 비크람은 첫 게임부터 약간 고전하며 게임 포인트를 득점으로 연결하는 데 실패한다. 그러더니 도도하게 두 번 연속 드롭샷을 탁, 탁 친다. 마치 '멍청한 짓은 충분히 했으니 이제 게임을 끝내 볼까'라고 말하는 듯이.

첫 게임이 끝난 뒤 비크람에게 긴장을 풀지 말라고 조언한다. 하지만 비크람은 풀어진다. 부담을 느끼는 듯하다. 관중이 근처에서 위협하며 비크람의 신발, 귀걸이, 헤어스타일에 대해 소리를 질러댄다. 산만해지기 시작했다. 리버스로 서브를 넣는다. 서브권이 두 번이 아니라 한 번만 주어지는 스포츠에서는 굉장히 위험한 결정이다. 산티아고가 7-3에서 8-7로 게임을 리드한다. 비크람은 자신이 서브권을 가질 때만 공격하기 시작하고, 발끝으로 천천히 뒤로 가 공을 친다. 7-8 상황에서 서브를 넣고 긴 랠리를 이어간다. 최상의 컨디션으로 비크람은 놀라운 경기를 펼쳐 보인다. 8위 선수라고는 믿을 수 없는 경기력이다. 드롭샷을 칠 것처럼 라켓을 쥐고는 마지막 순간에 손목을 움직여 강하고 높은 드라이브샷을 구사한다. 산티아고는 그 자리에 선 채로 손을 쓰지 못한다. 샷은 이렇게 말하는 듯하다. '그럼 이걸 칠 수 있을 줄 알았어? 내가 너보다 한 수 위거든.' 비크람은 타이브레이크에서 2점을 먼저 득점해 경기를 이긴다.

이제 나는 선수들의 탈진이 걱정된다. 늘 봐온 상황이니까. 경기력이 좋을 때는 보통 그렇지 않은 팀과 붙었다. 실력이 훨씬 못한 상대와 대결할 때는 선수들에게 '상대 선수에 존중을 보이라'고 말했다. 그 선수 역시 본인 대학의 유니폼을 입고 뛴다. 역시 가을 내내 연습에 열중했다. 역기를 들고 달리기를 했다. 오늘 이 자리에 경기를 하기 위해 왔다. 경기에 최선을 다함으로써 존경을 표하라. 경기 초반에 젖 먹던 힘을 다해 8포인트를 득점해라. 높고 넓게 치되 짧은 샷은 안 된다. 커트라인 아래로 공을 치지 마라. 긴 랠리. 상대 선수는 시합을 시작하면 최대한 코트 위에 오래 머무르려 할 것이다. '나도 참가비 냈어. 돈 낸 만큼 뽑아갈 거야' 하는 마음인 거지. 코트에서 버티는 게 얼마나 힘든지 보여줘. 숨이 찰 때 쓰러뜨려." 몇 년 전에 숀 존스턴이 9-0, 9-0, 8-0으로 경기를 이긴 적이 있다. 상대는 브라운 대학교의 우수 선수였던 댄 피트리였다. 피트리는 신시내티에서 어린 시절을 보냈고, 실력 있는 코치에게 제대로 배운 근면하고 훌륭한 선수였다. 대학 스쿼시 선수 중 상위권을 차지하는 미국인 선수 중 한 명이기도 했다. 8-0 상황에서 숀은 두 번 몸을 던져 공을 쳤다. 숀은 늘 공을 향해 돌진했고,

그의 별명은 스톤스였다. 하지만 움직임은 마치 탱탱볼 같았다. 점수가 훨씬 앞서 있을 때 몸을 던져 공을 치는 모습은 멋졌다. 숀은 전 매치를 3-0으로 완승을 거두고 싶어 했다. 그건 상대 선수를 향한 존중이었다.

언젠가 루 홀츠가 이끄는 아칸소 대학교 미식축구 팀이 전반전 이후 엄청난 점수 차로 경기를 리드하는 상황을 지켜본 기억이 난다. 그들은 후반전을 시작하며 온사이드 킥(보통 경기 후반에 역전을 위해 시도하는 킥-옮긴이 주)을 시도했다. 메시지는 분명했다. 결코 긴장을 풀지 마라. 절대 빈틈을 허락하지 마라. 언젠가 점수표는 뒤집힐 테고, 그때 같은 방식의 존중을 원할 것이다.

사람들 입에 오르는 건 숫자다. 점수는 단지 성공의 한 가지 척도일 뿐이며, 나는 선수들이 점수에 집착하지 않도록 많은 시간을 들여 노력한다. 점수는 점수일 뿐이다. 무시할 수는 없지만 더 중요한 건 어떻게 경기를 펼쳐 나가느냐, 다음 포인트를 어떻게 득점하느냐, 어떤 기분으로 경기에 임하느냐. 점수에 상관없이 똑같이 경기에 임해야 한다.

세 번째 게임에서 비크람은 한 점도 내주지 않고 완승을 거뒀다. 자유자재로 결정 샷을 날렸다. 한 번에 한 점씩 따냈다. 완승을 거두든 완패를 하든 쉬운 일이 아니다. 비크람이 경기를 따내며 듀얼 매치 점수는 트리니티 2승, 프린스턴 2승이 되었다.

5장
잘 지는 법: 랜디

프로 골퍼 벤 호건은 지는 법을 알았다. 또한 역경을 딛고 일어서는 법을 알았다. 그는 텍사스주 포트워스에서 불우한 유년 시절을 보냈다. 자살한 아버지를 발견한 것도 어린 나이의 그였다. 그럼에도 호건은 프로 골프 대회에서 30회나 우승한 뒤 생애 첫 메이저 우승을 거머쥐었으며, 첫 메이저 우승 전 투어 최다승이라는 기록을 세웠다.

1946년 마스터스에서 마침내 메이저 우승을 눈앞에 두었다. 마지막 72번 홀 그린이었고 남은 거리는 홀컵까지 18피트였다. 하지만 3퍼트를 하면서 한 타 차이로 우승을 빼앗겼다. 그해 여름에 열린 1946년 US 오픈에서도 마지막 그린에서 3퍼트를 해 연장전까지 갔고 결국 한 타 차이로 패했다.

호건은 좌절하지 않았다. 그해에 열린 1946년 PGA 챔피언십에서 우승한 데 이어 1948년에는 US 오픈과 PGA 챔피언십을 모두 접수했다. 1949년에는 끔찍한 자동차 사고를 당해 의료진으로부터 골프는

커녕 제대로 걷기도 힘들 것이라는 진단을 받았지만, 16개월 뒤 메리언 골프클럽에서 열린 1950년 US 오픈에 출전했다. 호건은 4라운드 18번 홀 페어웨이에서 세컨드 샷을 준비하고 있었다.

이 홀에서 '파'라도 해야 연장전에 합류해 우승을 노려볼 수 있었다. 때는 무더운 여름날이었고, 벌써 서른여섯 번째 홀을 돌고 있는 터라 진이 다 빠졌다. 15번 홀과 17번 홀에서 보기를 범한 게 치명타였다. 이대로 또다시 마지막 순간에 무너질 것인가? 1946년 3퍼트의 기억이 그의 마음속을 파고들었다. 세 차례 그랜드슬램을 차지한 기억도 떠올랐다. 호건은 치기 가장 까다로운 1번 아이언을 꺼내 힘차게 휘둘렀다. 공은 200야드를 날아가 로프에 맞고 좁은 그린 앞쪽에 떨어지더니 핀 가까이까지 굴러갔다. 놀라운 샷이었다. 결국 2퍼트로 쉽게 파를 기록한 호건은 연장전에 합류해 우승컵을 차지했다.

호건이 메리언 골프클럽에서 1번 아이언을 휘두르는 장면은 스포츠 역사에 길이 남는 사진이 된다. 하지만 나는 이 사진을 볼 때마다 1946년에 그가 범했던 3퍼트가 떠오른다.

스포츠는 결국 패배의 경험이다. 어느 선수의 경력을 살펴봐도 통산 기록을 보면 진 횟수가 더 많다. 아무리 뛰어난 선수라도 처참했던 중학교 시절과 헛방질을 하던 마이너리그 경력을 감안하면 우승 명함을 내밀기가 힘들다. 실패는 필연적이다. 야구에서는 열 번 중 일곱 번을 아웃하면 '명예의 전당'행 열차에 오를 수 있고, US 오픈 챔피언십에서는 마지막 한 명을 왕좌에 올리기 위해 나머지 127명의 선수가 패배를 맛봐야 한다. 인생은 패배와 상실로 점철돼 있다. 결국 우리는 부모와 친구를 떠나보내고 종국에는 우리 자신도 사라진다.

원래 이 책의 제목을 『자녀에게 잘 지는 법을 가르쳐라』로 하고 싶었다. 패배를 어떻게 관리해 주는가는 좋은 리더십과 나쁜 리더십을 가르는 중대한 차이이다. 부모와 코치들은 자녀나 학생들의 패배에 잘못 반응할 때가 많다. 젊은 선수들은 패배한 뒤 어른들의 말보다 그들의 반응에서 더 많은 것을 배운다. 사실 이긴 게임에서나 진 게임에서나 경기력은 별반 차이가 없다. 똑같은 타격에 똑같은 경기력을 펼치고 똑같은 땀을 흘리지만, 점수판에 전혀 다른 결과가 나타날 뿐이다.

승자는 흡족해하며 다음으로 넘어간다. 승리를 오래 곱씹지 않는다. 멀쩡한 것을 고칠 필요가 없으니까. 그들은 승리한 즉시 상자 안에 승리를 봉인해 둔다. 세 게임 연속 9-0으로 이기든, 5게임까지 가서 10-9로 이기든 똑같이 이긴 경기일 뿐이다. 오늘 열린 프린스턴과의 경기처럼 재대결은 힘들기 마련인데, 한번 이겨 본 선수들 중 일부는 그 승리에서 충분히 배우지 못하기 때문이다.

반면 패자는 자기반성이라는 깊은 수렁에 빠져들며 플레이 하나하나에 확대경을 들이댄다. 자신이 치른 경기를 내면화하고 본인의 탓으로 돌린다. 승리는 방심을 불러오고 패배는 너무 많은 걱정을 낳는다. 이런 현상은 대학 테니스 경기 중 1세트 타이브레이크에서 진 선수에게서 자주 볼 수 있다. 그 선수는 '괜찮아. 아깝게 진 거니까. 몇 가지만 고치면 돼.'라고 생각하기보다는 완전히 무너져 버린다. '아, 이럴

수가. 타이브레이크를 넘겨주다니. 한 세트나 뒤지고 있어. 이제 어쩌지.' 중간 점수는 경과 보고서에 지나지 않지만 많은 운동선수들이 이를 이해하지 못한다.

나는 마티 클락에게서 이 모습을 보았다. 마티는 미국 스쿼시 선수로 전국 챔피언을 네 번 차지하고 본인의 세대에서 손에 꼽힐 만한 선수였다. 마티가 세운 세계 랭킹 59위의 기록은 그가 프로 투어를 떠난 지 12년이 지난 후에도 여전히 미국 남자 선수 중 역대 네 번째로 높은 순위였다. 성격이 무척 밝았던 마티는 본인의 한정된 기량을 있는 힘껏 뽑아냈다. 동시에 완벽주의적 성향이 강해 뜻대로 경기가 풀리지 않으면 힘들어했고, 질 것 같은 예감이 들면 심판과 상대 선수를 괴롭혔다.

1996년에 나는 미국 남자 스쿼시 대표팀 코치에 임명됐다. 미국 일류급 선수들과 일할 생각에 신이 났다. 그런데 웬걸, 선수들의 자존심이 다치지 않게 조심하느라 십 몇 년간 굳어진 나쁜 습관들을 교정할 시간은 일 년에 단 며칠밖에 되지 않았다. 캐나다 위니펙에서 열린 1999년 팬 아메리칸 경기 대회 같은 선수권 대회에는 우리 팀에 소속된 네 선수 중 세 명만 출전할 수 있었기 때문에 넷 중 하나는 늘 내게 불만을 품고 있었다.

1999년 팬 아메리칸 경기 대회에서 마티는 세계 랭킹 20위인 그레이엄 라이딩 선수를 만나 2-1 리드 상황에서 점차 추월을 당하더니 자제력을 잃었다. 급기야는 심판에게 무례하게 대들며 실격 직전의 상황까지 갔다. 우여곡절 끝에 경기를 마친 마티를 재빨리 옆에 있는 배드민턴 코트로 데려갔다. 20분 동안 우리는 서로에게 욕을 퍼부었다. 나는 잔인할 정도로 직설을 했다. 마티가 자신뿐 아니라 우리 팀, 우리 스포츠, 우리 조국에까지 먹칠을 하고 있다고. 마티는 금방이라도 울 것 같았고, 나는 분에 못 이겨 몸을 부들부들 떨었다.

실랑이가 끝나고 몸을 돌리자 마티의 부모님이 보였다. 두 분은 코트 구석에서 이 승강이를 모두 지켜보고 있었다. 아들을 심하게 꾸짖는 모습을 보고 언짢아하실까 봐 조심스럽게 두 사람을 지나쳤다. 그때 마티의 어머니가 내 팔을 잡더니 나직하게 말했다. "감사합니다."

트리니티의 5번 선수 랜디 림도 같은 문제를 겪고 있다. 랜디 역시 지는 법을 모른다. 코치들은 스피드는 타고나는 것이라 가르칠 수 없다고 말하곤 한다. 랜디 림은 발이 빠른 선수다. 빠르게 공에 다가가고, 잘못된 위치에서도 금세 제자리로 되돌아온다. 빈틈이 없을 정도로 맹렬히 공을 따라다닌다. 게다가 믿을 수 없을 만큼 손놀림이 유연해 그야말로 스쿼시에 최적화된 타격감을 자랑한다. 그가 구사하는 드롭샷은 공을 친다기보다 공이 앞벽을 향해 날아간다는 느낌이 들 만큼 매우 부드럽다. 랜디는 173센티미터의 키에 체지방률이 3퍼센트 이하로 사냥개처럼 호리호리하다. 또한 멋쟁이새를 연상시킬 정도로 콧대가 높고 자존심이 강한 선수다. 스윙을 시작할 때 마치 악취 나는 생선을 조심스레 잡고 있는 것처럼 손목을 내리누르는 동작은 '시간은 충분해. 전혀 조급하지 않아'라는 암시를 준다.

랜디는 1학년 때 올 아메리칸 선수였다. 랜디는 순위에 집착한다. 희망사항은 팀 순위 3위이지만, 아쉽게도 5위나 6위에 만족해야 한다. 1년 반 전 말레이시아에서 온 이후부터 천천히 자아상과 이미지를 재조정하는 과정을 거치는 중이다.

페낭에서 어린 시절을 보낼 때 랜디는 수영에 열정을 보였다. 접영과 평영 부문에서 전국 주니어 그룹 타이틀을 따냈고, 물속에서 누리는 자유를 사랑했다. 삼촌이 스쿼시를 한 까닭에 랜디는 열두 살 때 수영에 필요한 체력을 유지하기 위해 일주일에 한 번 스쿼시를 했다. 그러다 편두통을 앓기 시작했는데, 귓속에 물이 들어가면서 생긴 증상 같았다. 그래서 육상경기(고등학교 때는 800m와 1,500m 달리기를 했다)와 말레이시아에서 가장 인기 있는 스포츠인 배드민턴도 시도했지만, 열세 살 때 스쿼시를 주 종목으로 정했다. 뛰어난 기량으로 최고가 되고 싶었던 랜디는 수영할 때의 생활을 그대로 이어갔고 열정적으로 하루 2회 훈련법을 시작했다. 석 달 뒤, 랜디는 페낭 스쿼시 주니어 선수단에 선발됐다. 그가 소속된 말레이시아 팀은 2004년과 2006년에 세계 주니어 챔피언십에 출전했다. 랜디는 말레이시아 최고의 주니어 선수가 되지는 못했는데, 그 이유 중 하나는 쿠알라룸푸르에 소재한 국립 스쿼시 아카데미에 들어가지 않기로 했기 때문이다. 스쿼시에 대한 열정이 강하긴 했지만, 스쿼시와 학업, 인간관계 사이에서 균형을 유지하고 싶었다. 랜디는 열일곱 살 때 끔찍한 오토바이 사고를 당하기도 했다. 비 오는 어느 밤, 달려드는 자동차에 랜디가 탄 오토바이가 미끄러지면서 팔이 찢어졌고 발은 스물다섯 바늘이나 꿰매야 했다.

랜디는 2005년 12월에 고등학교를 졸업한 뒤 지방 대학에 입학해 공학을 전공했다. 주니어 선수단 친구들은 졸업 후 프로 투어에서 뛰었지만, 랜디는 미국 대학으로 편입할 생각을 하고 있었다. 마침 랜디의 누나가 애리조나 주립 대학교를 졸업했고, 삼촌이 미 육군 특수부대 소속으로 오스틴에 자리를 잡고 있었다. 랜디는 산호세 주립 대학교, 네브래스카 주립 대학교 등 공학과가 유명한 학교에 지원서를 냈다. 그런 뒤 학교 2년 선배인 말레이시아 선수 킴리 윙에게 이메일을 보냈다. 킴리는 공학도 전공하고 일류 스쿼시 팀에서 뛸 수도 있는 프린스턴 대학교에 지원할 것을 권유했다. 하지만 프린스턴에서 결정을 유예하자 프린스턴 타이거즈의 코치인 밥 캘러핸이 고민 끝에 랜디를 내게 소개하며 트리니티에서 한번 맡아보라고 제안했다.

2007년 가을에 트리니티에 도착한 랜디는 빠른 속도로 팀 선수들을 제치기 시작했다. 챌린지 매치에서 거의 모든 선수를 이겨 3위까지 올라갔지만, 겨울방학이 끝난 뒤 7위로 곤두박질쳤다. 팀내 순위에 대한 집착을 적당히 내려놓는 데, 또 트리니티 스쿼시의 팀 문화에 적응하는 데 애를 먹었다. 랜디는 하트퍼드에 오기 전에 인터넷을 샅샅이 뒤져 장래 같은 팀이 될 선수들의 경기 성적을 찾아낸 뒤 계산을 해 봤다. 쿠알라룸푸르에서 랜디의 마지막 성적은 메이저 대회 3위였고, 마넥의 마지막 성적은 8위였다. 그러므로 마넥보다 한참 뒤인 7위 자리는 용납할 수 없었다. 랜디는 프린스턴 스쿼시 팀 2위인 킴리만큼 잘

했고, 게다가 트리니티와 프린스턴이 붙으면 트리니티가 이겼다.

　트리니티 스쿼시 팀에 들어온 초창기에 랜디는 이따금 감정을 주체하지 못했다. 한번은 예일전 경기에서 자신보다 25센티미터나 크고 45킬로그램이나 더 나가는 선수에게 첫 게임을 지더니 우거지상을 하며 코트를 나왔다. "스쿼시도 못하는 주제에!" 랜디는 무심코 이렇게 내뱉었다. 반은 상대 선수에게, 반은 자신에게 하는 말이었다. "재수 없어." 랜디는 복도에 라켓을 집어 던지더니 2게임을 하지 않겠다며 고집을 부렸다. "안 할 거예요." 나를 건방진 눈빛으로 쏘아보며 말했다.

　"무슨 말이야?" 내가 물었다.

　"쟤 재수 없잖아요."

　"코트로 돌아가."

　"싫다고요." 랜디가 말했다. 누가 더 짧게 말하나 대결이라도 하듯 단답이 오갔다. 그날 랜디가 유일하게 이기고 있는 대결이었다. 우리는 코트로 돌아가라고 조금 더 설득했다. 열이 받은 랜디는 다음 세 게임을 연달아 해치웠다. 그로부터 몇 달간 우리 팀원들 사이에는 유행어가 돌았는데, 하기 싫은 일이 있으면 너나 할 것 없이 "싫다고요."라고 짧게 응수했다.

　그해 대학 대항전에서 랜디는 한 경기를 거의 내주다시피 했다. 3위 결정전 경기로, 상대는 산티아고 임베르톤이었다. 기록상 산티아고는 손쉬운 상대였다. 하지만 그 경기는 3위 결정전인 데다 랜디가 그 주

주말에 치른 여섯 경기 중 마지막이었고 긴 시즌을 마무리하는 경기였던 까닭에, 랜디가 힘든 경기를 할 생각이 없구나 싶은 마음이 불현듯 들었다. 랜디는 첫 게임을 9-6으로 지더니 2게임에선 노골적으로 9-0으로 졌다. 나는 관중석에서 일어나 랜디의 의기양양한 갈색 눈을 빤히 노려본 후 자리를 떴다. 망신을 자초하는 꼴을 보고 싶지 않았다.

하지만 이 모습을 본 상급생들은 내가 자신들에게 경기를 맡겼다고 생각했다. 2게임이 끝난 뒤 랜디를 앉혀 놓고 크게 나무랐다. 결국 랜디는 3게임을 9-3으로 이겼다. 4게임에서는 끝까지 버티는 산티아고를 10-8로 따돌렸다. 이때 선수 한 명이 나를 데리러 왔고, 나는 돌아와 다섯 번째 게임을 지켜봤다. "샤크, 샤크." 한 점을 획득할 때마다 관중들이 연호했다. 랜디는 5게임을 9-2로 이겼다.

2학년이 되자 랜디는 나아졌다. 신앙생활에 적극적이진 않았지만, 불교를 믿는 가정에서 자란 환경이 어느 정도 효과를 본 것인지 더 차분하고 성숙해졌다. 장장 두 시간이 소요되는 챌린지 매치에서도 한 치의 물러섬이 없었다. 팀내 5위까지 올라오면서 7위로 구겨졌던 자존심도 그나마 회복했다. 랜디는 말레이시아 주니어 시절의 훈련 일정으로 돌아가 (구스 데터와 함께) 사이클링, 트레드밀, 전력 달리기로 구성된 오전 훈련 과정에 돌입했다. 나는 훈련량이 지나치지는 않은지 걱정하면서도 흥미롭게 이 과정을 지켜봤다. 대학 선수들을 코치할 때 늘 어려운 부분이 바로 선수들의 체력과 에너지, 열정이 최고조에 이르는 정점을 알아차리는 것이다. 랜디가 무리하고 있을까 봐 걱정이 됐지만, 다시 찾은 열정을 꺾고 싶지는 않았다.

'주인님의 부름을 받고/제가 왔습니다/하늘을 날고/헤엄을 치며 불속에 뛰어들고/뭉게구름이라도 타겠어요.' 셰익스피어의 『템페스트』에서 아리엘이 상상과 마법의 세계에 매혹되듯 매튜는 헤로인에 마음을 뺏겼다.

매튜가 약물에 빠지고 몇 해 동안은 나 또한 지는 법을 몰랐다. 헤로인에 대한 두려움 때문에 아들이 아프다는 사실을, 아들에게 쉽게 치료할 수 없는 병이 있다는 사실을 인정하지 못했다. 언제나 한 번만 더 중독 치료를 받으면, 한 번만 더 중단 기간을 가지면 짠하고 예전의 매튜가 뭉게구름을 타고 활기차게 되돌아오리라고 생각했다. 부끄러웠다. 다 내 책임인 것만 같았다. 매튜의 인생을 두고 나눴던 대화들을 다시금 곱씹으며 매일 아침 자책했다. 내가 아버지의 역할을 제대로 못했기 때문에 아들이 나쁜 길로 빠졌다고 생각했다.

매튜를 집에서 내쫓고 며칠 동안 잠을 이루지 못했다. 몇 시간 동안 침대에 누워 어느 나무 아래서 몸을 웅크리고 비를 맞고 있을 아들을 상상했다. 운동을 생각하면 성공이 마음속에 그려졌지만, 매튜를 생각하면 곧바로 실패가, 폭력과 고통이 떠올랐다.

3주 뒤, 아들에게 전화가 왔다. 매튜는 떨리는 목소리로 이렇게 말했다. "아빠, 너무 배고파요. 먹을 것 좀 사주세요."

순식간에 화가 녹아내렸다. 다행스러운 일이었다. 영영 끝이라고 생각했는데 아들이 살아 있었다. 차를 몰고 가 하트퍼드의 어느 길모퉁이에서 매튜를 만났다. 아들의 상황은 나빠 보였다. 차에 올라탄 뒤 환하게 웃어 보였지만 완전히 지친 얼굴이었다.

나는 인맥을 이용해 의도적으로 아들을 노숙자로 만들었다. 스쿼시로 연을 맺은, 주정부에서 일하는 친구 하나가 서류 작업을 도와준 덕분에, 이제 19세인 매튜 아시안테는 공식적으로 노숙자가 됐다. 이로써 주에서 운영하는 재활 시설에 들어갈 자격이 생겼다. 사립 치료소는 비용을 감당하기가 어려웠다. 코네티컷주 뉴런던에 있는 작은 재활원에 자리가 하나 났다. 음산한 11월 말의 어느 날, 아들을 그곳까지 데려다 줬다. 매튜가 보호 시설에 갈 만큼 중증 중독자인지 확신이 가지 않았다. 아들은 가는 내내 내 생각을 바꾸려고 애썼다. "아빠, 잘못 결정한 거예요." 차가 브로드가에 멈춰 서자 매튜가 울면서 말했다. 매튜는 19세였고, 주립 재활원 입소를 앞두고 있다. 선택의 여지가 없다는 생각이 들었다. 내가 아들을 돌볼 수도 없었고, 그렇다고 거리를 떠돌게 할 수도 없었으니까.

다시 운전해 하트퍼드로 돌아왔고, 그날 밤 하트퍼드 시청에 가서 하트퍼드 상공 회의소에서 수여하는 올해의 하트퍼드 시민상을 받았다. 공식 만찬 식탁에 앉은 400명에 가까운 사람들 앞에서 이렇게 말했다. "이건 다 허상입니다. 우리가 정장을 차려입고 이곳에 앉아 있을 때 불과 몇백 미터 밖에서는 사람들이 고통을 받고 있습니다. 저만 해도 오늘 오후에 아들을 재활원에 입소시키고 왔습니다. 우리는 아무것도 바꾸지 못했습니다. 우리 손을 더럽힐 생각이 없으니까요."

약 10초간 장내가 쥐 죽은 듯이 조용했다. 그런 뒤 관중들이 일어나 열렬한 박수를 보냈다. 내가 어서 그곳을 떠나 주기를 바라는 눈치였다. 나 역시 바라는 바였다. 관중을 나무라면서 실제로는 나 자신을 나무라고 있었다. 지금껏 매튜 일로 내 손을 더럽히고 싶지 않았고, 결국 지금은 너무 늦어 버렸다.

나는 일주일에 두 번 뉴런던에 가서 매튜를 데리고 쇼핑몰에 갔다. 담배도 사 주고 타코벨에 가서 부리토도 사 줬다. 매튜의 몰골은 형편 없었다.

"아빠, 훌리오도 데려오면 안 돼요?" 다음에 만날 일정을 정할 때 매튜가 물었다.

"당연히 되지. 그렇게 하렴." 아들의 친구들을 정말로 만나고 싶은지 확신하지 못한 채 대답했다. 훌리오는 40대였다. 손등이 코끼리처럼 쭈글쭈글했고, 치아는 썩어서 갈색이었다. 상습 중독자였다. 재활 프로그램을 운영하는 사람들은 회복기 중독자들이었다. 재활원은 숨쉬기도 힘들고 시설도 보잘것없었다. 언제라도 무너질 것만 같았고, 훌리오나 요나, 프랭키 같은 사람들이 총을 쏴 댈 것처럼 보였다. 매튜에게 양심의 가책을 느끼게 해 주기는커녕 오히려 약물 의존을 정상처럼 보이게 만들고 있었다. 여기 사람들은 하루에 보드카를 약 1리터씩 마시면서 헤로인, 코카인, 메스암페타민을 복용하고 있었다.

결국 나를 둘러싼 사람들에 의해 내가 결정되듯, 남용과 회복, 타락의 굴레가 매튜의 사회가 되었다. 시험 삼아 약에 손대던 십대 소년이 뉴런던에서 몇 주를 보내더니 어느새 중독이라는 어른의 세계에 발에 담그고 있었다.

어느 날 밤 전화벨이 울렸다. 매튜였다.

"저 좀 데리러 와 줄래요? 재활원에서 쫓겨났어요."

"뭐 때문에?" 불안감에 손이 떨렸다. 다음엔 어떤 일이 기다리고 있을까?

"싸움이 붙었어요."

"어쩌다가?"

"누가 제 스웨터를 훔쳐갔어요. 훌리오가 그랬다고 생각했는데, 어쩌다 보니 싸움이 붙었어요.

뉴런던의 뱅크가로 매튜를 데리러 간 시간은 자정이 가까운 무렵이었다. 매튜가 차에 올라탔다. 눈 밑이 진한 자줏빛으로 물들어 있었다.

재활원이 안 된다면 이번에는 재사회화였다. 코네티컷주 심스베리라는 동네에 방 두 개짜리 아파트를 구해 주고 자가용과 함께 석재 회사에 취직도 시켜 줬다. 처음에는 새로운 곳에서 새 출발을 하는 이 방법이 효과가 있어 보였다. 19세의 매튜는 독립해 어른처럼 살았고, 반항할 대상도 전혀 없었다. 우리는 일주일에 한 번 저녁을 함께 먹었다. 직장 사람들도 모두 매튜를 좋아했다.

회사 생활은 두 달 이상 가지 못했다. (매튜가 해고된 사실을 나중에야 알게 됐다.) 그래서 나의 두 번째 부인이 지배인으로 일하는 레스토랑의 설거지 일을 소개해 줬는데, 어느 날 무단결근을 하고 나타나지 않았다. 매튜가 사는 아파트 건물 사람들에게서는 아무 정보도 얻을 수 없었다. 집 안에 들어가니 쓰레기 봉지에 쑤셔 넣은 더러운 옷가지, 책상 위에 널브러진 음반 몇 장이 보였다. 냉장고는 반쯤 마신 오렌지 주스 한 통 외에는 텅 빈 상태였다. 찬장에는 대접 하나, 접시 하나 없이 커다란 건포도 시리얼 한 통만 놓여 있었다. 2년간 나는 아들에게서 아무 소식도 듣지 못했다.

이 일이 일어났던 시기에 다른 한편에서는 트리니티 스쿼시 시대가 열리고 있었다. 1994년 10월, 나는 트리니티 칼리지의 스쿼시 겸 테니스 코치직에 지원했다. 윌리엄스 칼리지를 떠나려고 했던 1990년에도 지원한 적이 있는데, 막판에 취소해 버렸다. 그 당시 조사 위원이었던 한 분이 1994년 조사 위원회에도 참여하면서 내게 코치직을 맡기는 것을 반대했다. 내가 이번에도 마지막 순간에 거절하리라고 생각했기 때문이다. 나는 코치 일에 열정을 품고 있다고, 사이드라인에서 공을 나눠 주든 선수들을 지도하든 꼭 트리니티에서 일하고 싶다고 어필했다. 프랭크 월콧이 나를 스프링필드 체조팀에서 탈락시키려 할 때와 약간 비슷한 상황이었다. 그 자리가 내 자리라는 사실을 알았기 때문에 절대 물러설 수 없었다.

트리니티는 언제나 선수진이 쟁쟁했다. 1929년에 비 아이비리그 대학교로는 최초로 스쿼시 코트를 지은 후 1930년대에 클럽 팀을 발족했고, 1932년에 첫 대학 대항전을 개최한 뒤 1941년에 첫 코치를 고용했다. 1958년에 처음 영입된 로이 다스는 20년간 충실한 2군 프로그램을 운영했으며, 정확히 500승으로 자신의 기록을 마무리했다. 그가 떠난 뒤 16년 동안 7명의 코치가 트리니티를 거쳐 갔다. 이 기간 동안 트리니티는 상위 10위권에 여러 번 들었을 뿐 아니라, 신시내티에서 코치로 두각을 드러낸 턴 밀스, 뉴욕에서 차익거래 사업가로 이름난 조지 켈너, 일찍이 전국 대회에 출전해 결승까지 올랐던 마크 루이스 같은 훌륭한 선수들을 배출했다. 1980년대 중반에는 빌 도일의 활약으로 트리니티 팀이 1984년 전국 3위, 1985년 전국 2위라는 최고의 성적을 달성했다. 그럼에도 트리니티가 배출한 역대 가장 출중한 스쿼시 선수는 트리니티 밴텀스 유니폼을 입고 단 한 경기를 뛰었던 마크 탤벗이었다. 1979년에 미국 주니어 랭킹 1위를 차지했던 마크는 1학년 가을 학기를 트리니티에서 보낼 때 하버드와의 듀얼 매치에서 마이클 드솔니에르에게 무참히 깨졌다. 결국 그해 12월에 스쿼시 팀을 나와 아프리카로 배낭여행을 떠났다. 돌아온 후에는 프로로 전향해 100개가 넘는 대회에서 우승했고, 미국 스쿼시 명예의 전당에 이름을 올렸다.

1994년 가을, 내가 합류했을 때 트리니티는 존 안즈의 지도하에 직전 시즌을 10승 4패로 마친 팀답게 우수한 선수 군단을 자랑했다. 상위 아홉 명 중 다섯 명은 4학년이었고, 모든 선수가 미국인이었다. 스쿼시 시설인 켈너 스쿼시 센터도 훌륭했다. '지하 감옥'이란 별명이 붙은 오래된 1929년형 하드볼 코트 다섯 개가 한 블록을 이루고 있었고,

그 옆으로 미국 최고의 스쿼시 코트 시공업자인 고디 앤더슨이 설치한 소프트볼 코트 8개가 붙어 있었다. 이 새 코트들 뒤로는 카펫이 깔린 피라미드식 관람석이 마련돼 있어 500명이 넘는 관중이 한 번에 여러 경기를 구경할 수 있었다.

소프트볼은 스쿼시의 국제 버전으로, 볼이 더 느리고 경기 코트가 더 넓었다. 1990년대 초반, 미국에서는 한 세기가 넘게 행해진 하드볼 버전의 스쿼시가 소프트볼로 전환될 예정이었다. 1992년, 고디 앤더 슨과 제럴드 한센(트리니티 졸업생이자 트리니티 칼리지 동창회장)의 조언에 따라 트리니티의 체육 부장인 릭 헤이즐턴은 소프트볼로 바뀌 리라 예상해 새 코트를 지었는데, 세 개는 소프트볼, 일곱 개는 하드볼 전용이었다. 새 코트는 하중 부하를 일으키는 두꺼운 벽이 필요 없었 기 때문에 트리니티로서는 소프트볼 전용 벽으로 바꾸는 데 큰 어려움 이 없었고, 따라서 남자 스쿼시가 전환기를 맞은 1994년 가을에 공사 를 서둘러 해치웠다. 나는 아직 전문가라 하기 힘든 평범한 이력에도 불구하고 트리니티 코치직을 얻었다. 내가 근무했던 뉴욕의 프린스턴 클럽에 마침 소프트볼 코트가 있어서(1994년 당시로선 매우 이례적인 일이 었다), 시대를 앞서가는 소프트볼 전문가로 내 자신을 포장해 성공적인 출발을 할 수 있었기 때문이다.

트리니티는 소프트볼 코트를 갖춘 몇 안 되는 대학 중 하나였다. 소 프트볼 코트에서 듀얼 매치를 하면 우리에게 너무 유리하다고 느끼는 학교들 때문에 우리는 두 시즌 동안 '지하감옥'에서 듀얼 매치를 개최

해야 했다. 하드볼 코트에서 하는 소프트볼 경기는 그야말로 최악이었다. 코트가 넓지 않아 제대로 된 크로스코트 샷을 구사하기 어려웠고, 2인치 더 낮은 틴 보드 때문에 빈 공간이 있든 없든 누구나 쉽게 드롭으로 랠리를 단축할 수 있었다. (2002년, 우리는 거의 70년 전에 시공된 이후 제대로 수리하지 않은 코트들을 골라 두 곳을 3면 유리벽 코트로 개조했다. 지하 감옥이 궁전으로 변신했다. 이로써 10개의 코트를 보유한, 전국에서 손꼽히는 스쿼시 시설이 되었다.)

첫 시즌에서 선수들에게 전국 대회 우승 후보인 하버드와의 듀얼 매치에서 10게임만 이기면 머리를 밀겠다고 말했다. 결과는 9-0 완패였고, 여섯 게임밖에 이기지 못해 내 머리카락도 무사했다. 두 번째 시즌에서는 우리 팀이 전국 6위였고, 이번에도 하버드와 붙어서 10게임을 이기면 머리를 밀겠다고 제안했다. 이번에는 목표에 좀 더 근접해 7-2로 졌고, 총 아홉 게임을 가져왔다.

예전이었으면 이 정도로 충분했을 것이다. 우리가 해야 할 일은 메인 라인이나 그리니치, 브루클린 하이츠에 있는 대학 예비 고교 학생들, 그러니까 일반 스포츠클럽에서 6년간 훈련을 받아 온 아이들을 모집하고 테니스 팀에서도 그때그때 선수들을 데려오는 것이었다. 여기에다 내가 만든 괜찮은 훈련 프로그램도 있었다. 하지만 아무도 이를 진지하게 받아들이지 않았다. 오죽하면 내가 트리니티에서 처음 세운 목표가 시즌이 끝나는 3월과 다음 시즌이 시작되는 9월 사이에 스쿼시 공이 코트에 부딪히는 소리를 듣는 것이었겠는가(단 한 번만이라도 그렇게 해달라고 빌었다).

그런 기적 같은 일은 1996년 초봄 운명적인 호출을 받고 나서야 일어났다. 대학 총장 에번 도벨의 호출에 총장실로 갔다. 바람이 잔잔하게 잦아들고 햇빛이 인도 위를 아른거리는 그런 날이었다. 나는 도벨을 잘 몰랐다. 지난여름에 트리니티에 온 후로 한두 번밖에 만나지 못했다. 긴장이 됐다. 도벨은 모든 사람이 자신에게 온전히 집중하기를 강요하는 부류의 사람이었다. 마음이 불편했다. 내가 잘못한 일이 있던가?

"일류 스쿼시 프로그램을 운영하려면 뭐가 필요하죠?" 총장이 물었다. 내가 대답하기도 전에, 그는 아이비리그 대학 총장들과 만나는 자리에 참석했다가 나오면서 트리니티가 아이비리그와 겨룰 수 있는 종목을 갖추게 되면 어떨까 자문하게 됐다고 했다.

"전국 챔피언이 되라는 말이 아닙니다. 그저 경쟁이 되는 정도면 됩니다. 어쩌다 한 번씩 그런 팀들 코를 납작하게 눌러 주는 거죠."

"그러려면 국제무대에서 뛰는 선수들이 필요할 겁니다. 해외 스쿼시 강국에서 선수들을 데려와야죠."

내 대답이었다. 세계 수준급 스쿼시가 이곳 미국이 아니라 유럽이나 중동, 아시아에서 이뤄지고 있다고 설명했다. 하지만 미국 스쿼시가 국제 표준으로 바뀐 시점이라서 외국인 선수들을 영입하기는 전보다 쉬웠다. 예전에는 미국 버전의 하드볼 스쿼시를 다시 배우려는 외국인 선수들이 드물었기 때문에 해외 선발 과정이 여간 힘든 게 아니었다. 지금은 외국인 선수들도 부담 없이 미국에 진출할 수 있었다. 나는 주절거리고 있었다.

"아, 그런 방법이 있군요." 도벨의 반응이었다. "다양성을 추구하는 학교 취지와 잘 맞을 것 같군요. 하지만 그 선수들 스스로 입학 자격을 갖춰야 합니다. 그 친구들 때문에 우리 대학 입학 기준을 낮출 순 없으니까요. 장학금을 줄 수도 없고. 다른 학생들처럼 알아서 학자금 지원 자격을 갖춰야 합니다." 나는 알겠다고 말했다. 그러자 총장은 용건이 끝났다는 신호를 보냈다.

고작 2분이 지났다. 문을 열고 몸을 돌려 인사를 하자 총장이 책상에서 일어나 말했다. "제대로 해 보이시오."

코치실로 돌아와서 생각했다. '자, 이제 뭘 하면 되지?' 그야말로 허를 찔렸다. 대학 세 곳을 거쳐 오면서 학교 시스템을 잘 안다고 믿었다. 보통은 위원회가 열리고 조사가 진행된 뒤 프로젝트 팀이 꾸려져 예산 분석과 함께 보고서가 작성됐다. 사람들이 대학에서 꿈과 비전을 품는다 해도 불가해한 관료 시스템이 이를 묵살했다. 그런데 도벨 총장은 이 과정을 완전히 생략했다. 단 2분간의 회의로 혁신을 일으키고 있었다.

어디서부터 시작해야 할지 막막했다. 이때는 인터넷과 이메일이 완전히 자리 잡기 전이어서 선수들을 찾아내기가 무척 힘들었다. 게다가 내가 필요한 선수는 SAT나 토플 성적이 있고 공부도 잘하는 선수, 향수병에 걸리지 않을 선수, 운동 기량이 뛰어나면서도 일류급 프로 선수가 되는 꿈을 포기할 수 있는 선수였기 때문에 그 일이 너무 벅차게 느껴졌다. 이 기준에 부합할 사람이 과연 있을까?

당시 미국 국가대표 남자팀 코치도 맡고 있었기에 해외 코치 몇 명을 알고 지냈다. 그들에게 전화를 돌리려던 참에 전화벨이 울렸다. 아파와미스 클럽에서 일할 적에 만난 내 오랜 친구이자 지금은 하버드대 코치가 된 빌 도일이었다. 놀랍게도 그는 한번 봐줬으면 하는 선수가 있다면서 마커스 코위라는 영국인 학생을 소개했다. 하버드에서 입학 결정을 유예한 선수였다. 총장실을 나온 지 십 분도 채 되지 않아 선수 한 명을 얻게 됐다.

영국 국가대표 남자팀 코치인 데이비드 피어슨에게 전화를 걸었다. 작년 프린스턴 대학교에서 열린 대학 코치 세미나에서 만난 사람이었다. 피어슨에게 트리니티가 내게 수준급 선수들을 영입할 수 있는 권한을 주었다며 자초지종을 설명했다. 피어슨은 도일의 제안에 동의하며 말했다. "마커스한테 연락해 봐요. 아주 괜찮은 친구예요."

다음 날 아침, 영국 노퍽에 있는 마커스의 집에 전화를 걸었다. 통화 중이었다. 30분 후에 다시 전화를 걸었다. 통화 중이었다. 30분 후에 또 전화를 걸었다. 통화 중이었다. 피어슨에게 다시 전화를 걸어 내게 준 전화번호가 정확한지 확인했다. 그런 뒤 그날 내내 30분마다 한 번씩 마커스의 집에 전화를 걸었다. 마침내 오후 6시(영국은 밤 11시였다)에 신호가 걸렸다. 가슴이 막 뛰었다. 통화가 영영 되지 않으리라 생각했던 터였다.

"여보세요." 수화기 너머로 지친 목소리가 들렸다.

"안녕하세요, 저는 폴 아시안테라고 합니다. 미국 트리니티 칼리지 스쿼시 팀 코치입니다. 다름이 아니라……."

"네." 상대가 말했다. 전화를 받은 사람은 마커스의 어머니인 알렉스 코위였다.

"오늘 전화한 코치님 중 열 번째네요. 마커스 바꿔 드릴게요."

마커스가 전화를 받았다. 트리니티 스쿼시에 대해 바로 설명했다. 우리가 어떤 팀을 구성하려고 하는지 설명하고, 마커스를 하트퍼드로 초대해 우리 시스템을 보여 주고 싶다고 말했다. 얼마 지나지 않아 마커스는 대학 여섯 곳을 방문하기 위해 자비로 미국에 왔다. 다른 학교 코치들은 마커스에게 평범한 것들을 소개했다. 캠퍼스 투어, 코트 구경, 입학 사정관과의 상담, 기숙사 체험 등 고루하고 형식적이고 단조로운 일들이었다. 나는 생각했다. '농구 팀을 소개한다 생각하고 대대적으로 홍보를 해 보자.' 마커스와 도벨 총장이 잠시 미팅을 할 수 있도록 주선했다. 그리고 마커스와 함께 보스턴에 가서 레드삭스 경기 티켓을 구입했다. 대부분의 미국 야구장과 달리 레드삭스의 홈구장인 팬웨이 파크는 영국의 미식축구 경기장이나 크리켓 경기장처럼 특색 있고 작고 아늑한 장소였으며, 동네 한가운데 턱 하니 자리 잡고 있었다. 마커스는 고향에 있는 것처럼 편안해 보였다. 마커스가 영국으로 돌아간 뒤 나는 졸업생 두 사람에게 연락해 마커스에 전화하도록 시켰다. 크레디트스위스 런던 지점을 운영하는 루크 테리와 런던에 있는 질레트의 대표 이사였다. 마커스는 넘어왔다.

　나는 세상에 공짜가 없다는 사실을 곧 알게 되었다. 프린스턴과 치른 첫 듀얼 매치 홈경기에서 마커스는 땅딸막한 피터 익 선수에게 지자 코트 주변을 돌아다니면서 다리를 다쳤다고 구시렁댔다. 잘 알려지지 않은 키 작은 북미 선수(익 선수는 캐나다 뉴펀들랜드에서 나고 자랐고 밴쿠버에서 고등학교를 다녔다)에게 밀리고 있다는 사실에 짜증이 난 것이 분명했다. 마커스는 코트 위에서 거칠었다. 독기를 품고 공을 쳤고, 상대 선수가 친 공이 아웃이 되면 주먹을 들고 흔들곤 했다. 또한 격렬하게 몸싸움을 했으며, 심판에게 분노를 터트렸다. 마커스는 사고뭉치였다. 상대 선수들에게 욕설과 악담, 조롱 섞인 칭찬을 은밀히 퍼부으며 조용히 깔아뭉개는가 하면, 관중의 인기를 의식해 팔을 흔들고 불쾌한 농담을 던지며 오심 판정에는 관객의 호응을 얻기 위해 양손을 위로 쳐들었다. 마커스는 스쿼시가 개인 스포츠이고 단순한 일대일 싸움이며 그래서 지지 않으려면 무슨 짓이든 해야 한다고 믿었다.

　반면 코트 밖에서는 완전 유쾌한 사람이었다. 신랄한 재치에, 야하고 배꼽 빠지는 농담을 좋아했으며, 성격도 활기찼다. 또한 활발하고 사교적이며 태평스러웠고 두려움을 몰랐다. 입학 전 미국을 방문했을 때에도 트리니티 교문을 나가 인근 동네들을 어슬렁거렸는데, 일반 학생들이 재미 삼아 할 만한 일은 아니었다.

　마커스는 첫 시즌 때 대학 대항전 결승전에 진출했다. 대학 대항전은 미국 상위 64명의 선수가 실력을 다투는 연말 개인 토너먼트였다. 결승전은 다트머스 대학에서 치러졌고, 상대는 하버드의 대니얼 에즈라 선수였다. 삼나무 옹이 같은 허벅지에 근면함을 자랑하는 왼손잡이 에즈라는 마커스가 영국에서 자주 겨룬 상대였기 때문에 두 사람은 팽팽하면서도 정중한 경쟁을 펼쳤다. 에즈라가 열세 살일 때 부모님은 아들의 스쿼시 실력을 키워 주기 위해 뭄바이에서 런던으로 이주했다. 대니얼 에즈라는 1990년대 초에 하버드 선수로 세 번이나 대학 대항전 타이틀을 거머쥐었던 형 에이드리언의 선례를 따라, 1학년 때 결승에 올랐고 2학년 때 우승을 차지했다. 그리고 또 한 번 우승을 노리고 있었다.

마커스와 에즈라는 시즌 동안 승패를 주고받았다. 이번 결승전에서는 에즈라가 앞섰다. 1게임은 그의 승리였다. 2게임 초반에는 마커스가 에즈라와 희한하게 부딪치며 엉덩방아를 찧었다. 타임아웃을 요청하고 부상을 살피는 동안 마커스가 그만하고 싶다고 말했다. "이대로 포기할 순 없어. 넌 결승에 진출한 최초의 트리니티 선수야. 코트에서 다리를 질질 끄는 한이 있더라도 그만두는 건 안 돼." 내가 말했다.

이런 식으로 말한 게 잘못이었다. 마커스는 이제 미친 사람처럼 맹렬하게 뛰어다녔다. 내달리고 사정없이 때리고 심판 판정에 불만을 표시했다. 탁월한 주니어 선수의 당당한 태도는 사라지고 격한 분노가 그 자리를 대신했다. 운동선수들은 경기 중에 종종 눈이 멀어버린다. 이제 경기력은 무대 위가 아니라, 아드레날린과 공격성이 지배하는 격렬하고 캄캄한 벽장에서 펼쳐진다. 선수들은 벽장 밖 현실에 대한 감각을 잃어버린다. 레슬링이나 미식축구, 라크로스처럼 신체 접촉이 많은 스포츠에서는 정신 사납게 소리를 지르는 방법이 나쁘기만 한 것은 아니다. 하지만 일대일 스포츠에서 성공한 운동선수들은 대개 품위 있게 경기를 하려고 한다. 스쿼시나 수영에서는 애를 쓸수록 움직임이 느려지기 때문이다. 하지만 어찌된 일인지, 마커스는 분노를 주체하지 못하고 쉴 새 없이 움직였고, 계속해서 이겼다.

눈앞에서 일어나는 일을 믿을 수 없었다. 늘 내 선수가 전국 챔피언이 되는 꿈을 꾸었는데, 지금은 쥐구멍에라도 숨고 싶었다. 에즈라는 연이은 고함소리와 격한 몸놀림에 당황한 듯 보였고, 결국 마커스가 3-1로 이겼다.

마커스는 수상 소감에서 자신이 얼마나 행복한지 밝히며 내가 아버지 같은 존재라고 말했다. 다른 학교의 한 팬이 내게 다가와 말했다.

"정말 코치님 자식이면 회초리를 드셔야겠네요."

나는 너무 충격을 받아 한마디도 대꾸하지 못했다.

"기저귀가 축축한 것 같으니 갈아주시고요." 그는 이렇게 덧붙이고는 가버렸다.

코치를 판단하는 척도는 선수들이 코트 위에서 무엇을 성취하는가가 아니라 코트 밖에서 얼마나 성취하게 하느냐다. 내가 치러야 할 시험은 얼마나 많은 타이틀을 딸까가 아니라 내 선수들이 20년 후나 30

년 후에 무엇을 하고 있을까다. 그들은 행복할까? 사회에 이바지하고 있을까? 성공적인 삶을 살고 있을까?

대학 코치로 지낸 28년 동안, 내가 대학 대항전에서 우승을 시킨 선수는 단 세 명이다. 그 정도면 만족한다. 마커스를 맡은 이후로는 그런 타이틀에 특별히 관심을 두지 않았다. 내 선수들이 대학 스쿼시 무대가 아니라 인생에서 승자가 되기를 바란다. 한 선수가 개인적인 영광을 얻는 데 너무 집착하다 보면 어쩔 수 없이 팀 정신에 균열이 생기기 마련이다. 나는 마커스를 한 개인으로 받아들였기 때문에, 경기에서 이기기를 바랐기 때문에 마커스의 잘못된 경기 매너를 못 본 척했다. 나 자신을 속이고 큰 타이틀을 따는 것이 훌륭한 코치가 되는 길이라고 믿었다. 만일 내가 초기에 마커스를 잡았더라면, 열심히 잔소리를 했더라면 마커스는 더 성숙한 스포츠맨으로 성장해 아마도 코트에서 더 많은 것을 성취했을 것이다. 첫 경기를 치른 후에, 아니 사실 연습 첫날부터 야단을 쳤어야 했는데, 그냥 넘어갔다. 매튜를 대할 때처럼 문제를 무시하면 문제가 사라지리라 생각했던 것이다.

2학년 시즌이 끝났을 때 마커스는 2년 연속 대학 대항전에서 우승했다. 몸 상태가 좋지 않아서 우리는 마커스가 일정을 소화할 수 있을지 불안했다. 당시에는 준결승전과 결승전을 모두 일요일에 치르는 잔인한 방식으로 토너먼트를 마무리했다. 경기는 어느 쪽이든 랠리에서 이기면 점수를 얻는 15점제로 치러졌다. (2001년, 대학 스쿼시는 서버가 랠리에서 이길 때만 점수를 얻는 9점제 방식으로 바뀌었다.) 마커스가 2-1 리드 상황에서 4게임에서도 13-5로 앞서고 있었다. 이제 두 점만 더 따면 두 번째 타이틀을 손에 쥘 수 있었다. 이번에도 상대는 에즈라였다. 마커스가 리드하고 있었지만 상황은 절망적이었다. 몇 분 만에 점수는 13-12가 됐다. 이어서 에즈라가 서브한 공을 마커스가 받아 칠 때 공이 빗맞으면서 앞벽을 향해 빠른 속도로 날아갔다. 맞으면 찰과상을 입을 만한 강속구였다. 공은 틴 약간 위에 맞았고 이로써 14-12가 됐다. 다음 랠리에서는 마커스의 서브가 에즈라의 리턴으로 이어졌고 다시 마커스가 중간 지점에서 공을 빗맞혔다. 이 샷과 동시에 마커스는 정신을 잃고 옆벽으로 쓰러졌다. 에즈라는 마커스가 대자로 뻗은 것을 보지 못하고 코트 앞쪽으로 뛰어가 대포 같은 스윙으로 득점을 노렸으나 공이 틴 보드에 맞았다. 마커스의 완승이었다.

　우리는 마커스를 코트 밖으로 끌어내야 했다. 마커스는 이 경기에 온몸을 불살랐지만 그럴 필요가 없었다. 훈련을 잘 받았다면 이렇게까지 애쓰지 않아도 됐을 것이다. 챔피언이 되고자 하는 열망은 마커스에게서 사라졌다. 그는 처음 스쿼시를 했을 때 테크닉을 기르고 완벽한 거리로 공을 보내는 법을 배우는 게 중요하다고 생각했다. 대부분의 스포츠처럼, 인생 그 자체처럼, 열망은 목적이 됐다. 마커스는 그 열망에서 오는 충동을 사랑했다. 똑같은 샷을 치고 또 치는 것을 사랑했다. 최면과도 같은 루틴, 공이 벽에 부딪치는 격동의 소리, 짧은 드롭 공격을 되받아칠 때의 황홀감을 사랑했다. 둔근이 화끈거리는 느낌을 사랑했다. 무엇보다도, 불완전한 샷을 할 때마다 더 잘하고 싶다는 열망의 소용돌이는 더 커졌다.

　그러다 마커스는 중요한 건 완벽한 거리를 찾는 게 아니라 완벽한 거리를 원하는 것이란 사실을 배웠다. 또한 트리니티에서 1년을 보내고 대학 대항전에서 우승한 후로 자신은 더는 이런 삶을 원하지 않는다는 사실을 깨달았다. 마커스는 압력솥 같은 환경에서 자랐다. 어머니 알렉스 코위는 영국에서 전설적인 운동선수였다. 윔블던 테니스 대회에 일곱 번 출전했고, 스쿼시 코트에 입성한 지(테니스 대회가 우천으로 지연됐을 때 스쿼시를 처음 접했다) 3년도 되지 않아 세계에서 손꼽히는 여자 선수가 됐다. 또한 15년 동안 영국 국가 대표 여자팀을 코치하며 네 차례나 세계 팀 타이틀을 가져왔다. 그녀는 유쾌하고 별난 여자였다. 마커스가 1학년 때 크리스마스가 지나고 우리 트리니티 팀이 알렉스의 클럽을 방문한 적이 있다. 영국 노리치에 소재한 반햄브룸 클럽이었다. 우리가 도착했을 때 알렉스는 코트에서 강습을 하며 담배를 피우고 있었다. 우리 팀은 매일 그녀의 지도에 따라 연습을 했다. 어느 날 아침, 우리 학생들이 약간 무기력하고 졸린 상태로 코트에 들어왔다. 10분간 서브 훈련을 지켜보던 그녀가 학생들을 한쪽 코트로 데려가 딱 잘라 말했다. "너무 엉터리잖아." 그러고는 그날 나머지 연습을 취소해 버렸다.

　알렉스를 비롯한 어른들은 어릴 때부터 마커스에게 일류 스쿼시 선수가 되는 길을 알려 줬다. 마커스를 지켜본 사람들은 그가 상위 10위권(사람들이 흔히 얘기하는 한계선)뿐만 아니라 세계 1위 자리에도 오를 잠재력이 있다고 느꼈다. 마커스는 대단한 유망주이자 자기 세대의 델 해리스(명예의 전당에 오른 농구 감독-옮긴이 주)였고, 훌륭한 운명을 타고난 크고 강한 선수였다. 마커스는 이스라엘 텔아비브에서 열린 1995년 유럽 주니어 챔피언십에서 우승을 차지했고, 1996년 1월에는 브리티시 주니어 오픈 결승전에서 이집트의 아흐메드 파이지를 만나 2-1로 앞서다가 역전을 당했다. 고등학교 졸업 후에는 1년간 쉬면서 형 스튜어트 코위, 반햄 브룸 클럽에서 알렉스 코위 밑에서 일하는 여자 프로 선수 캐시 잭맨과 함께 전일제 훈련을 했다. 트리니티에 왔을 때 마커스의 세계 랭킹은 103위였다. 하지만 이러한 스쿼시 경력은 단 한 순간도 자의에 의해 만들어지지 않았다.

세상과 동떨어져 하고 싶은 것, 먹고 싶은 것을 참으며 훈련에만 매진했던 스쿼시 신동에게 대학 생활은 유혹이 너무 많았다. 마커스는 만족을 모르는 스펀지처럼 1990년대의 부유한 미국 대학 캠퍼스에서 누릴 수 있는 것을 닥치는 대로 빨아들였다. 물론 해로운 것들도 가리지 않았다. 마이클 잭슨을 흠모해 기숙사 벽에 거대한 포스터를 붙여 놓기도 했다. 트리니티에서 마커스는 팝의 황제였다. 멀쩡한 허우대와 금발, 이국적인 악센트 덕분에 파티에서 여자들이 불가사리처럼 달라붙는 캠퍼스의 록스타가 됐고 금세 트리니티의 유명 인사가 됐다. 캠퍼스 밖에서도 친구들과 광란의 파티를 즐겼다.

그야말로 베이브 루스에 버금가는 인기인이었다. 상대 팀 캠퍼스에서 열리는 듀얼 매치 원정 경기 전날 밤에는 때때로 외출도 감행했는데, 그때마다 세간의 이목이 쏠렸다. 그는 "마커스가 왔어. 트리니티 1위 선수 말이야." 같은 속닥거림을 즐겼고, 새벽 3시에 미국 최고 대학 선수의 허세를 마음껏 보여줬다.

마커스는 3학년 가을을 모로코에서 보내고, 2000년 1월에 완전히 망가져서 돌아왔다. 지금 당장 몸 상태는 문제가 되지 않았다. 궁극적으로 스쿼시 경기를 좌우하는 것은 몸이 아닌 정신이기 때문에 의지만 있다면 대부분의 상대를 물리칠 수 있었다. 마커스의 경기력을 변함없이 지탱해 주는 탁월한 라켓 기술은 상대를 구석으로 몰아넣기에 충분했다. 죽은 사람도 손톱은 자라기 마련이다. 하지만 경기 말미로 갈수록 끈질긴 압박을 견디지 못하고 경기력이 무너졌다. 바로 이런 상황에 대비해 컨디션을 최상으로 만들어 뒀어야 하는데 그러지 못했다.

그럼에도 마커스는 지난 2년간 훌륭한 기록을 냈다. 챌린지 매치에서는 4년 동안 딱 한 번 미국인 선수 새드 로버츠에게 졌다. 새드는 팀 순위 14위 이상으로는 올라가 본 적이 없는 선수였다. 마커스가 기록한 통산 64승은 놀랄 만한 수치였고, 당시 트리니티에서는 역대 최고의 성적이었다. (지금은 역대 3위다.) 듀얼 매치에서는 몇 번인가 졌는데, 각 대학의 최고 선수를 만나면 질 수도 있는 법이다. 마커스가 경기력 저하를 드러낸 것은 대학 대항전이었다. 3학년 때 준준결승전에서 미국인 선수 팀 와이언트에게 졌다. 신시내티 출신인 와이언트는 하버드대 3위의 강한 선수로 훌륭한 리더십을 갖췄다. 대학 졸업 후에는 미국 대표팀에 들어가고 프로 투어를 뛸 만큼 잘했다. 또한 하버드 크림슨 축구팀에 들어갈 만큼 운동 실력이 뛰어났다. 그렇다고 해도 마커스의 실력이면 비교적 수월하게 와이언트를 이길 수 있어야 했다. 그런데 맥이 빠져 머뭇거렸고, 와이언트는 교통 체증 속의 오토바이처럼 코트 위를 요리조리 움직이며 모든 공을 받아냈다. 마커스는 상관하지 않는 듯 보였다. 전날 경기에서 한참 떨어지는 선수를 상대로 3-2로 간신히 이긴 후로, 일부러 실점을 하며 경기하는 시늉만 한다는 소문이 코트장에 돌았다. 하지만 와이언트 같은 선수에게는 그럴 수 없었다. 결국 와이언트가 4게임을 15-7로 끝내며 3-1로 이겼다.

그때 마커스와 나는 필라델피아의 한 호텔에서 같은 방을 쓰고 있었다. 와이언트와의 경기가 끝난 지 두 시간이 지나서 방으로 돌아왔는데, 어디선가 담배 냄새가 났다. 마커스를 발견하고는 팀을 이탈해 호텔 밖에 나간 벌로 혼자 알아서 하트퍼드로 돌아오라고 말했다. 그 다음 주에 열린 시즌 마감 회식에서 마커스는 자리에서 일어나 눈물을 흘리며 모두에게 말했다. "제가 팀 이름에 먹칠을 했습니다." 마커스는 너무 많은 관심을 한 번에 얻은 탓에 스타병을 앓고 있었다. 젊은 유망주였지만, 철들지 못한 어른이 됐다.

마커스는 4학년 때도 팀에서 뛰게 해달라고 간청했고, 팀원들도 동의했다. 그의 어머니는 시즌 마지막 달에 노퍽에서 미국으로 건너왔다. (대학 스쿼시 규정상 학부모는 정식 코치가 될 수 없었기 때문에 아쉽게도 우리는 알렉스를 경기 코치로 둘 수 없었다.) 어머니가 옆에 있는데도 마커스는 존재감이 없었다. 팀과 어울리지 않았고 동료들도 리더십이 부족한 그에게 넌더리를 냈다. 가을에 주장들의 연습에도 잘 나타나지 않았다. 심지어 시즌 중간에 결석을 하거나 지각까지 했다. 막상 연습을 시작하면 전력을 다했지만(마커스보다 연습을 열심히 하는 선수를 본 적이 없다), 사타구니 부상으로 그마저 쉽지 않았다.

우리는 듀얼 매치에서 전승을 거뒀지만, 이는 그저 우리 팀의 기본 실력이 월등했기 때문이다. 압박이 심한 상황이었다면 아마 버티지 못하고 무너졌을 것이다. 마커스는 4학년 때 하버드와의 홈경기를 앞두고 밤새 파티를 하며 한숨도 자지 않는 패기를 부렸다. (일부 성인 스쿼시 동호회에는 이렇게 밤새 파티를 하다가 턱시도를 입은 채 경기 라커룸에 나타나는 전통이 있었다.) 마커스는 1게임에서 참패를 당했다. 그러더니 화장실에 가서 토하고 돌아와서는 다음 세 게임을 연달아 이겼다.

마커스는 대학 대항전 결승전에서 피터 익 선수를 만났다. 대회는 윌리엄스 칼리지에서 열렸고, 이번 경기는 마커스가 정상에 설 수 있는 기회였다. 지난해에 타이틀을 차지했던 익 선수는 시즌 내내 진정한 백보드의 면모를 보이며 모든 공을 받아냈다. 마커스는 지하철 열차를 향해 돌진하는 직장인처럼 코트 안을 펄떡펄떡 뛰어다니며 1게임을 13-1로 리드했다. 하지만 타이브레이크 접전 끝에 게임을 넘겨주고는 모든 의욕을 잃어버렸다. 익 선수는 다음 두 게임을 15-1, 15-4로 가져갔다. 관중석에서 프린스턴 학생들이 환호를 보냈다. 익은 착한 선수였고 그해에 올해의 스포츠맨십 상도 받았다. 나는 트리니티 선수들을 찾았다. 하지만 경기를 끝까지 관람한 팀원은 거의 없었다. 대부분은 비난하듯 라커룸에 들어가 버렸거나 다른 경기를 보고 있었다. 그러니 코트에서 나오는 마커스를 맞아 주는 팀원은 단 한 명도 없었다.

마커스 코위를 잘 지도하지 못한 경험은 마음에 오래도록 남았다. 문제를 보고도 즉시 대처하지 않은 내 자신을 몇 번이고 자책했다. 나는 마커스를 실망시켰다. 그가 잘못된 행동을 고치도록 도와주지 못했다. 더 중요한 사실은, 만약 마커스를 10년 더 늦게 만났더라면 방황하도록 지켜만 보지 않고 더 가까이 다가가 억지로라도 사자 굴로 들어가도록 열심히 설득했을 것이라는 사실이다.

다행히 마커스 문제에 내가 손도 못 쓰고 있을 때 다른 한편에서는 성공의 조짐들이 보였다. 1998년 2월에 열린 전국 대회에서 우리는 결승전에 진출해 하버드와 4-4의 접전을 벌이고 있었다. 결국 마지막 경기에서 자피 레비가 하버드의 팀 와이언트에게 지면서 우승을 놓쳤지만 아무도 이를 대수롭게 생각하지 않았다. 당시 그 경기는 역사적인 듀얼 매치로도, 예상하지 못한 결과로도 여겨지지 않았다. 전국 챔피언이었던 하버드 팀은 이를 자신들의 입지를 굳히는 당연한 결과로 여겼다. 이번 우승은 하버드 팀의 서른 번째 공식 전국 타이틀이자(다른 학교의 타이틀을 모두 합친 것보다 많았다) 5년 연속 타이틀이었다. 하버드가 스쿼시 최강 팀임은 기정사실이었다.

이때 스포츠맨십의 정점을 보여준 행동은 경기 후에 나눈 악수였다.

속 쓰린 패배를 맛본 우리 선수들은 내키지 않은 표정으로 우승팀 트로피 시상식이 열리는 코트장 옆 잰프리니 펜싱장에 모였다. 하버드와 트리니티 선수들이 나란히 서자 협회장 겸 프린스턴 코치인 밥 캘러핸이 우승팀에게 트로피를 나눠 주기 시작했다. (준우승팀에게는 아무것도 없었다.) 캘러핸이 트리니티와 하버드의 상위 10위 선수를 각각 호명했다. 마치 경기 시작 전 소개 시간처럼, 우리 팀 10위인 릭 셸턴이 성큼성큼 걸어 나와 상대 팀 10위와 악수를 하면서 조용히 축하 인사를 건넸다.

이는 무언의 설교였다. 시상식에서 이런 일은 단 한 번도 없었다. 미네소타 출신인 릭은 천성이 착했다. 우리 팀의 나머지 선수들도 릭을 따라했다. 한 명 한 명씩 본인을 이긴 선수와 악수를 나눴다. 그 이후로 우리 팀은 한 번도 듀얼 매치에서 지지 않았다. 이 악수가 무패 행진의 신호탄이었다.

오늘 랜디 림은 프린스턴의 데이비드 캐너를 만났다. 피터 소퍼처럼 캐너도 워싱턴 출신이다. 안짱다리인 캐너는 코트 위에서 불편한 기색으로 바짝 긴장해 있고 표정도 어둡다. 하지만 그런 와중에도 코트 위의 모든 지점에서 마이클 페레이라를 연상시키는 낮고 단단한 드라이브로 공격을 시도한다. 꺾기 힘든 영리한 상대다.

랜디가 9-2로 1게임을 빠르게 선점한다. 다시 자신감이 붙었다. 랜디는 훌륭한 우승 후보다. 3학년 때에는 랜디가 캐너를 쉽게 제압했지만, 놀랍게도 불과 8일 전에는 캐너가 9-3, 10-9, 10-9로 랜디를 대파했다. 랜디에게는 충격적인 패배였다. 명치를 얻어맞은 것처럼 타격이 컸던 랜디는 일주일 내내 훈련에 몰두했다. 뿐만 아니라 경기 영상을 돌려보면서 캐너가 자신을 뒤쪽으로 밀어 넣었다는 것을 깨닫고, 다음 경기에서는 앞쪽이 비지 않게 해야겠다고 느꼈다. 지금 랜디는 리드 상황에서 코트 위를 주무르며 활발하게 뛰어다니고 있다.

2게임이 압권이었다. 랜디가 2-0으로 두 게임을 리드하게 될 경우 캐너에게는 무척 힘겨운 싸움이 될 것이다. 이 수준의 선수가 0-2로 뒤처진 상황에서 앞선 상대를 따라잡는 일은 매우 드물다. 랜디가 능숙하게 캐너의 포핸드 쪽으로 계속 볼을 보낸다. 대부분의 선수는 백핸드가 더 약하기 때문에 포핸드를 노리는 작전은 잘 쓰지 않는다. 하지만 캐너의 포핸드샷은 종종 라켓 면이 열리면서 편평하고 느슨한 볼이 되기 때문에 이 방법이 먹힌다. 랜디가 군더더기 없는 플레이를 펼치며 5-0으로 껑충 앞서간다. 그러다 점수를 주거니 받거니 하면서 8-3이 된다. 이제 랜디가 한 점만 더 획득하면 2-0이 된다.

캐너가 갑자기 맹렬한 샷을 날리며 게임 포인트를 막아낸다. 게임이 아직 끝나지 않았음을 감지한 프린스턴 관중이 크게 환호하며 캐너의 이름을 연호하고 랜디에게 야유를 보낸다. 그 소리에 랜디가 깜짝 놀란다. 아직 5점이나 앞서지만 캐너가 조금씩 추격해 오자 지난주에 2게임에서 엄청난 점수 차에도 역전당한 일이 떠오른다. 랜디는 두 번 다시 그렇게 당하지 않으리라 결심한다. 캐너가 한 점 더 따낸다. 두려움이 밀려온다. 랜디는 마치 싱크대 배수구를 마개로 막아 놓고 수도 꼭지를 틀어 놓은 채 부엌을 나가는 것처럼 스쿼시를 한다. 단 몇 분이 겠지만, 결국 물은 복도로 흘러넘칠 것이다. 캐너가 야금야금 8-8까지 쫓아온다. 랜디가 초조하게 코트 중앙으로 쳐낸 볼을 캐너가 처리한다. 9-8에서 캐너가 백핸드로 닉을 치고, 점수는 1-1이 된다.

기가 꺾인 랜디는 궁지에 몰린 표정으로 코트를 나온다. 랜디는 자신이 생각보다 훨씬 더 지쳐 있고, 이겨야 한다는 압박감 탓에 에너지가 고갈되고 있다고 말했다. 기분이 언짢았다. 그리고 쓰지 않는 팔에만 손목 밴드를 하고 있다. 크게 앞서가던 선수가 한순간에 따라잡혀 갈피를 못 잡고 낙담하는 일은 매우 흔하다.

랜디는 자신이 세운 작전을 포기한다. 공은 캐너의 백핸드 쪽으로 날아간다. 캐너가 그 샷을 예상하고 매번 득점으로 연결시키는데도 랜디는 백핸드를 공략하는 서브를 고집한다. 캐너를 쓸데없이 앞쪽으로 유인하는 일만큼은 반드시 피하고 싶다. 3게임은 조잡하고, 4게임은 일방적이었다.

이제 프린스턴이 3-2로 듀얼 매치를 리드한다. 두 경기만 더 이기면 듀얼 매치와 전국 챔피언 타이틀은 프린스턴의 차지가 된다.

6장
자신감: 구스타프

　구스타프 데터(일명 '구스')는 프린스턴대 4학년인 킴리 윙과 붙어 첫 두 게임을 9-5, 9-5로 졌다. 나는 시합 전 우리 선수들에게 초반에 기선을 제압하라고, 비유적 표현으로 상대의 코를 먼저 갈기라고 말해 줬다. 그런데 정작 기선 제압을 하고 있는 건 킴리였다.

　도저히 믿을 수 없는 상황이다. 두 선수는 오랫동안 알고 지낸 사이다. 구스가 스웨덴 국가대표팀에 있을 때 코치였던 존 밀턴은 킴리가 영국 위클리프 칼리지를 다닐 때 코치이기도 했다. (킴리는 말레이시아에서 성장했지만, 우수 스쿼시 과정이 운영되는 코츠월드 소재의 대학 예비 학교인 위클리프를 다녔다. 위클리프를 졸업한 후에는 1년간 학업을 쉬면서 프로 투어에 도전했다.) 두 시즌 전에 구스와 킴리는 두 번 경기를 치렀다. 첫 경기에서는 킴리가 3-1로 이겼지만, 몇 주 뒤 전국 대회에서는 구스가 2-1로 뒤처진 상황에서 3-2로 역전했다. 이날 경기는 2시간 10분이 소요됐다. 작년에도 두 사람은 두 번 경기를 펼쳤다. 두 번 모두 구스가 3-0 완승을 거뒀다. 그는 숨통이 끊어지고 다리가 부러질 것 같은 격전을 한 시간 정도 치르고 나면 킴리가 천천히 항복하리라는 것을 알았다. 킴리가 체력적으로 한계에 부딪히는 이유는 그의 체형과 관련이 있었다. 두 사람의 3학년 경기 스코어는 9-5, 9-2, 9-1, 그리고 9-7, 9-4, 9-2로, 킴리가 1게임을 힘들게 싸우고 난 다음 무너지는 패턴이었다. 불과 8일 전인 밸런타인데이에 프린스턴과 붙었을 때에도 구스는 9-6, 9-4, 9-4로 킴리를 또 한 번 꺾었다.

팀내 8위인 비크람과 마찬가지로 2위인 구스도 오늘 승리는 따놓은 당상이다. 그런데 '1게임=격전' 공식이 틀어지고 있다. 구스가 병든 거북이처럼 무기력하게 움직이고 있다. 그는 1게임 3-3 상황에서 세 샷을 연속해서 틴을 맞힌다. 킴리가 구스의 흐름을 끊어 놨다. 구스의 작전을 내버려둔 게 화근이었다(나는 일주일 내내 구스와 전술 얘기를 거의 하지 않았다). 반면 캘러핸 코치는 완벽한 전술을 생각해 냈다. 킴리에게 속도를 늦추고 구스가 몰아붙이지 못하게 하라고 가르쳤다. 때때로 구스는 고성을 지르고 마이크 타이슨처럼 광란의 플레이를 하면서 코트를 지배하는 맹수가 되기를 꿈꾼다. 이를 저지하기 위해 킴리는 느리고 부드럽게 볼을 치고 있다. 한 치의 오차도 없이, 스트레이트 드롭을 몇 번 구스의 포핸드 쪽으로 보내다가 나중에는 백핸드 쪽으로 로브를 날린다. 구스는 대부분의 왼손잡이 선수들처럼 높은 백핸드 발리가 약하다. 킴리는 첫 시작부터 상대를 무너뜨릴 준비를 하고 있다.

1게임이 끝나갈 때 구스도 킴리의 스타일을 따라가려 하지만, 당연히 그 근처에도 가지 못한다. 2게임은 멋지게 시작된다. 구스가 3-0으로 치고 나간다. 하지만 실책이 연달아 나오며 3-3이 된다. 다음 15분간 스코어는 빈번한 렛과 서브권 교체로 시소를 타다가 5-5가 된다. 킴리가 이 교착 상태에서 빠져나와 게임을 선점하지만, 대신 엄청난 양의 에너지를 쏟아낸다. 캘러핸의 전략이 먹히고 있지만 그만큼 대가도 크다. 게임 시간이 약 23분이나 됐던 것이다. 구스의 플레이가 형편없었기 때문에 경기 시간은 더 단축됐어야 했다. 이런 방식은 킴리를 괴롭히는 결과로 되돌아올 수 있었다. 어쩌면 완전히 나가떨어질지도 몰랐다. 킴리가 2-0으로 앞서지만 구스에게 기회가 있을지 모른다.

내가 아직 희망을 버리지 않는 이유는 3년 전에 구스 데터가 대학 스쿼시 역사상 가장 기적적인 역전극을 선보였기 때문이다. 2006년 2월 하트퍼드에서 열린 트리니티 대 프린스턴의 경기였다. 우리는 밥 캘러핸의 지도를 받은 잘 훈련된 팀을 예상하면서도 여전히 쉽게 이기기를 기대했다. 그런데 현실은 4-4의 난투극이었다.

우리의 운도 다했다. 마지막 경기를 뛸 우리 팀 선수는 스웨덴에서 온 옅은 갈색머리의 신입생 구스였다. 프린스턴에서는 4학년인 야세르 엘 할라비를 내보냈다. 야세르는 혜샴의 형으로, 네 번째 대학 대항전 우승으로 가는 길목에 있었다. 우리 팀 선수는 아직 자신의 기숙사도 잘 못 찾는 풋내기인 데 반해, 상대 팀 선수는 역대 최고의 대학 선수 타이틀을 노리고 있었다. 그야말로 극악무도한 대진표였다.

파키스탄(사실상 경이로운 하심 칸을 필두로 한 페샤와르 기반의 칸 일가)을 빼면 이집트는 세계 유수의 스쿼시 실력을 자랑하는 국가였다. 이집트 선수들은 일명 스쿼시계의 윔블던인 브리티시 오픈이 1930년 창설된 이래로 50년간 해마다 우승을 차지했다. 압박감 속에서도 냉정함을 유지하며 시원시원한 스윙으로 아름다운 플레이를 선보였다. 1990년대에 이집트 스쿼시는 예전 같지 않은 정체기를 겪다가, 메이저 대회를 석권하고 세계 2위로 발돋움한 아흐메드 바라다 선수의 맹활약으로 다시 부활했다. 카이로의 주요 일간지《알 아흐람》의 후원으로 기자 피라미드 앞에 그림같이 세워진 유리 코트에서 대회도 개최됐다. 스쿼시는 이집트에서 축구 다음으로 인기 있는 스포츠가 됐다. 바라다 선수가 전국적인 관심에 염증을 느끼고 2000년에 돌연 은퇴하면서, 그의 뒤를 이을 젊은 선수들이 대거 등장했다. 아므르 샤바나는 네 번 세계 챔피언에 올랐고, 라미 아슈어는 두 번 세계 주니어 대회를 제패한 후 스무 살에 세계 1위에 등극했다. 카림 다르위시는 세계 랭킹 1위에 올랐다. 수준급 대회에서 이집트는 언제나 선수진이 가장 잘 갖춰진 국가였다.

또 다른 승부사로 야세르 엘 할라비가 있었다. 그는 샤바나나 아슈어만큼 촉망받는 선수는 아니었지만, 브리티시 주니어 오픈 17세 미만 부문에서 우승한 적도 있는 일류 선수였다. 어느 날, 엘 할라비 가족의 친한 지인이 밥 캘러핸의 사무실에 들러 말했다.

"추천할 선수가 있는데요."

"누구 말씀이신가요?"

캘러핸은 별 기대 없이 물었다. 나처럼 그도 이런 식의 제의를 정기적으로 받던 터였다.

"야세르 엘 할라비예요."

캘러핸의 입이 딱 벌어졌다. 그 지인의 도움으로 순조롭게 야세르의 프린스턴 대학 입학 절차를 마쳤다. 캘러핸은 아내와 부코치인 닐 폼프레이에게만 말하고 수개월간 이 사실을 비밀에 부쳤다. 나중에 이 소식을 듣고 우리는 정신이 멍해졌다.

야세르의 시작은 순탄하지 않았다. 9·11 테러 이후 1년이 지나지 않았기 때문에 비자를 받는 데 어려움을 겪었다. 미국에 도착했을 때는 학기가 막 시작되고 있었다. 야세르는 캠퍼스에서 유일한 이집트 학생이었지만 실력은 월등했다. 듀얼 매치에서 네 번 패하기는 했지만 1학년 때도, 2학년 때도, 3학년 때도 대학 대항전 개인전 우승을 차지했다. 대학 대항전 스쿼시 남자부 역사상 4학년 때 네 번째 타이틀에 도전하는 사람은 아무도 없었다.

이 2006년 경기 시작 전 워밍업에서 야세르는 구스를 압도했다. 야세르가 코트를 돌며 힘차게 공을 때린 반면, 구스는 초조하게 짧은 드라이브를 연습했다. 볼을 쿡쿡 찔러 치는 모양새가 마치 현금 인출기 앞에서 현금을 꺼내는 사람 같았다. 워밍업은 다채로운 심리전이 펼쳐지는 시간이었다. 선수들은 상대를 관찰하며 샷을 살피고 상대의 능력을 가늠하라는 주문을 자주 무시했다. 대신 공이 상대를 지나 뒷벽까지 흘러갈 수 있도록 세게 후려치려고 애썼다. 힘과 기술을 과시하려는 행동이었다.

야세르는 그럴 필요가 없었다. 워밍업 시작 전 듀얼 매치 스코어는 4-4였다. 우리 팀 2위인 숀 존스턴이 마라톤 같은 대결 끝에 3-2로 마우리코 산체스에게 패했다. 그날 나머지 경기는 모두 3-0으로 싱겁게 끝났다. (그중 세 경기는 3게임이 9-0이었다.) 따라서 이제 남은 경기는 하나뿐이었다. 보통은 1위 선수들이 다른 두어 경기가 진행되는 상황에서 듀얼 매치 결과를 모른 채 코트에 오른다. 그런데 지금은 캘러핸에게 이보다 더 좋을 수 없는 조건이었다. 4-4 상황에서 '마이클 조던'급 선수가 출격을 앞두고 있었으니까. 승리의 종지부를 찍기 위한 야세르의 무대가 준비됐다.

나는 코치실 밖에서 캘러핸과 마주쳤다. 우리는 수다를 떨기 시작했다. 공원에서 우연히 만난 친구들처럼 격식 없는 대화를 나눴다. 우리는 경기가 다 끝난 것처럼 얘기했다. 구스가 이길지도 모른다는 생각은 전혀 들지 않았다.

"그나저나 경기 잘 봤어." 내가 말했다. "정말 잘하던걸. 코칭도 좋았고 선수들도 훌륭했어. 축하하네." 러스 버코프의 경기 때 보비 베일리스 코치가 내게 다가와 악수를 청하던 때와 같았다. 우리는 1, 2분 더 시즌 얘기를 나누다가 동시에 말했다. "이제 경기를 보러 가야지."

초반에 구스는 긴장해서 잘 치지 못했다. 그는 프린스턴 수시 전형에 지원했다가 거절당한 경험 때문에 프린스턴을 꺾고 싶은 마음이 간절했다. 마치 자신을 거들떠보지 않던 팀에게 실력을 입증해 보이기 위한 신인 드래프트 4라운드 같았다.

스웨덴 남부 도시 말뫼에서 자란 구스는 원래 아이스하키를 했다. 그의 아버지는 스웨덴에서 프로 아이스하키 수비수로 활동했고, 심지어 보비 헐 선수가 소속된 NHL 올스타팀을 상대로 매디슨 스퀘어 가든에서 시범 경기를 펼치기도 했다. 구스의 형은 스웨덴 주니어 하키 국가 대표팀에서 뛰었다. 열두 살 때 구스는 하키를 포기하고 스쿼시를 선택했고, 몇 달이 채 안 돼서 스웨덴 13세 미만 부문 전국 대회에 출전해 결승까지 올랐다. 이에 그치지 않고 다른 주니어 부문까지 석권하며 세계 챔피언십에서 국가 대표로 뛰었다.

어느 날 밤 미국 대학을 다니는 꿈을 꾼 구스는 몇 주 뒤 영국에서 열린 한 대회에서 밥 캘러핸을 만났다. 그리고 집에 돌아와 프린스턴 대학교 웹사이트를 찾아본 후 지원하기로 결심했다. 이는 이례적인 결정이었다. 자기 주변의 친구들만 봐도 미국 대학에 가는 사람은 아무도 없었고, 스쿼시로 올 아메리칸에 뽑힌 스웨덴 선수는 단 한 명도 없었다.

프린스턴에서는 캘러핸의 설득과 구스의 높은 성적에도 그를 받아주지 않았다. (토플 점수가 형편없는 것도 한 이유였다. 구스의 영어 실력은 그리 좋지 않았다.) 라이벌에게조차 너그러운 캘러핸은 내게 전화를 걸었다. "구스타프 데터라는 꽤 괜찮은 친구가 있는데, 우리 학교에선 입학을 거절했어. 자네가 트리니티로 데려가면 어떨까 해서."[6]
나는 구스 영입을 위해 토플 시험을 다시 치게 한 뒤(결국 네 번을 쳤다) 입학 허가를 받았다.

2005년 8월에 우리 팀 부코치 제임스 몬타뇨가 공항으로 마중을 나갔다. 구스는 제임스가 낀 큼직한 전국 챔피언십 반지를 응시했고, 트리니티 스쿼시 프로그램의 역사에 대한 설명을 들었다. 구스는 어떻게 적응해 갈지 몰랐다. 그의 경기 방식은 아시아 출신의 공격형 선수들과 매우 달랐다. 그보다는 강력한 수비 능력을 바탕으로 하는 유럽의 전형적인 에이스 킬러형 선수였다. 구스는 1986년 스타일로 경기를 했다. 그때는 국제 소프트볼 게임에서 소모전이 지배했다. 그래서 선수들도 배가 쑥 들어갈 정도로 고강도 훈련을 했다. 한 점을 따는 데 5분, 한 게임을 끝내는 데 1시간이 걸리는 경기를 했기 때문에 허를 찌르기보다는 오래 버티는 게 중요했다. 하지만 1990년대에 들어오면서 이런 추세가 변했다. 더 크고 가벼운 라켓의 도입, 신체 단련의 한계, 프로 경기에 도입된 15점제(종국에는 11점제로 단축됐다), 바라다와 캐나다의 조너선 파워 같은 신예 샷메이커 세대의 출현으로 에이스 킬러형 선수들은 자취를 감췄다.

이 소식은 말뢰에 닿지 못했다. 왼손잡이 구스는 강력한 포핸드와

---

6 캘러핸은 언제나 도움이 되는 친구였다. 1990년대 초반에는 뉴욕 프린스턴 클럽 구인 공고를 전화로 알려 줘서 내가 시애틀의 망해가는 클럽을 떠나 동부로 이주하도록 도왔다.

안정적인 백핸드를 갖추고 있었지만, 눈에 띄는 장기는 전혀 없었다. 강력한 한 방이 없었다. 그보다는 볼을 빠르게 낚아채 발리와 밀어치기를 했고, 무엇보다도 아무리 많은 총잡이가 현란한 솜씨로 시내를 헤집고 다니든 게임의 핵심이라 할 수 있는 탁월한 공의 거리를 유지했다. 공격은 관중을 끌어당겼지만, 수비는 우승을 약속했다.

구스는 매우 능숙한 플레이로 그해 겨울 초반에 팀내 1위까지 올랐지만, 1위감은 아니었다. 실제로 이번 야세르와의 경기가 끝나고 일주일 후에 치른 챌린지 매치에서 한 차례 지면서 다시는 트리니티 1위 선수로 뛰지 못했다. 심지어 2위 자리에서도 1학년 시즌 때 다섯 번 고배를 마셨다.

이 경기 전날, 구스에게 야세르와 싸우는 것은 45분간 세탁기 안에 들어가 있는 기분일 것이라고 말했다. 실제로 야세르는 구스를 코트 위에서 빙빙 돌리며 첫 두 게임을 9-7로 이겼다. 야세르는 게임을 장악했다. 약간의 현란한 기술과 수차례의 단단한 스트레이트 드라이브를 선보였다. 또한 빠른 득점을 위해 서브 공격을 반복했다. 구스는 좁은 방목장에 풀어놓은 종마처럼 전전긍긍했다. 2게임이 끝난 뒤 코트 옆에 있는 계단통으로 구스를 끌고 갔다. 승리를 예감한 프린스턴 사람들은 야세르의 등을 치며 방방 뛰었다.

"사람의 인성은 어려울 때 나타나는 법이야." 구스에게 자극이 되는 말을 해 주고 싶었다.

구스가 내 말을 잘랐다. "이길 수 있어요." 땀범벅이 된 얼굴로 말했다. 자기 실력도 상대 못지않고 야세르가 많이 앞서가는 것도 아니므로 이길 기회가 있으리라고 본 것이다. 이 자신감은 어디서 왔을까? 1게임에서 게임 포인트를 막아 냈을 때일까? 아니면 2게임 초반에 까다로운 샷을 수없이 되받아 치며 마라톤 같은 랠리를 펼친 끝에 한 점을 따냈을 때일까? 야세르를 제압하지 못하리란 법도 없었지만, 그렇다고 구스가 이길 것 같은 기미도 전혀 보이지 않았다.

나는 고개를 끄덕이며 말했다. "네가 준비만 됐다면야." 그런 뒤 구스에게 도움이 될 실질적인 조언을 열심히 생각하면서 야세르의 경기 흐름을 끊어 놓기를 바라는 마음으로 이렇게 덧붙였다. "속도가 빨라지면 늦추고 속도가 느려지면 높여 봐." 내 머릿속에는 이런 생각이 오가고 있었다. '이길 수 있다니…… 그럼, 그렇고말고.'

좋은 코치는 거짓말도 능숙하게 해야 한다. 웨스트포인트 코치 시절에 로드아일랜드 출신으로 트리니티에 다니는 JD 크레건이란 쾌활한 선수가 있었다. JD는 경력이 화려했고, 4학년 때 대학 대항전에서 3번 시드 선수로 뛰었다. 그가 상대로 추첨한 선수는 전형적인 웨스트포인트인이라 할 수 있는 육군 선수 댄 켈라스였다. 매우 숙련되거나 경험이 많지는 않았지만, 성격 좋은 연습벌레였다. 경기 시간은 오전 8시였다. 켈라스에게 도움이 될 만한 말을 찾다가, 켈라스 본인은 아침 일찍 일어나는 데 익숙하지만 JD는 일반 대학생이라 그렇지 않을 것이라고 말해 줬다. JD의 실력이 더 월등했기 때문에 성공 확률은 낮았지만 기습 공격을 노려볼 만했다. 아니나 다를까, 오전 8시가 되자 JD가 약간 졸린 표정으로 나왔고, 새벽 5시부터 깨어 있던 켈라스는 3-0으로 경기를 이겼다. 각 게임 성적은 15-6, 15-11, 15-14였다. 한 랠리를 더 뛰었더라면, 마침내 잠에서 깬 몸이 풀린 JD에게 역전패를 당했을지도 모른다.

도살장에 끌려가는 양처럼 구스는 3게임을 하러 코트로 돌아갔다. 나도 갤러리에 합류했다. 관중의 함성과 함께 노란색과 파란색 벽이 진동하는 것처럼 보였다. 내게 말을 거는 사람은 아무도 없었다. 마치 야구장 선수 대기석에 앉아 있는 무안타 투수에게 괜히 부정 탈까 봐 아무도 말을 걸지 않는 모습이었다. 하지만 그것은 내가 끝내기 만루 홈런을 포기한 모습에 더 가까웠다. 잠시 코치실로 조용히 들어와 우리가 질 거라는 사실을 받아들이려 애썼고, 그런 뒤에는 관중석 뒤편에 누워 천장을 노려보았다. 몸을 일으키자 캘러핸이 보였다. 검은 콧수염 밑에 숨기고 있는 옅은 미소가 여느 때보다 더 굳어 보였다. 캘러핸이 조심스럽게 나를 쳐다봤다. 그가 아니었으면 구스를 영입할 일도 없었으리라는 생각이 새삼스레 들었다.

3게임도 앞선 두 게임과 다를 바가 없었다. 야세르가 5-2로 치고 나갔다. 구스도 물러서지 않고 연속으로 네 점까지 뽑아내며 7-6으로 승부를 뒤집었다. 야세르가 서브 공격에 나섰다. 경기가 45분째 지속되고 있었기 때문에 이제 랠리 시간을 줄여야 했다. 서브권을 가진 야세르가 연달아 두 점을 획득했다.

8-7로 야세르의 매치 포인트였다. 프린스턴이 한 점만 더하면 우리

의 무패 행진도 끝날 터였다. 우리 팀 선수들에게 말했다. "자, 다들 속좁게 행동하지 말고, 프린스턴 친구들에게 축하한다고 해. 그건 수치스러운 일이 아냐."

그 사이 관중석의 반대쪽 끝에서는 프린스턴 선수들이 흥분의 도가니에 빠졌다. 야생의 무리처럼 가냘프게 울부짖으며 서로 장난을 치고 주먹을 휘두르며 하이파이브를 했다. 밥 캘러핸도 나와 비슷한 말을 하며 선수들을 진정시키려 애썼다. "격한 축하는 삼가도록 해. 신사답게 굴라고." 하지만 선수들은 기쁨을 감추지 못했다. 이제 그들은 코트로 우르르 몰려가 온갖 호들갑을 떨며 야세르에게 뛰어들 준비를 했다. 보고 있기가 곤욕스러울 것 같았다.

야세르가 줄무늬 헤어밴드를 다시 매만진 후 서브를 했다. 랠리는 짧았다. 초조한 나머지, 두 선수 모두 샷이 흔들렸다. 구스가 앞벽으로 백핸드 드롭을 했다. 야세르가 빠르게 다가가 잽싸게 티클 보스트를 치려고 했지만, 공이 옆벽에 바짝 붙어 있어서 깔끔하게 치기가 어려웠다. 결국 공은 틴 보드에 맞았다.

구스는 여전히 살아 있었다. 무표정하게 공을 잡고 곧장 서브를 했다. 한 점 획득으로 점수가 8-8이 되며 타이브레이크에 이르렀다. 두 차례 포인트를 주고받았다. 야세르는 서브 공격을 통해 9-8로 다시 매치 포인트를 만들 기회가 두 차례 있었지만, 구스가 그때마다 구사일생으로 볼을 살려냈다. 구스가 9-8로 치고 나가며 순간 이성을 잃었다. 주먹을 불끈 쥐고 소리를 지르며 라켓을 코트 구석으로 내던졌다.

몇 분 전 매치 포인트를 막아냈을 때의 감정이 뒤늦게 표면 위로 부글부글 올라오는 듯했다. 구스가 10-8로 한 게임을 가져갔다. 관중이 괴성을 질렀다. "구스, 구스, 구스!"

3게임이 끝나고 야세르가 양말을 갈아 신기 위해 오른쪽 신발을 벗었다. 부상을 입은 게 보였다. 지난 주말에 로체스터에서 프로 대회가 열렸다. (레피카 라곤체, 베르나르두 삼페르를 포함한) 다수의 트리니티 졸업생뿐만 아니라 4학년인 레지 숀번도 출전했다. 나는 가끔 시즌 오프 기간에 선수들에게 프로 대회에 나가 경험을 쌓고 오도록 했다. 대학에 오고도 프로 투어에 대한 미련을 완전히 버리지 못한 선수들이 많았기 때문에 일정만 맞으면 참가해도 좋다고 허락했다. 하지만 한편으로는 프로 대회에 힘을 쏟느라 본업인 트리니티 팀에 집중하지 못할까 봐 걱정했다. 다행히 레지는 단 한 경기만 이기고 다음 경기에 진 뒤 바로 돌아왔다. 반면 야세르는 나흘 동안 총 네 경기를 뛰고 결승전까지 갔다. 전도유망한 콜롬비아 선수 미겔 로드리게스를 상대로 격전을 벌였지만 결국 3-2로 졌다. 게다가 이 대회에서 야세르는 주문 제작한 교정용 깔창을 시험 착용했다. 결국 일요일 밤늦게 집에 돌아왔을 때는 발에 물집과 염증이 잡혀 있었다. 그래서 월요일인가 화요일에는 연습을 쉬고, 수요일 저녁에 구스와 붙게 된 것이었다. 야세르는 캘러핸에게 이렇게 말했다. "잘해 낼 수 있어요." 하지만 통증이 심해 잘 움직이지도 못했다.

3게임에서 경기를 마무리 짓겠다는 욕심이 치명타가 되어 4게임에서 야세르는 다리를 제대로 굽히지도 못한 채로 뛰었다. 절뚝거리지는 않았지만, 평소처럼 부드러운 움직임은 아니었다. 초반에 구스가 크로스코트로 몰아붙이며 5-1로 리드하자 야세르는 그대로 게임을 내줬다.

실수였다. 나는 늘 선수들에게 한 게임도 거저 주지 말라고, 한 치의 양보도 용납하지 말라고 가르친다. 한 게임을 내주면서 잠시 힘을 비축할 수는 있을지 몰라도, 결과적으로는 상대에게 엄청난 자신감을 주게 된다. 5게임 시작 전에 구스에게 말했다. "야세르는 4게임을 반이나 쉬었어. 4게임을 대충 해치웠으니 5게임에서는 불같이 달려들 거야. 처음 두 번의 랠리가 상상 이상으로 힘들 거야. 강하게 나가. 밀리지 마라."

두 선수는 티셔츠를 교환하고, 마지막 게임에서는 민무늬의 흰색 티셔츠를 입었다. 이는 상징적인 행위였다. 경기는 더 이상 대학 대 대학의 싸움이 아니었다. 두 사람이 개인 대 개인으로 작은 상자 안에서 막대기와 공만 가지고 벌이는 최후의 승부였다. 구스의 심장이 눈에 띄게 쿵쾅거리는 게 느껴졌다. 구스는 믿을 수 없을 만큼 열심히 뛰었다. 점점 힘이 생기는 것 같았지만, 그 힘이 언제까지 버텨 줄지 불안했다. 구스는 정말 자신이 이길 거라고 믿었을까?

5게임 시작 후 두 번의 랠리는 각각 60타 넘게 지속됐다. 구스가 두 점 다 획득하며 2-0으로 앞섰다. 야세르는 탈진한 것처럼 보였다. 발의 통증이 심했다. 트리니티가 점수를 딸 때마다 관중이 소리를 질렀다. 3게임 매치 포인트 상황이 계속 떠올랐다. 야세르는 완전히 지쳤다. 5게임에서 친 볼이 여섯 번이나 틴 보드에 맞았다. 5게임 8-1 상황에서도 나는 여전히 초조했다. 어떻게든 야세르가 되살아나리라 생각했다. 이대로 무너질 선수가 아니었다. 말이 되지 않았으니까. 그때 브라질에서 열렸던 팬 아메리칸 스쿼시 대회가 떠올랐다. 당시 팀 와이언트는 아르헨티나 선수를 상대로 2-0 리드 상황에서 3게임 역시 6-1로 앞서고 있었다. 그런데 경기장이 위치한 고도와 습도(여기에 더해 상대의 빗나간 스윙으로 앞니 반쪽이 떨어져 나간 고통) 때문에 어느 순간 몸이 말을 듣지 않았다. 와이언트는 갑자기 엉망진창이 됐고, 더는 점수를 내지 못한 채 경기에서 지고 말았다. (마지막 세 게임은 9-6, 9-0, 9-0이었다.) 그래서 어떤 식으로든 이런 불상사가 일어날 수도 있겠다 싶었다. 야세르가 되살아날지도 몰랐다.

다행히 그런 일은 일어나지 않았다. 구스가 마지막 두 게임을 9-2, 9-2로 이겼다. 야세르의 마지막 포핸드 보스트 샷이 틴에 맞으면서 경기가 끝났다. 구스와 야세르는 악수를 나눴다. 야세르가 코트를 나가자 구스가 환호하는 갤러리에 공을 던지고 빠르게 공중제비를 돌더니 양 주먹을 귀에 붙인 채 무릎으로 착지했다. 테니스 선수 비외른 보리가 윔블던 우승 후에 하던 세리머니였다. 사진가 딕 드럭먼의 카메라에 찍힌 이 장면은 트리니티 시대의 명장면이 될 예정이었다.

1시간 뒤 구스는 온몸을 불사른 후유증으로 코치실 쓰레기통에 토했다. 우리는 새벽 1시까지 코치실에 앉아 있었다. "집에 가서 잠들고 싶지가 않네." 내가 말했다. "아침에 눈을 뜨면 모든 게 꿈일까 봐." 이메일을 확인했더니 수십 통의 메일이 와 있었다. 하나는 톰 울프 작가가 보낸 것이었다. "오늘 트리니티 일원으로서 일군 성과만으로도 구스 선수는 스쿼시 역사에 지워지지 않을 발자취를 남긴 겁니다. '구스, 구스, 구스'를 연호하는 소리가 영원히 울려 퍼질 겁니다." 나는 집으로 갔고 구스는 마넥과 함께 기숙사까지 걸어갔다.

다음 날 구스가 트리니티 칼리지의 구내식당인 매더 홀에 나타나자 웅성거림이 들리더니 갑자기 사람들이 일어나 연호하기 시작했다. 연호는 곧바로 기립 박수로 변했다. "구스, 구스, 구스." 듀얼 매치가 열린 게 수요일 밤이었고, 금요일에는 우리 선수 몇 명이 구스타프의 행방을 묻는 트리니티 여대생들의 전화를 받았다. 그날 밤 구스는 열댓 명이 넘는 수행단을 이끌고 남학생 사교 클럽을 순회했다. 뒷문으로 슬그머니 들어가 세 겹의 원에 둘러싸인 채 사람들 앞에 섰다. 더는 무명 선수가 아니었다. 이제 큰 책임을 짊어진 선수였다. 《스쿼시 매거진》의 다음 호에는 구스가 5게임에서 이긴 뒤 무릎을 꿇고 있는 장면이 '아틀라스 라이브스'라는 헤드라인과 함께 표지에 실렸다.

매치 플레이의 압박감을 완벽하게 이겨 내는 사람은 아무도 없다. 주변의 영향을 받지 않는 건 인간의 영역이 아니다. 그래서 나는 상황이 파국을 맞는 일이 없도록 균형 잡힌 환경을 조성하려고 최선을 다한다. 중요한 듀얼 매치를 앞둔 전날 밤에는 절대 팀 회식도 하지 않는다. 이 원칙을 철석같이 지키던 나에게 레피카 라곤체는 1999년 하버드 듀얼 매치 전날 밤 순진무구하게 "큰일을 앞두고 축하하는 게 뭐가 나쁘죠?"라고 물었다. 그맘때에는 선수들이 늘 바보 같은 짓을 한다. 신경이 곤두서고 에너지를 주체하지 못해 감정적으로 완전히 흐트러지는 것이다. 선수들은 에너지를 발산할 곳이 필요하다. 혼자 틀어박혀 다가올 듀얼 매치 생각에 사로잡히기보다는 과제를 하고 룸메이트와 잡담을 나누고 여자 친구와 늦은 밤 커피를 마시면서 대학 생활에 집중해야 한다. 어떤 선수들은 너무 긴장해서 잠도 이루지 못하는데, 그런 선수들에게는 이렇게 말해 준다. "숙면이 필요한 건 큰 경기 전날 밤이 아니라 그 전날 밤이야. 사실 전전날 밤이 제일 중요해. 그러니 잠이 안 와도 걱정하지 마. 푹 잘 필요 없어. 그래도 괜찮을 거야." '그래도 괜찮을 거야'라는 주문은 한 시즌 동안 천 번쯤 내뱉는다. 신입생들이 들어오고 다른 학교엔 어떤 신입 선수들이 들어왔는지 생각하며 이 주문은 시작된다. 또한 결과가 쏟아져 나올 때 블로그와 트위터 포스트, 페이스북 페이지, 언론 기사마다 우리 팀과 다른 팀의 대결 예상 결과 분석표가 실리기 시작할 때도 계속된다.

연습할 때 나는 실전 경기의 신체적, 정신적 압박감을 그대로 재현하려 노력한다. 보스트-드롭-드라이브 훈련, 로브-드롭-드롭-로브 훈련, 크로스코트-드라이브-드라이브-크로스코트 훈련은 모두 실제 경기 속도로 진행된다. 느긋하고 여유로운 방식이 아니라 맹렬한 집중력을 발휘해 서브와 서브 리턴을 연습한다. 코트에 세 명을 세우고 압박감 훈련도 한다. 앞쪽에 선 선수가 3-4분간 쉬지 않고 집중 공격을 받으며, 공이 어디로 오든 드라이브와 크로스코트만 치게 하는 것이다. 또한 상황 게임이나 오래된 습관을 깨고 새 패턴을 정착시키는 훈련을 좋아한다. 나는 안일함을 혐오하기 때문이다.

경기는 결과에 대한 걱정을 불러일으킨다. 경기 스코어는 학교 신문과 인터넷 뉴스에 실린다. 선수들의 눈에 연습은 아무것도 아닌 것처럼 보인다. 그래서 심리적 중압감을 재현하기 위해 연습도 실제 매치 플레이에 가깝게 만든다. 경기 중에 겪을 만한 트라우마를 가능한 한 많이 재현한다. 많은 코치들이 코트 밖에서 신체 단련 훈련을 시키는데, 이는 잘못된 생각이다. 물론 땀에 흠뻑 젖을 때까지 트레드밀 위를 달리거나, 경기장 밖이 내다보일 때까지 축구장 콘크리트 계단을 맨 위까지 뛰어오를 수 있다. 하지만 코트 위에서 4게임까지 뛰다 보면 호흡이 거칠어지고, 다리가 후들거리며, 땀이 눈을 찌르고, 보안경에 김이 서리며, 공이 콩알만큼 줄어들어 저 멀리 날아가 버리는 것 같다.

트리니티에 처음 왔을 때 이곳을 웨스트포인트처럼 만들겠다고 결심했다. 하버드 팀만큼 경험이 많거나 기술적으로 능숙하진 못해도 한 경기가 끝날 때마다 더 발전하는 팀을 만들겠다고 생각했다. 그래서 가능한 한 선수들이 라켓을 들고 코트 위에서 훈련하게 하고, 길고 고된 매치가 끝을 향할수록 더해지는 격통 앞에서는 이렇게 외치게 한다. "바로 이거야. 난 이걸 위해 힘들게 훈련한 거야. 꼭 극복할 거야. 두렵지 않아." 나는 선수들이 연습에서도 실전의 격한 고통을 느끼기를 원한다. 언제 그런 고통이 찾아오든 의연하게 대처하며 경기를 끝마칠 수 있도록 말이다. 이런 훈련은 때때로 피학적이다. 셔츠는 땀에 절고 선수들은 진이 빠져 버린다. 뇌에 산소가 부족해져 공황 상태에 빠지고 이산화탄소는 포화 상태가 된다. 에너지가 부족해진 몸은 자체 근육을 소진한다. 폐도 한계점에 도달한다. 그라운드 스트로크를 한 번 더 하면 기절하거나 오바이트를 할 것 같고, 랠리를 한 번 더 뛰면 폐가 폭발해 버릴 것 같은 지경에 이른다.

연습은 절대 벌이 아니다. 연습은 사회 봉사활동처럼 긍정적이어야 한다. 나는 절대 선수들이 벌로 운동장을 뛰게 하거나 푸시업을 시키지 않는다. 선수들이 숨을 헐떡이거나 다리가 후들거리는 경험을 두려움이나 실망, 실패와 연결시키지 않도록 한다. 연습은 신체를 단련시키고, 신체 단련은 5게임 승리를 가져다준다. 장기적으로 운동 연습은 인생과도 관련이 있다. 반백 살이 돼서 이렇게 생각하는 사람이 있을까? '오늘은 달리기를 하자. 나는 벌 좀 받아야 해.'

오늘 구스가 킴리와의 경기에서 2게임을 끝내고 코트에서 나올 때야 무슨 일이 일어나고 있는지 알아차렸다. 구스의 몸은 얼어붙었고 머릿속은 복잡한 상태다. 압박감에 힘이 빠지고 뛰어다니느라 뇌도 돌아가지 않는다. 질지도 모른다는 생각을 떨쳐내려 두 눈은 바들바들 떨린다. 구스는 트리니티에서 4년 동안 엄청나게 성장했다. 경제학 전공에 중국어를 부전공으로 공부해 평점 3.93으로 졸업할 예정이었고, 코네티컷 출신의 여자 친구도 생겼다. 구스는 트리니티의 더그 플루티

(내셔널 미식축구 리그, 캐나다 미식축구 리그 및 미국 미식축구 리그에서 활약한 전직 미국 쿼터백 선수로, 미국의 대학 미식축구 경기인 '오렌지 볼'에서 종료 직전 터치다운을 이끌어 내 상대 팀을 47대 45로 물리쳤다.-옮긴이 주)였다. 이 키 작고 말쑥한 호감형 선수가 한때 기적을 일으켰다. 하지만 이제는 성장한 만큼 더 이상 순진하지 않다. 한 번의 기적은 큰 대가를 요구하고, 두 번째 기적은 요원하다. 야세르에게 2-0으로 지고 있던 때 구스는 점수를 뒤집을 수 있다는 순진한 자신감이 있었다. 하지만 오늘은 자신이 질 거라고 믿는다.

선수의 스타일은 신체적 힘과 재능만큼이나 성격에도 좌우된다. 각자의 지문만큼이나 제각각이다. 구스는 보수적이었다. 가끔은 순진무구하기까지 했다. 아틀라스 라이브스 경기 후 사람들은 캠퍼스 대세가 된 지금이야말로 여자를 만날 적기라고 말해 줬다. "마음에 둔 여자가 있다면 지금이 바로 들이댈 때야."

구스는 수줍음이 많았다. 남학생 사교 클럽을 순회하며 여자들의 칭찬을 한껏 즐기는 것처럼 보였지만 사실은 불안했다. 아틀라스 라이브스 경기 후 구내식당에 갔을 때 학생들의 환호에 적잖이 당황해 밥도 먹지 않고 나왔다.

어떤 수준의 성과에 도달하든 모든 사람은 인정을 원한다. 핵심은 '하지만' 방식을 활용하는 것이다. 나는 막간 코칭 시간에 긍정적인 말로 시작했다가 중간에 '하지만'을 붙여 진짜 하고 싶은 얘기를 한다. 반대로 하는 것보다는 이 방법이 더 효과적이다.

하지만 오늘 구스에게는 긍정적인 말을 건너뛰고 곧장 부정적인 피드백을 시작한다. 약 30초간 큰소리를 치며 격앙된 상태에서 욕도 몇 번 한다. "이건 싸우는 거야. 네 실력을 보여 주는 시간이라고. 그러려면 큰 배짱이 있어야지. 넌 지금 킴리처럼 플레이하고 있잖아. 킴리는 내 선수가 아니야. 나는 킴리를 지도하고 있는 게 아니라고. 내 선수는 구스타프야. 그러니 구스타프처럼 해. 넌 패배를 받아들일 수 있겠지. 하지만 파스는? 바르가스는? 걔들도 패배를 인정할까? 걔들은 지금 다른 코트에서 죽을 듯이 싸우고 있어. 걔들을 실망시키면 안 돼. 랠리를 길게 해. 최대한 길게 끌고 가라고. 한 점 한 점 세 번을 따내 봐. 여기가 '최종 고비'라고 생각해. 넌 마라톤 결승선 10킬로미터 전에 온 거야. 한계에 부딪힌 사람들은 그간의 노력을 잊고 포기하는 쪽을 선택할 거야. 우리는 그러면 안 돼. 지금도 안 되고, 앞으로도 영원히 안 돼."

이렇게 선수들을 닦달하고 소리를 지르는 방법이 도움이 된다는 걸 알고 있다. 때로는 냉정을 잃지 않고 인내심을 발휘하는 방식(일반적인 경기 때 주로 쓰는 방식)이 최선이 아닐 때가 있다. 보통은 선수들을 웃게 하려고 노력한다. 작년에는 심바에게 〈라이언 킹〉 얘기를 꺼내며, 2004년에는 팻 몰로이에게 중국 음식으로 농담을 하며 기분을 풀어 줬다. 그런 식으로 경기의 압박감이 빠져나가도록 약간의 틈을 만들어 준다. 하지만 어쩌다 한 번씩은 잔소리를 퍼붓는다. 너무 자주 하면 약발이 떨어져 하나 마나 한 소리가 되지만, 가끔 하면 효과가 있다.

내 잔소리가 구스에게 먹혔는지는 알 수 없다. 구스는 내게 얻어맞기라도 한 것 같았다. 속을 알 수 없는 스칸디나비아 출신답게 한마디도 대꾸하지 않았다. 선수들이 2-0으로 지고 있을 때면 늘 해 주는 말을 똑같이 해 줬다. "너와 상대에게 주어진 시간은 똑같아. 그 시간 동안 너는 상대가 더 많이 뛰고 더 많은 압박감과 고난을 겪게 해야 해."

"스쿼시는 섹스와 같아." 나는 진부한 문구 하나를 던지며 긍정적인 말로 코칭을 끝내려고 애쓴다. "가능한 한 오래 버티는 게 목표지." 구스가 웃더니 미소를 머금고 돌아섰다. 그러고는 코트로 돌아가 유리문을 닫았다.

문이 닫히는 소리에 2005년 전국 대회가 떠올랐다. 우리는 결승전에서 하버드를 만났다. 경기는 하버드에서 열렸고, 베르나르두 삼페르는 시드 수츠데에게 첫 두 게임을 내줬다. 삼페르는 지금의 구스와 정반대로 너무 감정적이었다. 관중은 지금처럼 홈팀의 영웅을 열렬히 응원하고 있었다. 삼페르를 진정시켰다. 이렇게 무너질 삼페르가 아니라고 다독였다. 그는 천천히 심호흡을 하고 일어섰다. 삼페르의 눈빛을 보고 다시 차분해진 것을 느꼈다. 삼페르는 코트로 돌아가 소중한 물건이라도 다루듯 정성스럽게 문을 닫았다. 그리고 계속해서 승기를 잡으며 3-2로 이겼다.

오늘 구스의 몸이 마음을 따라잡는 데에는 약 20분이 더 걸렸다. 경기는 4-1로 뒤처진다. 자리를 고쳐 앉으면서 야단친 일을 후회했다.

파비오 같은 얘기로 농담을 해 기분을 풀어 줄 걸 그랬다. 더 웃긴 음담패설을 했더라면 좋았을걸 그랬다. 3게임에서 4-1로 뒤지고 있으니 갈 길이 아주, 아주 먼 셈이다.

이 순간까지 코트 바로 뒤는 프린스턴 선수들이 차지하고 있다. 유리벽이 없는 코트이기 때문에 문에 달린 10센티미터쯤 되는 작은 창문 앞이 경기 관람의 명당자리다. 프린스턴 선수들은 이 창문으로 경기를 지켜보고 게임과 게임 사이에 같은 팀 동료에게 훈수를 둘 수 있다. 게다가 이들의 격려 소리는 관중의 왁자지껄한 소음 속에서도 코트 안의 선수들에게 들린다. 마치 상냥하고 긍정적인 목소리가 비밀 파이프를 통해 두 선수에게만 전달되는 것 같다. 킴리가 3게임에서 4-1로 앞설 때 프린스턴 선수 몇 명이 명당자리에서 빠져 나온다. 그 선수들은 달콤한 승리의 순간을 놓치고 싶지 않아 사람들이 몰리는 빽빽한 공간에 끼어 있기보다는 위층 갤러리로 올라가 친구들에게 합류하는 쪽을 택한다. 그들이 떠난 자리에 우리 팀원들이 들어간다. 작은 공간이지만 심리적으로 강한 힘을 준다.

구스와 킴리는 약 5분간 랠리를 주고받는다. 뒤이어 짧은 랠리가 이어진다. 구스는 긴 드라이브를 칠 것처럼 하다가 마지막 순간에 높은 크로스코트를 날리는 속임수로 포인트를 가져간다. 보통은 토끼처럼 재빠른 킴리이지만, 더는 첫 게임 때의 속도를 내지 못하고 자포자기 상태에서 뒷벽으로 공을 날려 구스에게 짧은 드롭으로 득점할 기회를 준다. 방어하기에 너무 멀리 있던 킴리는 가까스로 공에 다가가 몸 바로 옆쪽으로 드라이브를 친다. 준비를 하고 있던 구스가 반사적으로 샷을 한다. 구스는 서비스 박스로 걸어가면서 착 가라앉은 표정으로 내게 고갯짓을 한다. 바로 그 메시지를 이해한다. 정성스럽게 문을 닫던 삼페르의 모습이다. 구스는 자신이 이길 거라고 말하고 있었다.

말도 안 되는 일이다. 2-0 상황에서 3게임을 4-1로 지고 있고 패배까지 단 5점 남았는데, 자신이 이길 거라고 확신한다고? 하지만 구스가 맞았다. 킴리는 지쳐가고 있다. 이번 랠리가 첫 신호다. 단 몇 사람만 눈치 챌 만큼 미묘한 신호다. 이처럼 스쿼시는 영역을 다투는 싸움이다. 눈처럼 하얀 민무늬 벽 안에서 스틱을 갖고 싸우는 복싱과 같다. 다른 라켓 스포츠와 달리 스쿼시에서는 나와 상대를 나누는 네트가 없다. 따라서 상대의 팔을 스치고 상대의 등을 밀치며 상대의 땀 냄새를 맡고 상대의 숨소리를 들으며 상대의 심장 소리를 센다. 이 밀착 상태에서 상대의 분노나 두려움을 흡수할 수도 있고(스쿼시는 시속 125마일의 스톡홀름 증후군(공포심으로 인해 극한 상황을 유발한 대상에게 긍정적인 감정을 가지는 현상-옮긴이 주)과 같다), 자신감으로 상대의 기를 팍 꺾어 놓을 수도 있다. 나에게서 왠지 모를 자신감이 느껴지면 상대는 의아해지기 시작할 것이다. '저 선수는 어째서 긴장해야 할 상황에도 막힘없이 공을 치는 거지? 게임을 지고 있는데 웃는다고? 내가 잘못한 게 있나?' 무엇보다도 스쿼시에서는 상대의 플레이에 극미한 틈이 생기는 것을 금방 알아챌 수 있다.

구스는 대담한 공격을 시작한다. 훌륭한 경기가 흔히 그러하듯 스쿼시에는 시계가 없고, 구스는 모든 랠리를 영원처럼 느끼게 만든다. 킴리의 샷을 하나하나 막아 내며 가차 없이 뒷벽으로 드라이브를 한다. 또한 노골적으로 득점을 노리기보다는 드롭으로 킴리를 앞쪽으로 유인한다. 느슨한 볼에서는 킴리를 뒤로 밀어내며 코트 점유율을 넓혀 간다. 노란색 반다나로 정리한 짙은 금발 머리가 공으로 돌진할 때마다 퍼덕거린다. 킴리는 랠리와 랠리 사이에 허리를 굽히고 숨을 돌리기 시작한다. 또 보안경을 닦거나 벽에 오른손을 문지르고 가끔씩은 머리가 손등에 닿을 때까지 몸을 벽에 기댄다. 구스는 거친 플레이를 하고 있다. 그는 킴리와 키는 비슷하지만 덩치는 훨씬 더 크다. 게임 초반에 둘이 몇 번 충돌하면서 킴리가 어깨와 엉덩이를 주무르기 시작한다. 심지어 헌트 리처드슨 심판이 불필요한 접촉을 자제하라며 구스에게 경고를 준다.

대부분의 젊은 선수들과 달리 구스는 줄어드는 경기 시간에 더 이상 전전긍긍하지 않는다. 1시간 전과 똑같아 보인다. 차분하고 침착하며 편하게 호흡한다. 나는 구스가 태풍의 눈에 들어가 있음을 깨닫는다. 이 역사적인 경기의 돌풍에 전체 건물이 들썩이며 뒤흔들리는 가운데에서도 구스는 고요하다. 열심히 움직이지만 두려움이 없다. 주눅이 들기는커녕 자신감에 차 있다.

세 번의 랠리로 3점을 구스가 가져간다. 1분 만에 구스는 경기의 흐름을 완전히 바꿔 놓는다. 스코어는 동점까지 갔다가 킴리가 6-5로 다시 앞서며 승리까지 3점을 남겨놓는다. 하지만 킴리는 지친 기색이 역력하다. 구스가 높고 부드러운 크로스코트를 정확한 각으로 날린다. 킴리가 공을 향해 달려가지만 발이 엇나가고 라켓의 움직임이 느리다. 심지어 볼을 앞벽으로 보내지도 못한다. 이때부터 점수 차는 다시 좁혀지지 않는다. 구스가 9-6으로 이긴다. 게임의 전반은 4-1로 20분이 걸렸고, 후반은 가혹하게도 8분 만에 끝났다.

4게임에서 킴리는 다시 부지런히 움직인다. 코트의 중심부를 장악하고 구스의 상승세를 저지하며 후퇴밖에 선택의 길이 없도록 만들려고 애쓴다. 하지만 새 셔츠로 갈아입은 구스는 의욕이 활활 불타오른다. 상대가 2-0 리드 상황에서 3게임을 지고 나면 보통은 한숨 돌리고 돌아와 경기를 3-1로 끝낸다는 것을 그는 알고 있다.

하지만 오늘은 아니다. 구스는 지치지도 않고 계속 불가능한 각도로 공을 날리고 킴리가 한 번 더 샷을 하게 만든다. 킴리의 모든 서브를 크로스코트 드롭으로 받아 쳐서 킴리의 백핸드 쪽으로 보낸다. 포인트를 획득하려는 게 아니라 킴리를 코트 앞쪽으로 유인하려는 것이다. 구스가 3-0으로 앞선 상황에서 10분간 점수가 정체기에 머물다가 딱 한 번 바뀌어 3-1이 된다. 긴장감이 넘치는 전형적인 9점제 스쿼시였다. 서브를 한 사람이 랠리에서 이겨야 점수를 획득하는 방식이기 때문에 선수들이 전술을 활용하고 재고하고 버리는 동안 스코어보드가 동결 상태에 빠진다. 3게임 때와 마찬가지로 승기를 잡은 구스는 뒤도 돌아보지 않고 그대로 나머지 포인트를 손쉽게 따낸다. 둑이 무너졌다. 구스가 킴리를 무너뜨렸다.

4게임 후 구스에게 긴장을 풀지 말라고 말했다. 그는 지금의 상황에, 그러니까 100분을 뛰고도 동점인 상황에 분개해야 한다. 원래 100분 후에는 우승을 만끽하며 샤워를 하고 있어야 정상이다.

5게임을 시작한 킴리는 초조해 보였다. 구스가 첫 랠리를 이긴 후 주먹을 불끈 쥐어 보였다. 0-0 상황에서 주먹을 쥔다고? (9점제의 경우 서브권이 있는 선수가 득점했을 때만 득점이 인정된다-옮긴이 주) 그때 킴리가 경련을 일으키기 시작한다. 게임이 시작된 지 3분 만에 탈진해 버린 것이다. 구스는 적수가 아니라 친구로서 걱정하며 다가갔다. 킴리는 벽과 바닥에 기대 몸을 푼다. 2분간 경기가 지연됐다가 구스가 다음 포인트를 따낸다. 역시 세리머니를 한다. 1-0으로 구스가 앞서고 있다. 구스가 서브권을 다시 가져온다. 킴리는 얻어맞은 것처럼 머리가 축 쳐져 있다. 2-0에서 구스가 코트 앞쪽에서 뒤쪽으로 세 번 연속 스매싱을 날린다. 첫 두 번은 뒷벽을 맞고 나오는 볼을 킴리가 백핸드로 살려 내지만 세 번째에는 볼에 닿지 못한다. 구스가 5-0으로 앞질러 나간다. 킴리가 5-3까지 쫓아오지만, 구스는 깊은 로브 샷을 발리 드롭으로 받아친다. 성적이 앞서는 사람이 시도하기에는 확실히 모험적인 샷이다. 킴리는 궁지에 몰렸다. 두 선수 모두 이 사실을 알고 있다. 1975년 마닐라에서 열린 프레이저 대 알리의 복싱 경기로 치면, 14회가 끝나고 프레이저에게 승산이 없다고 생각한 트레이너 에디 퍼치가 시합을 중지시킨 것과 같은 상황이다.

프린스턴을 상대로 다시 한 번 놀라운 기적을 일궈낸 구스는 이번에는 무릎을 꿇고 팔을 들어 올리는 세리머니를 하지 않는다. 코트 위에 시체처럼 반듯하게 누워 라켓만 몸 쪽으로 잡아당긴다. 영락없는 챔피언이지만, 이번에는 챔피언이 기력을 다 소진해 버렸다.

7장
통제권: 안드레스

현재 우리는 프린스턴과 3-3 동점이고, 이제 마지막 조의 경기로 접어들고 있다. 시간은 오후 5시 30분. 선수 소개를 한 지 4시간 반이 지났다. 이렇게 경기가 오래 걸리고 선수와 코치, 관중이 진이 빠져버리는 팀 스포츠는 매우 드물다. 믿을 수 없는 드라마가 펼쳐지면서, 해가 저물기 전에 경기장을 나설 수 있다는 일말의 희망마저 사라졌다.

8일 전 밸런타인데이 시합을 경험하고도 사람들은 듀얼 매치에서 이렇게 흥미진진한 경기를 볼 수 있으리라고 예상하지 못했다. 우선 밸런타인데이 때 치른 여섯 번의 경기 결과 중 세 경기나 뒤집혔는데, 꽤 큰 변동이 아닐 수 없다. 게다가 지금까지 치른 여섯 경기 중 오직 한 경기만 3게임에서 끝났다. 두 경기는 4게임까지 갔고 절반은 5게임까지 갔다. 이런 박빙의 승부는 아주 드물다. 5게임까지 가는 경기는 통계적으로 고급 대학 스쿼시에서 흔하지 않다. 어떤 듀얼 매치든

244

평균적으로 아홉 경기 중 두세 경기만 끝까지 간다. 일례로 밸런타인 데이에 열린 트리니티 대 프린스턴 시합은 5게임까지 지속된 경기가 세 경기였다. 이번 주 일요일에 열린 다른 세 개의 듀얼 매치에서도 다른 상위 8개 팀의 선수들이 총 27번의 개인전을 치렀고 그중 단 네 경기만 5게임까지 갔다. 우리 중 어느 누구도 남은 세 경기가 모두 5게임까지 갈 것이고, 최종 결과가 나오기까지 두 시간 반을 더 기다려야 한다는 사실을 알지 못했다.[7]

안드레스 바르가스는 따뜻하고 익살맞은 성격에 능청스러운 콜롬비아식 재치를 지닌 선수였다. 2학년인 안드레스는 평범한 사람치고는 놀라울 정도로 풍부한 저음 목소리를 냈다. 안드레스가 경기에서 이긴 비결은 탁월한 재능 때문이 아니라 신체 단련과 강인한 정신력 덕분이었다. 그는 175센티미터의 단신과 고양이 같은 유연한 몸놀림을 이용해 코트 위를 활보하는 엘 가토 그란데, 즉 큰 고양이였다.

열세 살 때 보고타에 소재한 푸에블로 비에호 컨트리클럽에서 스쿼시를 시작한 안드레스는 전국 주니어 타이틀을 2회 연속 차지했다. 안드레스가 다닌 가톨릭 남자 고등학교 학생의 약 15퍼센트는 외국 대학에 진학했지만, 안드레스는 그럴 계획이 없었다. 그러다 하트퍼드에

---

7 심지어 우리 팀 10위 선수의 경기도 5게임까지 간다. 대학 스쿼시에서는 상위 9위 경기까지만 결과에 반영하지만, 경기는 10위까지 치른다. 이는 교통수단이 발달하지 않아 간혹 듀얼 매치에 참석하지 못하는 선수들이 있었던 구시대의 유물이다. 이런 이유로 우리는 늘 10위 경기를 치르며, 각 선수도 전력을 다해 경기에 임한다. 오늘은 그리니치 출신으로 우리 팀의 공동 주장이자 4학년인 찰리 타시지안이 멕시코 출신의 제수스 페냐와 대결한다. 이 경기는 다른 아홉 경기와 비교해도 뒤지지 않을 만큼 수준급이다. 찰리는 생애 최고의 스쿼시를 선보인다. 갤러리가 꽉 차고, 다른 코트들의 응원 소리에 견줄 만한 환호성이 터진다. 다섯 번의 치열한 게임 끝에 페냐가 이긴다.

서 트리니티 스쿼시 팀으로 맹활약 중인 베르나르두 삼페르를 우연히 만나면서 생각을 바꾸게 됐다. 안드레스는 내게 이메일을 보냈다. 나는 몇 시간 뒤에 전화를 걸었고, 안드레스는 나의 제안을 받아들였다. 그런 뒤 몇 달 동안 〈반지의 제왕〉이나 〈해리포터〉 같은 영화 시리즈로 영어를 새로이 공부하며 토플을 준비했다.

안드레스는 8월 말 JFK 공항에 내린 뒤 랜디 림을 만나 함께 캠퍼스행 차를 타고 오기로 돼 있었다. 두 명의 십대가 사람들로 붐비는 외국 공항에서 상대의 얼굴도 모른 채 서로를 찾아 헤매는, 기이할 정도로 현대적인 이 순간은 끈끈한 우정으로 이어졌다. (둘은 별 어려움 없이 만났다.) 캠퍼스에 도착한 두 사람은 자신들의 기숙사 방이 같은 건물, 같은 층에 있다는 걸 알게 됐고, 이후 단짝 친구가 되었다.

1학년 때 안드레스는 프린스턴과의 듀얼 매치에서 데이비드 캐너에게 3-2로 졌지만, 이후 전국 대회에서 3-1로 이겼다. 올 아메리칸 세컨드 팀 선수였으며, 실력이 출중했다. 내면의 집중력이 강했고 솔선수범하는 좋은 리더였다. 또한 연습에 제일 먼저 나와 마지막에 나갈 만큼 훈련에도 열심이었다. 여름 방학에는 스쿼시 여름 이동 캠프에 참가해 스페인, 독일, 네덜란드에서 온 주니어들을 지도했다. 그는 멋진 2학년 생활을 보낼 준비가 돼 있었다.

하지만 기대와 달리 혼란스러운 시즌이 그를 기다리고 있었다. 안드레스는 새해가 밝은 뒤 우리를 콜롬비아로 초대해 즐거운 시간을 보냈지만, 바로 뒤에 신체 쇠약에 걸렸다. 1학년 때는 모든 게 새롭고 신낮지만, 2학년 겨울에 접어들면서 뉴잉글랜드 기후가 큰 타격을 입혔다. 따뜻한 햇볕을 많이 쐬지 못해 그의 몸은 일종의 동면 상태에 들어갔다. 스쿼시는 더 이상 큰 흥미를 끌지 못했다. 가벼운 계절성 정서 장애를 앓은 걸지도 몰랐다. 2월 중순이 되면서 대체로 기운을 차렸지만, 증상은 계속됐다. 이는 2학년들이 전형적으로 겪는 증상이었다. 1학년 때의 새로움은 점차 사라지고, 4학년 졸업까지는 너무 먼 탓이었다.

오늘 안드레스의 몸 상태가 완전히 회복된 것인지 걱정이다. 안드레스는 캘거리 출신의 1학년인 켈리 섀넌과 맞붙는다. 많은 신입생처럼 켈리도 시즌 도중에 부상을 입었다(대부분의 1학년에게 이런 식의 강도 높은 훈련은 처음이었으니까). 켈리의 경우는 운동하다가 다친 게 아니고 작은 사고가 있었다. 1학년 겨울, 첫 폭설이 내렸을 때 학교 밖에서 계단을 내려오다가 미끄러지는 바람에 등 근육이 늘어났다. 결국 6주를 쉬었고, 8일 전에 사고 후 첫 경기로 안드레스와 대망의 대결을 펼쳤다. 두 선수의 스타일은 역대 남자 테니스 라이벌인 비외른 보리와 존 매컨로 선수만큼이나 정반대였다. 안드레스가 안정되고 보수적인 사냥개이자 폭격 흡수기인 보리를 닮았다면, 켈리는 교묘한 기술로 시종일관 공격을 퍼붓는 매컨로 스타일이었다. 켈리가 2-1 선두에서 점차 따라잡혀 결국 안드레스가 3-2로 이겼다. 각 게임 성적은 9-2, 2-9, 2-9, 9-5, 9-3으로 희한했다. 다섯 게임이 모두 기본적으로 일방적인 승부였다. 안드레스의 승리는 5-3으로 트리니티의 승리를 굳혔다. 팀 동료들이 코트로 몰려와 그를 둘러쌌다. 이 경기는 그때까지 안드레스가 트리니티에서 낸 최고의 성적이었다.

지금 안드레스는 또 한 번 영웅이 돼야겠다고 느낀다. 스트레칭을 하고 몸을 풀지만, 긴장감이 가시지 않는다. 세 개 갤러리 중 맨 위쪽 갤러리를 돌아다니며 밑에서 진행 중인 경기를 곁눈질하지만, 좀처럼 마음이 진정되지 않는다. 재드윈 체육관 밖으로 나가 쌀쌀한 잿빛 오후에 아이팟으로 〈애니 기븐 선데이〉에서 알 파치노가 시합 전에 했던 대사를 듣는다. 그 전 주에도 이 대사를 듣고 결의를 다진 바 있었다. "한 번에 1인치씩." 하지만 오늘 머릿속에는 너무 많은 생각이 오가고, 알 파치노의 거친 고함소리에 더욱 초조해질 뿐이다.

첫 두 게임은 박빙이지만, 두 게임 모두 안드레스가 가져온다. 그의 얼굴은 무표정에 감정이 없다. 좋은 현상이다. 이대로 3-0으로 이기면 우리는 승리에 한 발 더 다가갈 테니까.

이것만 봐도 내가 얼마나 이 듀얼 매치에 대한 통제력이 부족한지 알 수 있다. 오늘은 이 경기는 물론이고 모든 면에서 내 예상이 빗나가는 듯 보였다.

코칭의 핵심은 통제를 포기하는 것이다. 좋은 코치는 심판과 같다. 심판은 대개 경기 중에 눈에 띄지 않는다. 눈에 띄더라도 나비처럼 휙 왔다가 잠깐 문제만 짚어 주고 다시 가버린다. 하지만 대다수의 젊은 코치들은 끝없는 에너지와 주체할 수 없는 야망으로 모든 문제를 붙들고 있다. 관심을 받은 뒤 다시 스스로에게 집중할 정도로 모든 것을 통제할 수 있다고 믿는다. 또한 많은 코치들이 죄책감을 교육의 도구로 삼으며, 선수들이 코치를 실망시키면 처참한 기분이 들게 만든다. 코치는 선수들을 최우선으로 생각해야 한다. 이기고 지는 것은 코치가 아니라 선수다. 선수들이 코치를 위해 뛴다는 생각을 심어 주는 것보다 더 빨리 분노를 유발하는 방법도 없다. 선수를 최우선으로 삼는다는 것은 본질적으로 팀 전체 시스템을 강요하기보다 선수 개개인을 위한 맞춤형 코칭을 해야 한다는 뜻이기도 하다. 하지만 젊은 코치들은 시스템을 좋아하고 천재 소리를 듣고 싶어 한다. 밤새 경기 영상을 분석하다가 코치실에서 잠드는 사람으로 알려지길 원한다. 대부분의 메이저 스포츠에서 이렇게 된 건 다 텔레비전 카메라 탓이 크다. 관심을 받아야 할 대상은 선수들인데도, 카메라는 주요 경기가 끝나면 어김없이 코치에게 몰려든다. 코치의 성향을 알아보는 간단한 테스트가 있는데, 대부분의 코치는 다음 경기가 언제냐는 물음에 "아, 제 경기는 내일 10시입니다." 같은 답변을 한다. 아차 싶은 순간이다. 이는 경고 신호다. 경기는 '내'가 하는 게 아니라 '우리'가 하는 것이다.

새해가 밝은 뒤 매 시즌이 돌아오면 우리는 2주일간 훈련에 돌입한다. 수업은 1월 셋째 주 월요일인 마틴 루터 킹 주니어 데이 이후에 시작되기 때문에 선수들은 훈련에 전념할 수 있다. 훈련지로는 국내외를 번갈아 가는데, 올해는 일주일간 콜롬비아에 가서 즐겁게 운동했다. 우리 팀이 다 함께 남미에 간 것은 처음이었다. 우리는 베르나르두 삼페르, 안드레스 바르가스, 다니엘 에차바리아, (트리니티 학생은 아니지만 이 프로그램에 함께한 친구로, 랭킹 30위의 프로 선수였던) 미겔 로드리게스의 집에 손님으로 묵었다. 또한 보고타라는 매력적인 도시를 탐방하고 바셋의 생일 축하 파티를 하며 해발 2,500미터에서 일주일간 훈련하는 특혜를 누렸다. 높은 고도는 무척 고통스러웠다.

훈련 프로그램에는 보고타 외곽에 자리한 몬세라테 언덕을 올라가는 일정도 있었다. 대부분은 뛰어서 올라갔는데, 로드리게스는 31분 만에 완주했고 레지 숀번과 구스 데터는 39분이 걸렸다. 대부분은 1시간 내에 간신히 올라왔다. 나는 걸어서 90분 만에 올라갔다. 무릎이 미친 듯이 아팠지만, 선수들이 정상에서 기다리고 있다는 생각에 계속 걸었다. 결국에는 선수들이 마지막 구간을 뛰어내려와 나를 다독이며 함께 정상까지 올라가 줬다. 내려올 때는 모두 곤돌라를 이용했다.

우리가 돌아왔을 때는 새 암호, 새 주문도 생겼다. 스페인어로 '11'을 뜻하는 단어 '온세(once)'라는 암호였다. 우리는 콜롬비아에서 돌아온 직후 새로운 구호도 생각해 냈다. 우리가 공항에 도착하고 얼마 지나지 않아 심바의 아버지가 심장마비로 돌아가셨다는 연락이 왔다. 심바는 다시 비행기를 타고 고향으로 날아갔다. 트리니티에 온 이후 처음으로 짐바브웨로 돌아가는 것이었다. 심바가 2주 가까이 고향 하라레에 있다가 돌아왔을 때 우리는 이번 시즌 동안 그의 아버지를 기리기로 하고 매번 팀 작전 회의가 끝날 때마다 "심바!"를 외쳤다.

개학 전주에 우리는 하트퍼드에 있었다. 캠퍼스에 학생들이 거의 없었고 우리도 임박한 듀얼 매치가 없었기 때문에 이 기간에 아무런 방해 없이 집중적으로 선수들을 지도할 수 있었다.

퀘이커 교도들에게는 '계속적 계시'라는 신앙론이 있다. 그들은 최종적인 정설, 즉 어떤 경우에도 변치 않는 확고한 진리는 없다고 믿는다. 언제나 더 배울 것이 있다고 생각한다. 그래서 새로운 경험과 정보에 비춰 자신들이 아는 것을 시험한다. 지진이나 쓰나미를 겪은 사람들이 말해 주듯, 다 안다고 믿는 사람은 종국에는 실망할 수밖에 없다. 하느님의 사랑은 무한하기 때문에 우리는 인생을 살면서 새로운 무언가를 계속 발견할 수 있다. (나는 풍자극 연기자 집시 로즈 리가 했던 "하느님은 사랑이다 하지만 그 사실을 서면으로 남겨 놓아라"란 말을 선수들에게도 종종 들려줬다.) 퀘이커 교도들에게 인생은 질문하고 찾고 배우고 다시 배우는 지속적인 과정이다. 사전에서 가장 중요한 단어는 '왜'다.

옳은 행동을 본받는 것은 올바른 코칭의 가장 중요한 요소다. 나는 외부 코치와 선수들을 영입해 함께 일함으로써 선수들에게 내가 계속적 계시를 믿는다는 사실을 보여준다. 이런 방식을 통해 내가 나의 방법에만 연연하지 않는다는 걸 알려 준다. 내 자존심보다는 팀과 선수들의 발전이 먼저다. 배움을 얻으려고 노력하고 또 질문을 던진다. 내가 56세라고 해서 또 머리가 희끗하다고 해서 모든 해답을 갖고 있는 건 아니라는 사실을 선수들이 알기를 바란다. 내가 하는 일은 상자에서 공을 꺼내 코트 위로 굴려 주는 것뿐이다. 이를 통해 '나는 여러분과 함께 걸어갈 것이고, 여러분과 함께 답을 찾아갈 것이다'라는 메시지를 전한다.

내가 처음으로 선발한 외국인 선수 중 한 명인 로한 바푸는 조로아스터교도였다. 로한이 선발차 트리니티를 방문했을 때 우리는 느긋하게 점심을 먹으며 조로아스터교 교리에 대해 얘기를 나눴다. 로한의 어머니가 단 몇 마디로 요약한 바에 따르면 그 교리는 '좋은 생각, 좋은 말, 좋은 행위'였다. 10년 뒤 우리 아버지가 돌아가셨을 때 바푸에게 전화해 그 표현을 다시 확인했다. 그동안 그 말을 곱씹고 또 곱씹었는데 아버지 장례식 때 추도 연설의 뼈대로 사용하면 좋을 것 같았기 때문이다.

내가 다른 코치들을 영입하는 이유도 선수들이 내게 익숙해져 있기 때문이다. "내가 웨스트포인트에 있을 때……"라는 말이 나오는 순간 어김없이 선수들의 시선이 돌아간다. 익숙함은 무관심을 낳는 법이다.

내가 웨스트포인트에 있을 때, 그러니까 스쿼시 코치로 고용된 1976년부터 모든 배움의 과정이 시작됐다. 그때만 해도 스쿼시에 대해 아무것도 몰랐고, 그래서 스쿼시 코치 구인 공고를 접하고 두 번째로 든 생각은 멘토를 찾아야겠다는 것이었다(처음으로 든 생각은 '스쿼시가 뭐지?'였다). 내게는 배움이 필요했다. 코치가 필요했다. 그래서 하버드대 스쿼시 겸 테니스 코치인 데이브 피시에게 전화를 걸었다. 피시와의 인연은 테니스 대회에서 딱 한 번 10초 정도 본 게 전부였다. 피시는 나보다 딱 두 살 많았지만, 스쿼시와 테니스에서 높은 평가를 받는 인물이었고 하버드대의 우상인 잭 바너비의 뒤를 이어 이제 막 코치가 된 상황이었다. 나는 하버드대가 위치한 케임브리지까지 운전해 갔고, 하루 동안 피시를 따라다니며 어떻게 훈련을 진행하는지 배웠다. 그때 그의 너그러운 배려는 한순간도 잊은 적이 없다.

이따금 전 캐나다 국가 대표팀 코치였던 영국 출신의 마이크 웨이를 데려온다. 짧게 깎은 머리에 피부가 창백한 마이크는 몇 십 년간 형광 등이 켜진 네모난 코트 안에서 뛴 수많은 스쿼시 선수처럼 유령 같은 몰골을 하고 있다. 마이크가 선수들에게 깊은 인상을 남기는 이유는 한편으로는 신뢰할 만한 인품과 검증된 전적이 있기 때문이고, 또 한 편으로는 젊은 코치들이 하듯 지나치게 자기 방식을 강요하지 않기 때 문이다. 마이크는 자신의 훈련 방식에 자신감을 드러내면서도 발리나 드롭을 치는 방법은 여러 가지가 있음을 인정한다. 엘리트 선수가 엘 리트인 까닭은 게임을 잘 알기 때문이다. 그들에게 엄격한 잣대와 교 조적 신념을 들이대서는 안 된다. 거의 모든 혁신은 원래 선수들에게 서 나온다. 선수들이 먼저 알아내고 난 뒤에 코치들이 이를 알게 되는 것뿐이다.

마이크는 전 월드 챔피언인 조너선 파워를 코칭하게 된 일화를 자 주 얘기한다. 마이크는 1994년경 그레이엄 라이딩이라는 잠재성 있 는 십대 캐나다 선수를 지도하게 되었다. 그리고 얼마 지나지 않아 라 이딩의 PSA 랭킹이 치솟았다. 어느 날 라이딩이 조너선 파워라는 어 린 선수와 친선 경기를 했다. 경기가 끝난 후 마이크와 라이딩이 머리 를 맞대고 경기 얘기를 하고 있을 때 파워가 두 사람에게 다가와서 물 었다. "혹시 제 플레이에 대해 조언해 주실 게 있나요?"

마이크가 그렇다고 말하며 몇 가지 조언을 해 줬다. 파워는 자신에게도 강습을 해 줄 수 있는지 물었다. 그 다음 주에 마이크는 파워를 코트로 데려가서 말했다. "포핸드 드롭을 연습해 볼까?"

"어떤 거 말이세요?" 파워가 물었다.

"어떤 거 말이냐고?"

"네, 어떤 거요? 방법이 여섯 가지라서요."

"여섯 가지나 된다고?"

"물론이죠."

파워가 대답하더니, 여섯 가지를 빠르게 시연하며 스트로크의 미세한 차이를 설명했다.

마이크가 이 일화를 들려준 이유는 파워의 엄청난 재능을 알려 주고 파워가 대부분의 일류 선수들처럼 자신의 종목과 새로운 세부 기술에 끊임없이 흥미를 느낀다는 사실을 입증하기 위해서만이 아니었다. 이 일화를 통해 파워가 자신에게 스쿼시란 종목에 대해 가르침을 준 일화를 알려 주고자 했다. 선생이 학생이 된 셈이었다. 우리는 누구나 배울 수 있다. 누구도 언제나 통제권을 쥘 수는 없다.

그런 뒤 나는 정확한 지적도 빼놓지 않았다. "그런데 말이야, 따지고 보면 파워가 보여 준 드롭샷은 네 개뿐이었어."

통명스럽고 때로는 무신경한 마이크는 선수들을 쥐락펴락한다. 그의 입에서 사탕발림은 기대할 수 없다. 명료하게 생각하고 그 생각을 그대로 말한다. 자신이 무슨 말을 하는지 알고 말하는 사람의 말은 닮순하면서도 구체적이다. 그 말이 복잡하다면, 다시 말해 이야기가 삼천포로 빠지고 "물론이지", "분명히", "솔직히" 같은 군더더기가 붙는다면 그 사람은 실제로 자기가 무슨 말을 하는지 모르는 것이다.

나처럼 마이크도 되도록이면 선수들과 시합을 하지 않는다. 경쟁은 코치가 아닌 다른 팀과 하는 것이다. 나는 월드 팀 테니스(WTT) 리그에 출전한 팀 중 하나인 '하트퍼드 폭스포스'의 헤드 코치로 일곱 번의 여름을 보냈다. 1974년에 빌리 진 킹이 설립한 WTT는 편한 마음으로 테니스를 즐기게 하기 위해 만든 팬 친화적인 프로 연맹이다. 하트퍼드 폭스포스가 1999년에 출범했을 때 빌리 진은 내게 이 팀을 지도해 달라고 부탁했다. (나는 몸값이 비싸지 않은 데다 하트퍼드의 마당발이어서 그들의 눈에 들었다.) WTT는 대학 스포츠에 몸담고 있던 내게 매력적인 변화였다. 테니스 프로 선수들은 내가 지도했던 대학 선수들보다 정서 발달은 훨씬 덜 됐지만(이들은 11, 12세 때부터 애정을 한 몸에 받았다), 힘(속뜻은 돈, 명예)은 훨씬 더 많이 가졌다. 이곳에서 보낸 첫 시즌은 녹록치 않았다. 선수들에게 어느 정도까지 코칭을 해야 할지 감이 오지 않았다. 마디 피시, 모니카 셀레스 등 이 팀에 속한 선수들은 이미 뛰어난 기량을 보였고, 전업 코치까지 두고 있었다. 빌리 진에게 조언을 구하자 그녀가 간단하게 답했다. "다 훌륭한 선수들이지만 여전히 인정을 원해요. 다른 사람들처럼 여전히 불안을 느끼죠."

한번은 전도유망한 어린 남아공 여자 선수와 연습을 할 때였다. 우리는 천천히 랠리를 시작했다. 나는 볼을 순조롭게 치고 있었다. 그 선수를 코트 뒤편에 꼼짝없이 붙들어 두고 낮고 미끄러지는 어프로치 샷에 뒤이어 비스듬히 발리를 보내 득점 기회를 만들었다. 랠리는 물 흐르듯이 순조로웠다.

연습이 끝나자 그 선수는 네트로 와서 욕을 퍼부었다. 이런 형편없는 대우는 처음이라면서 자신이 받을 관심을 내가 가로채고 있다고 말했다. 본인의 코치와 대결하고 싶지 않았던 것이다. 포인트를 계산해 점수를 내지도 않았는데, 그 선수는 이를 대결로 받아들였다. 결국 우리 사이는 나빠졌고, 시즌이 끝날 무렵에 그녀는 내게 말도 걸지 않았다.

그때부터 선수들과 코트에서 시합을 하지 않았다. 공을 패스하거나 샷 시범은 보여 줘도, 두 번 다시 포인트 랠리는 하지 않았다. 사실 웨스트포인트에서는 선수들과 몇 번 시합을 한 적도 있었다. 그때는 나나 선수들이나 스쿼시를 배우는 과정이었고, 나이대도 거의 비슷했다. 이 때문에 혼동이 생겼다. 선수와 코치 간에 있어야 할 벽이 무너져 버린 것이다. 코치는 코치일 뿐 선수가 아니다.

결국 아무리 코트에서 뛰고 싶어도 그럴 수 없는 처지가 됐다. 그동안 체조와 스쿼시, 테니스를 하면서 달리기와 점프, 착지, 전력 질주로 몸을 혹사시킨 탓에 무릎과 등을 못 쓰게 됐다. 1998년부터 2005년까지 여덟 번의 수술을 받았다. 다섯 번은 무릎 수술이었고, 세 번은 등 수술이었다. 그 후에는 선수들과 시합을 할 기회가 없었고, 시합을 하는 경우에도 선수들이 일부러 나를 봐주며 살살 뛰었다. 공이 아웃

되지 않게 조심하면서 "잘하시는데요, 코치님" 같은 말로 선심을 쓰는 척했다.

2005년 4월에는 가벼운 뇌졸중도 앓았다. 두 번째 아내와 별거 중이던 그때 친구의 집에 얹혀살며 의기소침한 나날을 보냈다. 어느 날 저녁, 소파에서 텔레비전을 보다 리모컨을 계속 떨어뜨렸다. 소파에서 몸을 일으키자 술을 한 방울도 마시지 않았는데 취한 것 같은 기분이 들었다. 잠자기 전 양치를 하려고 화장실까지 휘청거리며 갔지만 칫솔을 잡을 수가 없었다. 아침이 되면 괜찮아지겠지 생각하며 잠자리에 들었고, 우울감도 겪고 있던 터라 잠에서 깨지 않더라도 상관없다는 생각까지 했다. 아침이 와도 왼손은 여전히 사용할 수 없었고, 말할 때 발음도 불분명했다. 그때서야 주치의를 찾아가 자초지종을 설명했다. 의사는 몇 가지 검사를 권했다.

"알겠습니다." 내가 말했다. "그런데 오늘은 금요일이고, 내일 휘턴에서 듀얼 매치가 있는데, 검사는 월요일에 받아도 될까요?"

의사가 미소를 지으며 말했다. "밖에 앰뷸런스가 환자분을 데려가려고 하염없이 기다리고 있답니다. 다른 병도 아니고 뇌졸중이에요."

병원에서는 의사들이 계속 레지던트들을 데리고 나를 보러 왔다. 의사들은 이렇게 말했다. "보이지? 저 환자가 이렇게 병원에 누워 있을 사람이 아니야. 너무 건강하고 체격도 좋고 젊기도 젊은 데다 체력도 좋아." 그때까지는 순전히 운이 좋았을 뿐이다. 지금의 나는 코트 위의 쇠망치가 아니라 코트 밖의 전략가에 가깝다.

내가 더는 선수들과 시합을 하지 않는 것처럼 스스로의 감정을 통제하는 것도 대단히 중요한 일이다. 열까지 세는 인내심을 배워야 한다는 사실을 여러 상황에서 절감했다. 웨스트포인트에서는 학부 과정 4년 동안 학생 감소율이 50퍼센트나 됐다. 대단히 남성적인 환경이었기에 자퇴는 나약함의 표시로 비춰졌다. 하지만 이 사관학교에서는 군인 경력은 말할 것도 없고 학업조차도 모두가 원하는 바는 아니었다. 이런 사실은 많은 학생에게 엄청난 내적 갈등을 일으켰다. 결국 학생들은 일부러 낙제점을 받아 퇴학을 당했다. 내 선수 중에도 한 명 이상이 그랬다. 체면상 자퇴보다는 성적 불량으로 쫓겨나는 편이 더 나았기 때문이다.

중대 시점은 2학년 말에 찾아왔다. 웨스트포인트 생도들은 군사적 의무를 다하지 않으려면 3학년이 시작되기 전에 학교를 나가야 했다. 존 벨이라는 2학년 학생은 시즌 마지막 경기일에 2학년이 끝나면 그만두겠다고 말했다. 댈러스 출신의 아프리카계 미국인이었던 벨은 웨스트포인트에 오기 전부터 훈련이 잘 돼 있어서 내 조언을 들으려고 하지 않았다. 실제로 코치의 말을 듣지 말고 '네 방식대로 하라(Play Your Game)'는 의미를 되새기기 위해 라켓에 'PYG'를 새기기까지 했다.

벨이 그만두겠다고 말했을 때 고되고 치열했던 2년간의 노력이 물거품이 된 심정이었다. 하지만 꾹 참고 부정적인 말은 하지 않았다. 그저 본인의 마음이 시키는 대로 하라고 격려해 줬다. 그럴 때는 자존심을 굽히는 게 최선이었다. 어떤 문제들은 우리의 손을 벗어난다. 그럴 때는 어떻게 해 보려고 하지 마라.

시즌 마감 회식 때 자리에서 일어나 2년간 벨과 같은 팀에서 뛰어서 무척 행운이었다고 말한 뒤 그의 건투를 빌어 줬다. 다음 날 벨이 코치실에 와서 내가 자신을 그토록 아끼는지 몰랐다며, 팀이나 코치가 아닌 자신을 그렇게 생각하는지 꿈에도 몰랐다고 말했다. 결국 벨은 그만두겠다는 말을 철회하고 제 기간에 졸업했다.

또 웨스트포인트에 있을 때의 일이다. 우리는 기존 스쿼시 코트들을 개조하고 추가로 뒷벽 유리 코트를 지었다. 그런데 내가 게으름을 피우다가 그만 웨스트포인트 스쿼시 팀의 걸출한 역사를 보여 주는 팀 사진과 명판을 다시 거는 걸 깜빡했다. 어느 주말에 스쿼시 시설을 방문한 월터 오어라인은 후일 자신의 1965년 대학 대항전 트로피가 어디 있는지 묻는 친절한 편지를 보냈다. 나는 마치 내 지도력에 도전장이라도 내민 것처럼 그 편지를 개인적인 모욕으로 받아들였다. 바보 같은 생각이었다. 월터는 그저 웨스트포인트 스쿼시 팀의 역사에 대해 물은 것이었다. 그런데 나는 내 스쿼시 지도력에 불안을 느끼고, 독설에 찬 장문의 답장을 썼다. 어쨌든 그날은 해가 져버려서 편지를 봉투에 넣어 부치지 못한 채 학교를 나왔다. 다음 날 출근해서 그 문제를 곰곰이 생각해 본 뒤 월터에게 악의가 없다는 사실을 깨닫고 편지를 부치지 않았다.

이런 경험들은 트리니티에서 그대로 되풀이됐다. 4학년 선수 하나가 팀 내 9위 자리를 놓고 다투는 시즌 말 챌린지 매치에서 진 일이 있었다. 고성과 몸싸움이 워낙 심해서 마지막 두 게임은 내가 심판을 봤는데, 매치가 끝났을 때 그 선수가 팀 동료들 앞에서 코트를 박차고 나가며 소리를 질렀다. "날 속였네요, 코치님." 나는 코치실로 돌아갔다. 내팽개쳐진 유니폼과 라켓이 눈에 들어왔다. 선수가 팀을 나간 것이었다. 순간 분노했다. 이런 식의 반항을 그냥 용납하라고? 4학년씩이나 됐는데? 잠시 뒤 그 선수가 걸었을 긴 여정을 마음속으로 생각해 봤다. 그의 아버지가 집 안에 스쿼시 코트를 설치해 준 일과 함께 10년 동안 그가 겪었을 압박감을 헤아려 봤다. 그 유니폼과 라켓을 못 본 척하며 그 선수에게 이메일을 보냈다. 그렇게 행동한 데 대해서는 질책의 말을 했다. 그리고 쓰라린 경기였지만 그럼에도 훌륭한 스포츠맨으로서 지금까지 일군 놀랄 만한 성적(4년간 34승 0패였다)을 잘 마무리하길 바란다고 덧붙였다. 다음 날 그 선수가 코치실에 찾아와 내게 포옹을 하고는 자기 물건을 챙겨 코트로 갔다.

코칭을 할 때 또 중요한 점은 자기답게 가르치는 것이다. 엘리트 선수들과 일할 때 자신답지 못한 모습을 꾸며내는 것은 금물이다. 속임수는 통하지 않는다. 내가 웨스트포인트에서 스쿼시 코치로 일할 때 농구 코치는 마이크 시셰프스키였다. 어느 겨울날, 스쿼시 팀 코칭에 참고할 만한 아이디어를 얻기 위해 마이크에게 농구 연습에 참관하게 해 달라고 부탁했다. 연습이 끝을 향해 갈 때쯤 마이크가 폭발하더니 선수들에게 고함에 삿대질을 하며 일장 연설을 늘어놨다. 마이크가 팀에 대한 열정이 대단한 것은 알았지만, 보통 때는 조용하고 내성적인 사람이었기 때문에 그렇게 격앙된 모습을 보고 깜짝 놀랐다. 잔소리를 끝낸 마이크는 연습을 마무리하고 선수들을 샤워장으로 보냈다.

그날 늦게 마이크의 집을 찾아갔다(우리는 서로 집이 가까워 아이들끼리도 어울렸다. 우리 아이들이 마이크의 아이들을 때리는 일이 많았지만). 나는 아까 왜 그렇게 흥분했는지 물었다. 마이크가 미소를 짓더니 차분한 목소리로 선수들의 이목을 집중시키기 위한 의도된 행동이었고, 몇 주 전부터 잔소리 좀 해야겠다고 벼르고 있었다고 말했다.

그 이야기를 들은 뒤 해군 사관학교와의 경기를 며칠 앞두고 우리 팀 선수들에게도 똑같이 해 보기로 마음먹었다. 선수들이 팀 러닝 스프린트 훈련을 건성건성 하는 모습을 보고 한자리에 불러 모았다. 눈 깜짝할 사이에 특별히 골라 놓은 나무 라켓을 집어 들었다. 이미 살짝 금이 간 라켓이었다. 나는 고함을 지르고 격정적으로 화를 내며 라켓을 바닥에 던져 박살 냈다. 라켓은 마치 예술 작품처럼 서너 조각으로 쪼개졌다. 침묵 뒤 킥킥 소리가 들렸다. 선수들에게는 이 상황이 웃기기만 했다. 내가 진지한 사람이 아니라는 걸 안 것이다. 급기야 선수 한 명이 내 등을 토닥거렸다. 선수들은 깔깔대며 스프린트를 마저 하러 갔다.

결국 코칭이란 선수들을 한 명 한 명 파악하는 일이다. 언젠가 육군 사관학교 테니스 팀을 데리고 텍사스로 봄 방학 여행을 떠난 적이 있다. 우리는 어빙을 베이스로 정하고, 베일러 대학과 경기를 치르기 위해 아침에 3시간가량 차를 타고 웨이코로 향했다. 그리고 경기를 마치고(7-0 완패였다) 돌아오는 길에 웨이코시 외곽에 있는 인적이 드문 주유소에 들렀다. 모두 우르르 내려 화장실에 가거나 작은 상점에서 간식거리를 샀고, 다시 밴을 타고 세 시간을 달려 어빙으로 돌아왔다. 호텔에 도착해서야 웨이코 주유소에 선수 한 명을 두고 왔다는 사실을 깨달았다. 나는 세 시간을 달려 다시 주유소로 갔다. 그 선수는 차양막 그늘 바닥에 앉아 있었다. 지갑을 차에 두고 내린 바람에 돈도 없었고, 휴대폰이 상용화되기 훨씬 전이라 누구에게 전화를 걸어야 할지도 몰라서 그저 누군가 자신을 찾으러 오기만 간절히 기다리고 있었다.

그때 사람들을 제때 제자리에 있게 하는 것이 코칭의 절반 이상이라는 사실을 깨달았다. 그 밖의 모든 것은 부수적인 요소다. 물론 일단은 차가 필수다. 어느 해인가, 우리 팀은 다트머스 대학과 시합을 치르기 위해 해너버에 갔다. 그날 밤 선수들이 간식거리를 사러 나가고 싶다고 밴을 빌려 달라고 했다. 자동차 키를 넘겨주고 잠자리에 들었다. 아침에 밴을 타고 이동하다가 주행 기록계에 추가로 640킬로미터가 찍힌 것을 알아차렸다. 간밤에 선수들은 몬트리올까지 다녀온 것이었다.

하지만 아들 매튜를 대할 때는 통제와 코칭에 관한 모든 교훈을 내던져 버렸다. 그동안 선수들을 지도하며 얻은 지혜와 경험은 고사하고 그에게 물려줄 게 전혀 없는 기분이었다. 매튜에게 해준 것이 없었다. 아버지의 부재, 자존심, 자만 말고는 아무것도 주지 못했다. 10은커녕 1까지도 세지 않았다. 기다리는 일 자체를 거부했다. 아들에게 사랑을 보여 주지 않았고, 아들의 문제가 심각해지도록 방치했다. 아들이 삶의 기로에 놓였을 때 그 곁을 지켜주지 않았다.

매튜가 사라진 2년의 세월은 끔찍했다. 처음에는 아들의 행방을 알 수 없어 걱정이 됐다. 그러다 무서워졌고, 그러다 무관심해졌다. 마냥 기다려야 했다. 내가 코치로 일할 때 저녁마다 아이를 기다리게 한 것처럼. 이제는 내가 기다릴 차례였다.

내가 뭘 어쩔 수 있었겠는가? 폭행 치사의 가능성은 전혀 없었다. 매튜는 185센티미터의 키에 몸무게가 90킬로그램으로, 납치를 당하기엔 덩치가 너무 컸다. 그런 애가 가출을 했으니 나로선 찾을 도리가 없었다.

1998년 어느 날 아침, 코치실에 앉아 있는데 전화가 쉴 새 없이 울렸다. 여느 때처럼 코치, 선수, 신입생, 운동부 조교, 학부모들의 전화였다.

"아빠, 저 매튜예요."

나는 아무 말도 하지 않았다. 마치 돌아가신 종조부의 목소리를 듣고 있는 기분이었다. 마침내 무슨 말이든 해야 한다는 걸 깨닫고 내가 물었다. "매튜, 지금 어디 있니?"

"워터베리에 있는 교도소요. 보석금으로 저 좀 빼주실 수 있어요?"

한 시간 뒤 워터베리 카운티 교도소로 들어가고 있었다. 우리는 포옹을 했다. 매튜를 데리고 나와 차에 올라탔다. 매튜는 약물 소지, 풍기 문란 등 자신의 혐의를 읊더니 이제 깨끗이 손을 털고 정신을 차리겠다고 말했다. 아들은 딴 사람 같았다. 머리는 여러 갈래로 땋았고, 문신이 더 많아졌다. 팔을 타고 구불구불 올라가는 거대한 문신, 물고기가 물고기를 물고 있는 정교한 이미지, 물, 불, 불꽃 등 종류도 다양했다. 훨씬 나이 든 얼굴이었다.

우리는 워터베리의 구시가지에 있는 매튜의 집으로 갔다. 방충망 문짝이 반은 우그러진 채 바닥에 놓여 있었다. 집 안으로 들어가니 천장에 바른 회반죽이 햇빛에 반짝였다. 핏불테리어 두 마리가 짖었다. 부엌 식탁이 시커멓고 미끈미끈한 광택으로 번들거렸다. 매튜의 여자 친구 캐런이 집에 있었다. "마테오." 그녀가 침실에서 둔한 목소리로 말했다. 교도소에서 밤을 보내고 온 남자 친구를 반기는 기색이 거의 없었다. 캐런의 두 아이가 다른 방에서 바닥에 앉아 텔레비전을 보고 있었다. 방바닥이 비닐로 싼 소파보다 더 편안했다.

우리는 밖으로 나가 작은 식당에서 점심을 먹었다. 캐런은 스트리퍼였고, 보비라는 예명으로 활동했다. 그녀는 그 식당 근처에 있는 클럽에서 일했다. 매튜는 우연히 그 클럽에 갔다가 캐런과 사랑에 빠졌고, 매일 밤 클럽을 찾아갔다. 매튜는 캐런이 자신과 말을 섞긴 했지만 단지 팁을 받으려고 그러는 건지 확신하지 못했다. 캐런은 매튜를 마테오라고 불렀다. 그녀는 푸에르토리코 출신이었다.

나는 매튜에게 차를 사 주고, 캐런의 아이들에게 음식을 사줄 약간의 돈도 줬다. 매튜는 워터베리의 한 레스토랑에서 바텐더 보조로 일했다. 몇 주 뒤 크리스마스에 매튜와 캐런, 두 아이가 펄 리버에 사는 우리 부모님 댁에 찾아왔다. 부모님은 두 아이를 손주처럼 대하며 선물을 주고 나들이도 데려갔다. 심지어는 그해 겨울에 워터베리까지 운전해 가서 온 가족을 데리고 나가 저녁을 사 줬다.

또다시 경찰서에서 전화가 걸려왔다. "아빠, 저 브리지포트에 있어요." 헤로인을 거래하다 잡혔다고 했다. 나는 매튜를 브리지포트에 있는 구세군 중독 치료소에 입소시켰다. 시설이 꽤 좋은 재활원이었다(나는 웬만한 코네티컷 재활원은 다 꿰고 있었다). 일주일에 한 번 브리지포트에 가서 매튜에게 점심을 사 줬다. 우리는 걸어서 메인가에 있는 프렌들리라는 레스토랑에 갔다. 재활원에서 단 몇 블록 떨어진 곳이었는데, 우리는 이 5분 거리를 거의 30분이 걸려 도착했다. 사람들이 매튜에게 알은체했다. 어슬렁거리며 다가와 인사를 건네고 주먹펀치를 흉내 내며 가슴을 세게 부딪쳐 얼싸안았다. 이 사람들은 매튜에게 약을 파는 마약상이자 지인이었고 그의 인생이었다. 매번 매튜는 이렇게 말했다. "여긴 우리 아버지야. 내가 말했던 그분. 내 영웅이시지."

나는 이 말에 발끈했다. '나는 영웅이 아니다. 미칠 듯이 속을 썩이는 아들을 둔 아버지일 뿐이다.' 마치 윌리엄 버로스(마약 중독 체험을 바탕으로 한 작품을 쓴 미국의 소설가-옮긴이 주)의 소설 속을 떠다니는 기분이었다. 나는 매튜를 몰랐다.

재활원 운영자들은 중독 경험자들이기 때문에 매튜와 다른 중독자들이 취하는 영악한 행동들을 잘 알았다. 한 달 후 매튜는 절도로 퇴소를 당했다. 며칠 뒤 크리스틴, 매튜와 함께 스콧의 결혼식에 참석하기 위해 차를 끌고 뉴욕 워릭에 갔다. 매튜는 차 뒷좌석에 앉아서 가는 내내 토했다. 장염이라고 했다. 오한 증상에 관절 통증, 열도 있었다. 파란색 티셔츠가 땀으로 얼룩졌다. 우리는 고속도로를 벗어나, 다이어트 콜라를 사기 위해 세븐일레븐 앞에 정차했다. "아빠, 말씀드릴 게 있어요." 문고리를 당기기도 전에 매튜가 말했다. "저 하고 있어요."

"뭘 한다고?"

"브라운슈거(아시아산 저급품 헤로인-옮긴이 주)요, 아빠. 저 헤로인 주사를 맞고 있어요. 지금은 금단 증상을 겪고 있는 거고요."

스콧은 그런 몰골로 나타난 매튜에게 몹시 화를 냈다. 크리스틴은 집으로 돌아가는 내내 울었다. 우리는 바로 앞만 응시했고, 차 안에는 바퀴가 눈을 밟는 소리만 들렸다. 결혼식장에서 우리는 마음을 진정시키고 스콧의 아내 리사와 그녀의 가족과 친구들을 위해 보통의 가족처럼 행동하는 것조차 할 수 없었다. 그 순간을 기점으로 모든 게 변했다. 매튜는 더 이상 우리가 아는 오빠도, 아들도 아니라는 사실이 분명해졌다. 그의 병은 걷잡을 수 없는 상태였다.

1998년, 미국 올림픽 위원회로부터 올해의 코치상을 받았다. 25년간 젊은 선수들과 함께한 노고를 인정받아 수상의 영예를 안았다. 믿을 수 없을 만큼 감동적이었다. 아버지와 함께 상을 받으러 가는 휴스턴행 비행기 안에서 『모리와 함께한 화요일』을 읽었다. 비행기가 착륙할 때쯤 나는 눈물을 흘리고 있었다. 이야기의 힘에 감동했고, 매튜를 잘 키우지 못했다는 사실에 마음이 아팠다. 구두 수선공이 정작 자기 신발은 엉망인 격이었다. 지금의 나는 전 세계 운동선수와 코치들에 둘러싸여 무함마드 알리를 만나고 커리어의 정점에 있었지만, 너무나 비참했다. "선수들을 키우느라 정작 자식 농사는 망쳤네요." 내가 아버지에게 말했다. "그야 코치 일이 더 쉬우니까 그렇지. 선수들은 집으로 돌아가잖아." 아버지가 대답했다.

외국인 선수들이 나를 비롯한 팀에 미치는 영향을 이해하는 것도 내게는 큰 도전이었다. 내가 코치로서 감당해야 하는 가장 힘든 일이었다. 내가 통제할 수 있는 일과 걱정할 필요가 없는 일을 알아내야 했다.

내가 처음 시도한 외국인 선수 영입은 끝이 좋지 않았다. 마지막 경기를 하버드에 패한 직후 자피 레비는 전학을 가고 싶다고 말했다. 옳은 결정이었다. 나는 윌리엄스 칼리지에서 일하는 오랜 친구 데이브 존슨에게 연락을 했고, 그해 가을에 자피는 윌리엄스타운으로 이사했다. 자피는 그곳에서 승승장구했고 매 시즌 올 아메리칸 선수로 뛰었다. 대학 졸업 후에는 리먼 브라더스에서 일하다가, 주식 거래 정지 사태 이후인 2002년에 윌리엄스로 돌아가 존슨의 뒤를 이어 헤드 코치가 됐다. 그때부터 그는 코치로 활약했고 매력적인 동료가 되었다.

자피의 뒤를 이어 2002학번(미국은 졸업연도를 학번으로 쓴다-옮긴이 주) 선수들이 선발됐다. 이때는 쟁쟁한 선수들이 모인 최초의 전성기였다.

우리는 미국 주니어 랭킹 3위이자 내가 좋아하는 선수이기도 했던 노아 위머를 낚았다. 코트 위에서는 빠르고 코트 밖에서는 사교적인 선수였다. 하지만 그보다 더 중요한 사실은 그해에 우리가 인도 대륙 공략에 성공했다는 것이다. 인도와 파키스탄에는 스쿼시도 잘하고 학업에도 의욕적인 선수들이 넘쳐났지만, 선수들에게 접근해 하트퍼드로 데려오는 일은 쉽지 않았다. 문화적 차이와 지리적 거리도 문제였지만 (이는 두 나라의 주니어 선수들이 미국에서 열리는 주요 대회에 참가한 적이 없다는 말이었다), 그들은 트리니티의 존재를 '전혀' 몰랐다. 하버드, 예일, 프린스턴 같은 아이비리그 학교들은 알았지만 트리니티는 금시초문이었다. 따라서 그들을 영입하는 일은 전쟁이나 다름없었다.

내가 데려온 첫 인도 선수는 창의적인 사고력에 우아함과 부드러움을 겸비한 로한 바푸였다. 그 후에는 쌍둥이 선수인 로한 주네자와 구아라브 주네자를 영입했다. 두 쌍둥이는 프린스턴에서 열린 1998년 세계 주니어 대회에서 인도 대표로 뛰었고 바로 몇 주 후에 하트퍼드에 도착했다. 그리고 마지막 순간에 인도 전국 챔피언인 아킬 벨 선수까지 데려왔다.

레피카 라곤체는 세상에 이런 일도 있나 싶게 하트퍼드에 오게 된 선수였다. 레피카는 보츠와나 북부에 자리한 칼라하리 사막의 한 다이아몬드 채광소에서 자랐다. 그 채광소에는 야외 스쿼시 코트가 하나 있었다. 그는 스쿼시 실력을 이용해 남아공에서 기숙학교를 다녔고 토론토에서 해외 훈련까지 받았다. 나는 한 프로대회 예선전이 열릴 때 아파와미스 클럽 한증막에서 레피카를 만났다. 1998년, 레피카의 누이가 갑자기 세상을 떠났고 뼈만 앙상했던 보츠와나 소년은 인생 항로를 바꿔 미국의 한 대학에 지원했다. 바로 트리니티였다.

내가 뽑은 외국인 선수들에게는 이런 우연 같은 일이 종종 일어났다. 미국 선수들과 달리, 이 선수들은 대학을 고르기 위해 몇 년씩 조사를 하고 탐색하고 계획을 세우지 않았다. 대부분은 고향에 있는 지역 대학에 입학할 생각이었기 때문에 스쿼시를 할 수 있다는 것 외에는 트리니티에 대해 잘 알지 못했다. 그리고 이 선수들 중 대다수는 트리니티에만 지원했다.

레피카와 마찬가지로 베르나르두 삼페르도 한증막에서 만났다. 때는 캐나다 위니펙에서 열린 1999년 팬 아메리카 경기 대회였다. 삼페르는 콜롬비아 선수로 출전했다. 김이 자욱한 한증막 안에서 우리는 대학 스쿼시와 트리니티에 대해 잡담을 나눴다. 그는 흥미가 전혀 없다고 말했다. 나는 괜찮다고 말했지만, 라커룸을 나올 때 삼페르의 스쿼시 가방에 내 명함을 몰래 떨어뜨렸다. 몇 달 뒤에 삼페르는 명함을 발견하고(대부분의 선수들처럼 그의 가방 안도 물건이 뒤죽박죽 섞여 있었다) 내게 이메일을 보냈다.

마이클 페레이라는 대학교의 명성만 보고 무턱대고 하버드에 지원했다. 그는 A 레벨(영국 대입 준비생들이 보통 18세 때 치르는 과목별 상급 시험-옮긴이 주) 준비와 스쿼시 연습으로 바빴기 때문에 SAT 공부를 하지 않았다. 따라서 하버드에 들어가기에는 점수가 턱없이 낮았다. 페레이라가 미국 대학 진학을 생각하고 있다는 소식을 듣고 곧장 전화를 걸었다. 그의 생일날인 12월 22일에 전화를 걸었고, 크리스마스와 새해 전날에도 전화를 했다. 그때마다 부모님과 통화를 하면서 그들을 안심시켜야 했다. 아들이 미국에 한 번도 온 적이 없기 때문에 몇 시간씩 우리 프로그램과 미국 대학에 대해 얘기해 줬다. 심지어 페레이라의 누이들과도 많은 대화를 나눴다. 결국 온 가족을 거친 후에야 결정이 이뤄졌다. 런던발 비행기 안에서 페레이라는 〈아메리칸 파이 2〉를 시청했고 미국 대학이 그런 모습일 거라고 상상했다.

이듬해에 남아공 전국 주니어 챔피언인 레지 숀번을 영입하는 데 공을 들였다. 블룸폰테인시에 살던 레지는 남아공 대학 몇 곳에 지원한 상태였는데, 그때 우리 팀 신입생이었던 그의 친구 나딤 오스만이 트리니티에 지원해 보라고 권유했다. 그와 몇 번 이메일을 주고받다가 전화를 걸었다. 그의 부모님과 긴 대화를 나눈 후 레지와 통화를 했다. 말이 별로 없었고 무언가를 숨기고 있는 것처럼 머뭇거렸다. 자기는 아무래도 다른 곳에 지원할 것 같다며 우물거렸다. 그의 입에서 케이프타운 대학 얘기가 나왔지만, 불현듯 알 것 같았다. '아, 하버드대 코치한테 연락을 받았구나.' 그래서 내가 말했다. "자네 마음은 하버드로 기울었나 보군."

"하버드요?" 레지가 물었다.

"그래, 하버드. 자네에겐 거기가 나을 수 있지. 성적도 좋고 전적도 좋으니까." 보스턴이 얼마나 멋진 곳인지 잠시 말해 주고는, 레지를 하버드에 뺏겼구나 생각하며 전화를 끊었다.

수화기를 내려놓은 레지는 본인의 답변을 기다리는 부모님 쪽을 쳐다보고 말했다. "이분이 저더러 하버드에 가라고 하는데요. 하버드가 도대체 어디래요? 이분은 왜 생전 듣지도 보지도 못한 잡스러운 대학에 저를 떠넘기려는 걸까요?"

1997-1998년 신입 선수 선발 때 대대적인 선전이 이뤄졌다. 《스쿼시 매거진》에서 최초로 트리니티를 특집으로 정하고 선수 선발에 관한 표제 기사를 냈다. 시즌 전 랭킹 산정 결과는 트리니티가 1위였다. 상위 선수 9명 중 7명이 우리 선수였고, 대학 대항전 챔피언 2관왕에 빛나는 마커스 코위가 있었다. 또한 새롭게 영입한 여섯 명은 모두 어느 팀에 들어가도 1위를 할 만한 선수였다. 랭킹 순위표를 가져다 코치실에 비치했다. 그리고 그 위편에 썼다. '이제 이걸 증명하자. 너희는 아직 아무것도 안 했어.'

우리는 전국을 휩쓸었다. 마커스는 팀 내 1위로, 벨은 2위로, 프레스턴 퀵은 3위로 뛰었고, 모두가 1위를 예상했던 레피카는 4위에 머물렀다. 우리는 예일과의 시합에 스무 명을 내보냈고 스무 번의 경기에서 모두 이겼다. 2월 초에는 케임브리지에서 하버드를 8-1로 격파하며 하버드 팀에게 10년(91회 연속 듀얼 매치) 만에 처음으로 홈경기 패배를 안겨 줬다. 우리는 그 시즌에 치른 124번의 경기 중 단 일곱 번만 빼고 모두 3-0으로 이겼다. 하버드에서 열린 전국 대회에서는 준결승전에 진출해 프린스턴을 9-0으로 가볍게 꺾었고, 결승전에서 하버드를 만나 8-1로 굴욕을 안겨 줬다. 이는 1967년의 해군 사관학교 이후 최초로 비 아이비리그 학교가 전국 타이틀을 거머쥔 것이었다. 스쿼시 코트 관중석의 내 옆자리에는 윌리엄스의 자피 레비가 앉아서 우리가 듀얼 매치 승리를 일궈 내는 모습을 지켜봤다. 윌리엄스 팀의 승합차는 이미 떠난 뒤였고, 그는 경기에 열중한 나머지 자리를 뜨지 못했던 것이다.

우리는 도취감에 취했다. 코네티컷 주지사 존 롤런드가 그날을 '트리니티 스쿼시의 날'로 공표하면서 우리는 주지사실에 초청되기도 했다. 시에서는 주간 고속도로 제84호선을 따라 우리의 전국 챔피언 소식을 알리는 고속도로 표지판을 세웠다.

하지만 정작 화제가 된 것은 약간 굴욕적인 장면이었다. 보스턴 레드삭스의 소유주였던 트리니티 졸업생이 펜웨이 파크 구단주 전용석으로 우리 팀 전체를 초대했고, 내게 시구까지 맡겼다. 결과는 대실패였다. 나는 약간 긴장했다. 시구석에 서 보기 전까지는 펜웨이 파크의 좌측 담장인 '그린 몬스터'가 얼마나 큰지, 또는 4만 뉴잉글랜드 관중이 얼마나 시끄러운지 짐작조차 못할 것이다. 게다가 쌀쌀한 밤이었고 공은 새것이라 매끄러웠다. 장내 방송 아나운서가 나를 전국 챔피언 스쿼시 팀의 코치라고 소개했다.

전용석에 앉은 우리 팀과 관중석에 있는 내 딸과 열맷 명의 딸 친구들에게 손을 흔들려고 몸을 돌렸을 때 점보트론 스크린이 눈에 들어왔다. 약 9미터 높이에 달린 그 대형 화면에 내 모습이 비치고 있었다. 나는 얼어붙었다. 손이 얼음장 같았다. 시구의 순간이 왔다. 너무 긴장한 탓에 공은 상처 입은 비둘기처럼 파닥거리다가 레드삭스 포수 제이슨 배리텍 쪽으로 튀었다. 모두가 내게 시구 연습을 하라고 했을 때만 해도 자신만만했다. "내가 이래봬도 프로 운동선수였는데 야구공을 18미터도 못 던질까 봐?" 그런데 웬걸, 연습만이 답이었다.

필드에서 나올 때 객석에서 편도선이 부은 것 같은 으르렁 소리가 들렸다. "잘 던지셨소, 코치." 한 팬이 흠잡을 데 없는 사우스엔드식 말투로 소리쳤다. "그런데 대체 스쿼시가 뭐 하는 운동이랍니까?"

초기에 외국인 선수와 미국인 선수들을 단합시키는 일이 얼마나 어려운지 알고 망연자실했다. 두 집단은 사교 활동에서 확연히 구분됐다. 미국인 선수는 거의 모두 알파 델트 사교 클럽에 들어간 반면(1995년 내가 맡은 첫 팀의 상위 9명 중 8명이 알파 델트 소속이었다), 외국인 선수는 단 한 명도 남학교 사교 클럽에 가입하지 않았다. 외국인 선수 중 다수는 외모, 재능, 관심사 면에서 미국 학생들과 놀라울 정도로 달랐기 때문에 이들을 받아들이는 데에는 일정 수준의 교양과 공감 능력, 원숙함이 필요했다. 하지만 일부 미국 학생들은 그런 점에서 부족했다.

게다가 외국인 선수들은 팀내 상위권을 선점하고 있었다. 예전에는 4년간 실력을 갈고 닦다 보면 자연스럽게 순위가 올라갔다. 하지만 해외 선발 시스템이 도입되면서 그것마저 어렵게 되자 상당수의 미국인 선수들이 부정적인 반응을 보냈다. 대학 대항 스쿼시 70년 역사상 어느 누구도 본 적 없는 새로운 패러다임이 그들 앞에 펼쳐지고 있었다. 1998년 최고의 미국인 선발 선수로 꼽히는 노아 위머 같은 선수가 미국 엘리트 주니어 선수 출신이라는 타이틀을 달고도 외국인 선수들에게 묻혀 메이저 대학 경기에 한 번도 출전하지 못하는 일이 발생할 수 있었다.

마커스 코위 영입에 성공하고 바로 몇 주 후에도 그 같은 일이 벌어졌다. 마커스는 내게 같은 영국인이자 자신의 오랜 친구인 스티브 아일링에게 연락해 볼 것을 제안했다. 그 친구라면 트리니티 팀에 관심을 가질 것이라면서. 마커스는 아일링이 얼마나 잘하는지 말해 줬지만, 아일링은 팀에 들어오자마자 마커스 바로 아래 순위인 네 명에게 차례로 챌린지 매치에서 졌다. 코트 위에서 엄청 잘하는 것처럼 보였지만(볼을 으스러뜨릴 것같이 때렸다) 누구도 이기지 못했다. 전국 대회 출전을 앞두고 4학년 선수 네 명을 만나 아일링을 2위로 올리는 게 좋겠다고 말했다. 선수들도 동의했다. 아일링은 서류상으로는 분명히 2위에 오를 만한 선수였다. 아마도 대학 생활에 적응하느라 시간이 더 걸리는 것 같았다. 우리는 하급생들을 몇 그룹으로 나눴다. 그런 뒤 다음 날 발표 때 하급생들이 놀라지 않도록 4학년 선수들이 각자 몇 명씩 맡아서 미리 다독이기로 했다. 그런데 4학년 중 한 명이 자기가 맡은 선수들에게 말하는 것을 깜박해 버렸다. 다음 날 연습에서 내가 챌린지 매치 결과를 무시하고 아일링을 2위로 올리겠다고 발표하자 미국인 선수 몇 명의 입이 떡 벌어졌다. 그 뒤 아일링은 듀얼 매치에서 결국 고배를 마셨다. 그는 내가 선발한 선수 중 유일하게 졸업을 하지 못한 선수였다.

던컨 피어슨은 이런 변화의 바람을 대표적으로 보여 준 예였다. 체스트넛 힐 아카데미 졸업생인 던컨은 1997년 가을에 필라델피아에서 하트퍼드로 왔다. 전국 엘리트 주니어 선수 출신인 데다 종조부인 스탠 피어슨 주니어와 종증조부인 스탠 피어슨 시니어가 합쳐서 총 일곱 번이나 전국 단식 경기 챔피언을 거머쥔 이력이 있기 때문에 기대를 한몸에 받았다. 던컨은 팀내 5위를 차지했다가 남아공 출신의 루아 쿠체를 영입하면서 전국 2위 팀에서 6위 선수로 밀려났다. 그는 하버드와 겨룬 두 번의 듀얼 매치에서 전부 5게임 타이브레이크 상황에서 패했다.

2학년이 되며 던컨은 큰 희망을 안고 캠퍼스로 돌아왔다. 상급생들의 졸업, 자피 레비의 전학, 1학년 때 갈고 닦은 실력으로 자신이 상위권으로 올라가리라 생각한 것이다. 그런데 기대와 달리 출중한 실력을 갖춘 해외 선발 선수들이 들어오면서 그의 순위는 대학 선수 생활 내내 10위나 11위까지 곤두박질쳤다.

팀이 전국 챔피언십에서 우승한 일은 대단한 일이었다. 우승 반지는 우승 반지대로 좋았다. 그런데 문제는 던컨의 팀내 순위가 너무 낮아서 두 번 다시 주요 스쿼시 대회에서 뛰지 못한다는 것이었다. 결코 실력이 모자라서가 아니었다. 실제로 재능 있는 외국인 선수들의 영입과 치열한 팀 내 챌린지 매치 덕분에 대학을 다니는 동안 던컨의 실력은 어마어마하게 향상됐다. 그저 그 실력을 보여 줄 자리가 없었을 뿐이다. 그는 듀얼 매치에서 약체 팀을 만날 때만 출전했고, 예상한 대로 3-0의 일방적인 경기를 펼쳤다. 던컨은 전국 상위 30위권에 드는 선수였음에도, 팀에서는 10위나 11위였기 때문에 대학 대항전에 초대받지 못했다(대학 대항전에는 팀 내 9위권에 드는 64명만 출전할 수 있었다).

그럼에도 던컨은 천성이 착해서 팀을 떠나지 않았고, 4학년 때는 공동 주장도 맡았다. 2001년 전국 대회 결승전 전날 밤, 나는 10위 선수인 나딤 오스만에게 던컨을 10위에 올려 4년간 팀을 위해 힘써 준 보상을 해 주겠다고 말했다. 전국 대회는 예일대에서 열렸기 때문에 던컨도 우리와 마찬가지로 캠퍼스에서 잠을 자기 위해 뉴헤이븐에서 하트퍼드로 돌아온 상태였다. 나는 간신히 던컨을 찾아 일요일 경기를 위해 장비를 챙겨 오라고 말했다. 던컨은 하버드 선수와 대결해 이겼고, 전국 챔피언 팀에게 수여되는 포터 트로피를 받는 10명의 선수 명단에 들었다. 몇 주 뒤 던컨의 남동생 에릭이 형을 찾아왔다. 소파에 누워 있던 트로피는 에릭이 깔고 앉으면서 심하게 찌그러졌다. 던컨이 대학 선수로 활동하면서 잘한 점, 아쉬운 점을 하나로 압축해 보여 주는 상징이었던 그 트로피는 이제 원통형보다는 정사각형에 가까워 보였다. 던컨은 그 모양을 더 좋아했다.

현실적인 면에서 보자면 외국인 선수들의 뒤를 바짝 쫓아 그들을 상위 9위권으로 몰아 줄 일명 '폭격 부대', 즉 예비 선수들이 필요했다. 나는 치열한 챌린지 매치를 원했다. 폭격 부대는 외국인 선수들에게 대학 스쿼시를 소개했다. 대학 대항 스쿼시는 미국에서 네 세대 동안 번성했고, '폭격 부대'는 미국 스쿼시 업계의 역사와 지리, 용어, 스쿼시계 사람들에 대해 설명했다. 나는 팀에 새로운 활기를 불어넣는 데에도 폭격 부대를 이용했다. 스쿼시는 몸을 갉아먹는 운동이었다. 신체적으로는 크로스컨트리 스키 경주나 투르 드 프랑스(프랑스 전역을 23일 동안 일주하는 사이클링 대회-옮긴이 주)에 참가하는 것만큼이나 에너지가 소모됐다. 나는 우리 팀 상위 9명이 부상을 겪지 않고, 충분히 휴식을 취하며, 경기에 단련되되 탈진하지 않기를 바랐다. 우리는 보통 주말에 두 경기를 뛰어야 했다. 예를 들어, 하루는 윌리엄스타운에 가서 윌리엄스를 상대하고, 그 다음 날에는 홈코트에서 원정 경기를 하러 온 바사르 대학 팀을 맞아야 했다. 불구덩이에 뛰어들 수 있는 우수한 선수들을 확보하는 일은 무척 중요했다. 결국 내가 팀 내 22위 선수에게 미칠 수 있는 영향력은 1위 선수에게 미치는 영향력만큼이나 컸으므로 폭격 부대 선수들에게 잘해 주려고 노력했다. 보통은 공동 주장 중 한 명이 폭격 부대에서 나왔다.

시간이 흐르면서 모두가 이 시스템에 익숙해졌고 자신이 맡은 역할을 이해했다. 선수들은 3학년 때 아무리 잘하더라도 자신이 트리니티 상위권으로 진입할 가능성은 희박하다는 걸 알았다. 끼리끼리 어울리던 분위기도 점차 사라졌다. 일부 미국인 선수들은 남자 사교 클럽에 가입하지 않았는데, 주된 이유는 스쿼시 팀 자체가 고유의 의식, 별명과 농담, 깊은 우정을 나눌 수 있는 임시 가족 역할을 했기 때문이다. 선수들은 함께 휴가도 다녀왔다. 아마도 그 시작은 던컨 피어슨이 봄방학 때 플로리다키스 제도로 장거리 자동차 여행을 갈 때 루아 쿠체를 초대하면서부터인 듯하다. 또한 국제적 다양성을 독려하는 트리니티의 방침에 따라 점점 더 많은 외국인 학생이 유입되면서 초창기에는 눈에 확 띄던 외국인 선수들이 캠퍼스에 자연스럽게 섞여들기 시작했다.

한편 외국인 선수들의 자존심을 다치지 않게 하는 데에는 완전히 다른 방법이 필요했다. 그들은 스쿼시가 인기 스포츠인 나라에서 성장했고, 지속적인 경쟁에서 살아남았기 때문에 각자의 국가에서는 최고의 선수였다. 그들은 가족과 친구, 교사, 코치, 스쿼시 클럽, 정부의 사랑을 한몸에 받았다. 모든 사람이 떠받들듯 했다. 그들은 영연방 경기 대회나 월드 주니어 대회에서 자국을 대표해 뛰었고, 신문과 저녁 뉴스에도 나왔다. 또한 대회 1회전에서 부전승을 받았고, 경기가 열리는 주말 내내 자신의 이름이 토너먼트 대진표 맨 마지막을 향해 거침없이 이동하는 것을 보았다. 갤러리는 그들이 뛰고 있는 코트 뒤로 가득 들어찼다. 선수들은 무료 라켓을 제공받았고, 책상은 트로피로 가득 채워졌다.

그런데도 외국인 선수들은 여전히 냉철한 스트리트 파이터였다. 스쿼시 그 자체가 목적이 아니었다. 스쿼시는 다른 것(돈이나 교육)을 얻기 위한 수단이었다. 그들은 자신이 원하는 것을 위해 싸웠다. 첫 볼부터 사력을 다했고 경기 후 악수를 나눌 때까지 긴장을 늦추지 않았다.

아이러니하게도 대학 스쿼시는 선수들이 꿈을 포기하고 있다는 의미였다. 많은 선수들은 프로로 뛰고 싶어 했다. 트리니티에 온다는 것은 자신이 그다지 출중하지 않다는 사실을 인정하는 꼴이었다. 대학에 온 뒤 프로 투어에 참가하는 선수는 매우 드물었다. 하지만 이런 상황도 조금은 바뀌고 있었다. 일례로 오리건주 포틀랜드 출신인 줄리언 일링워스는 2000년에 예일대를 졸업했고, 실력도 좋았다. 2학년 때부터 6회 연속 미국 전국 성인 부문 타이틀을 차지하는 기염을 토했다. 하지만 전국 대학 대항전에서는 타이틀을 한 번도 못 땄고, 사실 결승전에도 딱 한 번 진출했다. 또한 대학 졸업 후에는 3년이 못 돼서 세계 랭킹 28위에 올랐는데, 미국 선수로는 가장 높은 순위였다. 대학 스쿼시의 수준도 올라가고 있었고, 예일대에 있는 동안 일링워스의 실력도 나빠지지 않았다(아마 10년 전이었다면 실력이 하락했을 것이다). 그럼에도 수업이나 파티, 클럽, 남자 사교 클럽처럼 한눈을 팔 수밖에 없는 대학 생활의 즐거움은 일링워스가 대부분의 19세 프로들이 거치는 1일 2회의 금욕적인 훈련을 받지 않았다는 걸 의미했다.

나는 심각한 향수병에도 대처해야 했다. 외국인 선수들은 새로운 음식, 새로운 기후, 새로운 관습, 새로운 언어, 새 친구들, 영어 수업, 고된 교과 과정, 야밤 도서관 공부에 적응해야 했다. 심지어 스쿼시도 변화 요소였다. 우선 코트가 달랐다. 외국인 선수들은 대부분 콘크리트 코트나 패널을 댄 코트에서 훈련을 받았던 반면, 우리는 단풍나무 목재로 만든 코트를 썼다. 기온도 달랐다. 우리 코트는 덥거나 습하지 않았다. 또한 그들은 보안경을 쓰는 일에도 익숙해져야 했다. 미국에서는 필수인 보안경이 해외에는 아직 보급되지 않았다. 내가 갖고 있는 보안경을 빌리려면 보통은 라켓도 바꿔야 했다. 대부분의 실력 좋은 운동선수들처럼 스쿼시 선수들도 라켓에 관해서는 부두나 미신, 암호학, 강박 관념 같은 것을 신봉했다. 따라서 억지로 라켓을 바꾸는 일이 어떤 선수에게는 늙은 대장장이에게 새 풀무와 집게를 사용하라고 강요하는 것과 같았다.

외국인 선수들은 심한 외국인 혐오와 인종 차별도 겪었다. 원정 경기에 가면 상대 팀 팬들이 우리 선수들에게 욕하는 소리가 들렸다. 자신의 부모님처럼 짐바브웨에서 나고 자란 백인인 숀 존스턴에게는 '흰 검둥이'라고 욕했다. 이에 숀은 가운뎃손가락을 올리는 동작으로 응수했다(다음 날 우리는 숀의 부적절한 행동을 심하게 나무랐다. 손가락 욕은 스포츠맨답지 않은 행동일 뿐 아니라 그들과 똑같은 수준이 되는 것이며 집중력이 부족하다는 증거라고 했다). 관중들은 바셋 아슈팍에게 '후레자식'이라고 공격했다. 고통스러운 이혼 절차를 밟고 있는, 우리 선수 한 명의 어머니에게는 성적으로 상스러운 말을 해댔고, 시크교 전통 터번을 쓰고 경기하는 로한 주네자에게는 '머릿수건'이라고 놀렸다. 인도 아대륙 출신 선수들이 참가한 어떤 경기에서는 관중들이 "인도로 돌아가 파키스탄이나 폭격하시지", "테러리스트", "알 카에다 자식"이라고 소리를 지르거나 오사마 빈 라덴과 관련된 말을 했다. 어느 해인가에는 윌리엄스 관중들이 '전국 챔피언이면 뭐 해, 영어도 못하는데', '윌리엄스는 트리니티와 경기도 해 주고 읽는 법도 가르쳐 준답니다' 같은 팻말을 들고 있었다. 한 경기에서는 어떤 팬이 이렇게 소리쳤다.

"트리니티는 얼간이 집합소네." 나는 뒤돌아 차분하게 대꾸했다.

"매너라곤 찾아 볼 수가 없구만." 그 팬이 응수했다. "트리니티 코치도 얼간이였어." 이런 말을 들은 우리 선수들은 대개는 멋진 대학 경험을 쌓는 값을 치른다 생각하고 어깨를 으쓱하고 털어버렸다.

외국인 선수들 '사이' 유대도 매끄럽지 않았다. 우리 팀은 다국적 집단이었다. 지난 15회 시즌 동안 우리 팀에는 미국, 캐나다, 멕시코, 버뮤다, 자메이카, 엘살바도르, 콜롬비아, 우루과이, 브라질, 스위스, 영국, 스웨덴, 인도, 파키스탄, 말레이시아, 싱가포르, 짐바브웨, 보츠와나, 남아공 출신의 선수들이 들어왔다. 어느 해에는 9명의 선수가 제각각 다른 나라에서 온 경우도 있었다. 파키스탄과 인도의 경우처럼 숙명의 라이벌 관계인 나라들도 있었기 때문에 외국인과 미국인 사이만큼이나 외국인과 외국인 사이에도 많은 문화적 고정 관념을 극복해야 했다.

일부 보수적인 스쿼시계 관료들은 외국인 선수들의 유입을 한탄했다. 이들은 우리에게 프로 선수들을 영입한다고 비난했다(사실 다른 학교의 선수들도 대부분 고등학교 졸업 후 학업을 쉬고 프로 투어 시험을 치른 선수들이었다). 또한 선수들의 성적이 형편없다거나(실제 스쿼시 팀의 평점은 캠퍼스 평균보다 높았고, 어느 해에는 트리니티 스포츠 팀 가운데 우리 팀의 평점이 가장 높았다), 선수들이 졸업을 못 한다며 헐뜯었다(실제로는 트리니티 선발 선수 중 스티브 아일링 빼고 모두 무사 히 졸업했다). 나는 독설에 찬 이메일과 분노에 찬 전화를 자주 받았고 스쿼시 대회에서는 수차례 신랄한 비난을 받아야 했다. 2004년 3월, 《하버드 크림슨》에서는 '대학 스쿼시계의 악의 제국'이란 제목의 기사 를 실어 우리 팀이 네 번의 체육 특기 장학금을 받았다고 주장했는데 (우리는 장학금을 받아 본 적이 없었다) 이 기사는 널리 인용됐다.

　가장 편향된 주장이 사실과 제일 거리가 멀었다. 하버드 기사는 외 국인 선수들이 대학 대표팀 자리를 꿰차고 있다고 했는데, 이는 일류 팀에는 항상 외국인 선수들이 있었다는 사실을 망각한 경미한 기억 상 실증이라 볼 수 있었다. 1930년대 이후 처음으로 하버드에 전국 타이 틀을 안겨 줬던 1951년 팀에서는 영국의 명문 보딩 스쿨인 세인트 그 로틀섹스 출신들뿐만 아니라 인도 출신의 제한기르 무가세스도 활약 했다. 전국 랭킹 5위를 차지했던 1991년의 다트머스 팀은 상위 9위권 중 세 명이 해외 출신이었다. 같은 해, 랭킹 1위에 오른 하버드 팀에는 인도, 이스라엘, 캐나다 선수가 포함돼 있었다. 게다가 1930년 이래로 스무 명의 해외 출신 선수들이 개인 챔피언십 우승을 차지했다.

　실제로도 우리 선수들은 돈을 벌려고 온 용병이 아니었다. 그들은 트리니티 캠퍼스의 활기찬 일원이었다. 클럽에 가입하고, 학생 자치회를 운영하며, 장학 근로를 신청하고, 남자 사교 클럽에서 파티를 했다. 논문도 썼다. 해외 선수들 중 절반 이상은 외국에서, 대개는 스쿼시를 자주 하기 힘든 환경에서 강의를 수강했다. 게다가 이 선수들은 졸업 후에 미국에 정착했다. 우리 선수 중 24명 이상이 컨트리클럽에서 전문 지도자로 일했고, 몇 명은 프로 투어에 도전했다. 일부는 미국과 캐나다에만 있는 복식 투어에 참가했다. 월가에서 직장을 구한 선수들도 많았다. 외국인 선수 중 약 20퍼센트만이 졸업 후 5년 이내에 고국으로 돌아갔다. 우리 선수들은 볼일이 끝나면 고국으로 돌아가는 기회주의자들이 아니었다.

우리는 대학 대항 스쿼시의 수준을 한층 끌어올렸으며, 그 과정은 합법적이고 윤리적이고 적절했다. 2008-2009년 시즌 초기에 우리는 이를 증명할 기회가 있었다. 우리의 첫 공식 연습일인 11월 1일에 60쪽짜리 보고서가 트리니티 칼리지 총장인 제임스 존스 책상 위로 배달됐다. 트리니티의 스쿼시 팀 선발에 관한 익명의 보고서였는데, 분명 인터넷 조사를 통해 얻은 결과 같았다. 보고서에는 우리가 NCAA와 NESCAC의 규정을 수없이 어겼다고 적혀 있었다(스쿼시가 NCAA 공식 종목은 아니었지만, 스쿼시인들은 모두 NCAA 규정을 따랐다). 윤리 의식이 투철했던 존스 총장은 이 문제를 매우 심각하게 받아들였다. 익명의 보고서였기 때문에 그냥 묻을 수도 있었지만, 그는 정기적으로 NCAA 조사건을 처리하는 인디애나폴리스 변호사들을 고용했다. 변호사들은 우리 선수와 코치들을 한 명 한 명 면담했다. 내 면담

시감은 3시간이 넘게 걸렸다. 그 과정은 사람을 의기소침하고 진 빠지게 만들었다. 시즌 내내 우리가 불법을 저질렀다는 말이 머리에서 떠나지 않았다. 우리가 위반했다는 혐의 중 일부는 우스울 정도로 엉터리였다. 그 보고서를 작성한 사람은 인터넷을 뒤지며 각종 소문과 우연히 겹치는 사건들을 샅샅이 찾아낸 것 같았다. 일례로, 안드레스 바르가스가 1학년 때 보고타에서 열린 프로 투어에 참가했다는 주장이 있었다. 안드레스에게 10월에 나 몰래 콜롬비아에 가서 프로 투어에 참가했는지 묻자 말도 안 되는 소리라며 웃었다. 알고 보니 그 대회에는 동명이인의 다른 선수가 출전한 바 있었다.

2월에 판결이 났다. 사소한 잘못 하나를 빼고는 모든 혐의가 사실무근으로 밝혀졌다. 사소한 잘못이란 우리가 NCAA의 갭이어(흔히 고교 졸업 후 대학 생활을 시작하기 전에 일을 하거나 여행을 하면서 보내는 1년-옮긴이 주) 규정을 지키지 않았다는 것이다. 우리는 고등학교 졸업 후 갖는 1년의 충전 기간 외에 스쿼시 대회에 참가해 수익을 얻는 선수에게 수입 금액이 경비 충당도 안 될 만큼 적더라도 해마다 페널티를 적용해야 했다. 변호사들은 우리 프로그램이 나무랄 데 없다고 설명했다. 실제로 다른 대학 스쿼시 프로그램은 이 규정 외에도 다른 여러 규정을 대놓고 어기고 있다고 알려 줬다.

결국 우리가 NCAA와 NESCAC 지침에 따라 프로그램을 청렴하게 운영하고 있다는 사실이 밝혀졌다. 비록 당시에는 스트레스가 많았지만, 최종 결과를 받고 우리는 크게 안도했다. 물론 나는 우리가 프로그램을 적법하게 운영하고 있다는 사실을 알았지만, 다른 사람들은 NCAA 조사가 끝나고 나서야 그 사실을 확실히 알았다. 조사가 진행되는 동안 피가 마르는 느낌이었다. 평소에는 무슨 일이 터져도 '큰일이야 나겠어?'라는 주문을 외고 사는 나였지만, 이번 경우에는 어찌해야 할 바를 몰랐다.

그 외에도 온갖 '터무니없는 일'에 시달렸다. 나는 성공보다 인정을 원했다. 내가 웨스트포인트를 떠난 이유 중 하나는 승리를 일궈 내는 코치가 되고 싶었기 때문이다. 그런데 승리를 만들어 내는 코치가 되자 내가 원하는 것은 타이틀이나 반지가 아니라 지지자들의 환호라는 사실을 깨달았다. 인터넷에서 악플을 받거나 우리 스쿼시 팀을 욕하는 사람을 보면 무척 속상했다. 간혹 스쿼시 클럽에서 스쿼시 선수들이 주고받는 험담을 들을 때면 눈물이 핑 돌았다. 어떤 사람들은 트리니티를 악랄하고 스포츠맨답지 않은 외국인들이 모여 있는 곳, 아마추어와는 거리가 먼 프로급 선수들이 우글거리는 죄악의 소굴로 봤다. 한 학부모는 팀 와이언트가 3학년 때 대학 대항전에서 마커스 코위를 해치운 뒤 그의 면전에 대고 뭐라고 떠들자 미국 국기를 흔들었다. 나라면 친구와 동료들에게 미움을 받느니 차라리 무패 행진을 포기할 것이다. 언젠가 에콰도르에서 미국팀 선수 리처드 친과 얘기를 나누고 있었다. 그는 어처구니없다는 표정으로 날 보더니 말했다. "코치님, 이런 일이 일어날 줄 몰랐다니 놀랍네요. '왕관을 쓴 자, 그 무게를 견디라'는 말도 있잖아요. 이런 일은 늘 일어난다는 걸 알고 계셔야죠. 코치님은 미국 스쿼시에 혁신을 일으켰지만, 모두가 코치님을 응원할 거란 기대는 버리세요."

아틀라스 라이브스 경기를 한 지 몇 년이 지났을 때, 야세르 엘 할라비에게서 정성 어린 장문의 이메일을 받았다. 그는 자신의 아버지가 이야기한 지혜로운 명언을 알려 줬다. '성공한 사람은 성공세를 지불해야 한다.'

오늘 안드레스는 2-0으로 앞서고 있지만, 플레이를 보면 유리한 상황은 아니다. 너무 많이 뛰어다니고 있는 데다 힘을 지나치게 쏟느라 부드럽고 우아했던 타법도 망가졌다. 2게임이 끝난 후 제임스가 안드레스에게 말했다. "끝까지 힘내야 해. 우리가 지고 있어. 이제 다 너한테 달렸어."

어떤 선수들에게는 이런 말이 먹힌다. 이 메시지는 돛을 부풀려 배를 목적지로 밀어 주는 약간의 미풍 같은 역할을 한다. 안드레스에게는 이 말이 배를 좌초시키는 결과를 불러왔다. 바로 옆에서 프린스턴 관중들의 함성 소리가 들린다. 기분 좋은 소리가 아니다. 나는 레이먼드 챈들러의 『기나긴 이별』이란 작품 말미에 나오는 메시지를 떠올린다. '모든 건 네가 앉아 있는 곳, 네 개인의 성적에 달려 있어.' 2-0으로 앞서는 상황에서도 안드레스는 갑자기 자신이 불리하다는 생각이 든다.

무조건 전력을 다하고 보는 안드레스에게 이런 부담감은 강풍처럼 작용해 맥을 못 추게 만든다. 스윙이 짧아진다. 공중전화 부스에서 휘둘러도 될 만큼 스윙의 폭이 줄어든다. 고양이 같던 유연함도 잃었다. 초보자처럼 주춤주춤 신중한 플레이를 한다. 머릿속에 생각이 너무 많다. 쓸데없는 소리가 너무 많이 들린다. 관중들이 흥분하며 들끓는 소리가 귓가에 어른거린다. 관중은 안드레스가 서브를 넣기 직전에 영문 모를 말을 속닥거린다. 그러다 실수가 나오면 신이 나서 발광한다. 이러니 긴 랠리를 펼치는 동안에만 관중의 손아귀에서 벗어날 수 있다.

무엇보다도 안드레스는 에너지 젤을 야금야금 먹어 치우고 있다. 경기 전에 젤 한 팩을 게눈 감추듯 먹었다. 1게임 후에 한 팩 더 먹었다. 이제 그의 몸은 카페인과 당분에 중독됐다. 3게임에서 안드레스는 한계에 부딪힌다. 힘이 완전히 고갈돼 버렸다. 몸을 의지대로 움직여 보려 하지만 뜻대로 되지 않는다.

반면 켈리는 아주 잘 싸우고 있다. 일주일 내내 연습을 못한 상태였다. 캘러핸의 배려로 펜실베이니아 대학과의 금요일 경기에는 빠졌지만, 토요일 준결승전에서는 로체스터의 조 채프먼 선수와 긴 싸움 끝에 결국 3-1로 졌다. 시합을 뛰기엔 체력이 전체적으로 부족했는데도, 기적처럼 큰 힘을 들이지 않고 플레이하고 있다. 켈리가 발리 공격에 나선다. 뛰어난 수다. 이번에도 캘러핸이 나를 능가하는 코칭으로, 길고 느린 랠리 말고는 아무것도 하려고 하지 않는 안드레스를 몰아붙인다. 켈리는 경기가 진행될수록 약해지기는커녕 점점 더 강해지고 있다.

이어진 세 게임에서, 켈리는 27점을 따내고 안드레스는 9점에 그친다. 경기 영상을 분석했던 켈리는 안드레스의 다음 동작을 예측하고 있는 듯 모든 볼을 발리로 정확하게 쳐낸다. 안드레스에게는 거의 최면술처럼 보인다. 켈리는 수면 상태에서도 공을 받아 칠 것 같다. 안드레스는 페루에서 자신보다 못하는 현지 선수를 만나 2-0으로 뒤지는 상황에서 갤러리까지 미쳐 날뛰던 경기를 떠올린다. 그때는 어떻게든 마음을 다잡고 5게임에서 역전극을 펼쳤다. 그런데 오늘 5게임은 시간을 끌 것도 없이 휙 지나가 버린다.

안드레스는 유령처럼 코트에서 나온다. 제임스가 게토레이를 건네지만, 음료수를 쥐고 있는 것조차 힘들다. 손이 심하게 떨리고 있다. 팔은 땀범벅이 되어 번들거린다. 돌덩이와 함께 세탁기에 들어갔다가 방금 나온 몰골이다.

프린스턴은 이제 4-3으로 앞서며 듀얼 매치 우승까지는 단 한 번의 승리를 남겨두고 있다. 또다시 우승을 놓고 마지막까지 접전을 펼칠 예정이었다.

8장
경기력: 파스

　대학 스쿼시 팀에서 1위나 4위, 7위로 뛰는 것은 정신적으로 벅찬 일이다. 게임 전의 초조함, 격려 연설, 맥박이 고동치는 소개 시간, 차가운 눈빛으로 주고받는 악수 후에는 아무것도 하지 않는다. 자리에 앉아서 1시간 반, 2시간, 때로는 그 이상의 시간을 흘려보낸다. 그리고 첫 경기의 심판을 보고, 동료들의 경기에 훈수를 두며, 불안의 도가니에 빠진다. 야구의 구원 투수를 생각하면 딱 맞을 것이다. 하지만 구원 투수의 역할은 경기 중간에 투입되어 3명이나 6명의 타자를 상대하며 상대 팀을 방어하는 것이다. 대학 스쿼시에서 1위나 4위, 7위로 뛰는 것은 팀의 선발 투수로 나서는 것과 같다.

　6위인 수프리트의 경기가 100분을 훌쩍 넘긴 뒤, 5위인 랜디는 네 게임만 치렀고 그중 한 게임만 치열했는데도 경기가 80분 넘게 지속됐다. 워밍업, 게임 간 3-4분의 휴식, 수프리트의 무릎이 까지면서 신청한 타임아웃, 헤시의 라켓이 부러지면서 중단된 시간까지 더하니 4위 경기가 시작되기도 전에 시간은 듀얼 매치 시작 후 4시간이 흐른 거의 5시다.

파스 샤르마는 우리 팀 라인업의 마지막을 차지할 만큼 유력한 선수이지만, 오늘 오후에는 경기 초반부터 뒤진다. 랠리를 오랫동안 흔들림 없이 끌고 가며 점수도 전반적으로 박빙이지만, 확실히 프린스턴의 4위 선수인 데이브 르터노가 우위다. 파스는 지난주에 르터노와 붙었을 때에도 첫 게임에서 느린 플레이를 펼쳐 9-2로 졌는데, 이번에도 출발이 좋지 않다. 오랜 기다림이 악영향을 미친 것이었다.

파스는 인도 자이푸르 출신이다. 파스의 아버지는 의사였고, 스쿼시를 했다. 파스는 열두 살 때 코트가 하나뿐인 클럽에서 스쿼시를 시작했고, 곧이어 자이푸르에서 자신과 견줄 주니어 상대가 없을 정도로 발전했다. 열여섯 살 때는 부모님이 파스를 첸나이에 있는 스쿼시 아카데미에 보냈다. 2006년에 인도 전국 주니어 챔피언을 차지했고, 2007년에 2위를 했으며, 세계 주니어 선수권 대회 3회전에 진출했다. 파스는 근성 있는 선수였다.

파스는 1학년 때 5위로 뛰었고, 프린스턴의 헤샴 엘 할라비와 엎치락뒤치락했다. 파스는 믿기 힘든 재능을 지녔다. 백핸드가 좀 많이 긴 감이 있었지만, 거의 기계처럼 규칙적이며 한결 같은 스윙을 했고 실수가 거의 없었다. 우리는 상대를 가볍게 해치우는 파스에게 '쓰나미'라는 별명을 붙여 줬다. 게임에 구멍이 전혀 없었고, 두드러지는 약점도 없는 완벽한 선수였다. 마치 중력처럼 거침이 없었다.

파스와 르터노가 붙는 오늘 경기는 2학년생 두 명의 마지막 결전이다. 오늘 치른 아홉 번의 남자 듀얼 매치 중 구스와 킴리 외에는 유일한 동기생 대결이다. 르터노는 캘거리 태생으로(같은 고향 출신인 켈리 섀넌과 절친한 친구 사이로 자랐다) 전 캐나다 주니어 챔피언이었다. 그 역시 쏜살같은 드라이브와 자유자재로 구사하는 섬세한 드롭 등 경기 실력을 고루 갖춘 선수다. 작년에 정규 시즌 듀얼 매치에서 르터노에게 진 마넥은 경기 영상을 분석해 작은 약점을 발견했기에 전국 대회에서 그를 꺾을 수 있었다. 르터노가 짧은 포핸드를 좋아했기 때문에 마넥은 절대 르터노의 포핸드 쪽으로 볼을 짧게 치는 일 없이 계속 백핸드로 보냈다. 그리고 왼편으로 짧은 볼이 오면 르터노가 평소처럼 스트레이트 드롭을 하리라 예상했다. 마넥은 르터노를 혼란에 빠뜨려 3-1로 이겼다.

올해 르터노는 그럴 틈을 주지 않았고, 뛰어난 카운터펀처인 파스는 이길 방도를 다시 찾아야 했다. 지난주 대결에서는 르터노가 깔끔하고 짧은 스트로크로 모든 크로스코트 샷을 차단하고 발리로 맞받아치면서 파스가 1게임을 졌다. 하지만 1게임 후 파스가 반격에 나서며 시종일관 스트레이트 볼을 쳐 다음 세 게임을 가져왔다. 파스는 빈틈이 보이면 르터노의 포핸드 쪽으로 깊숙이 샷을 했다. 상대가 르터노의 포핸드 쪽을 공략한 경우는 이때가 처음이었다. 파스는 상대의 강점을 공략하는, 전형적인 역발상 플레이를 선보였다. 내가 살아남으면 상대에겐 아무것도 남지 않는다. 거의 시체나 다름없다. 르터노는 쉽게 굴복하지 않았고 4게임에서 타이브레이크까지 갔다가 패했다.

오늘 오후 르터노는 거침없는 플레이를 펼치고 있다. 분명 파스의 경기 영상을 분석한 뒤 파스의 스트레이트 드라이브를 발리로 받아쳐야 한다는 사실을 깨달았을 것이다. 그는 2게임도 주도권을 잡았는데, 1게임만큼 치열하지도 않다. 파스는 르터노의 작전을 무너뜨릴 방도가 전혀 없는 것처럼 보인다. 오늘은 르터노가 한 수 위다.

2게임이 끝나고 파스가 말한다. "불이 안 붙네요."

우리는 그 말을 무시한다. 가끔은 못 들은 척하는 게 상책일 때도 있다. 입으로 내뱉은 말이 진실이 되어 버리기도 하니까. 경기 전에 파스는 자신의 능력에 한치의 의심도 없었지만, 막상 경기가 시작되고는 믿음을 잃었다. 파스에게 이렇게 말했다. "높고 넓게 크로스코트를 넣어 봐. 크로스코트를 두려워해선 안 돼. 네 능력을 보여 주고 있지 않잖아. 피터 니콜 선수를 떠올려 봐. 침착하면서도 목표물에 집중하고 동요함이 없지. 그렇게 플레이해 봐."

3게임에서 파스는 더 나은 플레이를 보여 주지만 점수는 따라가지 못한다. 르터노가 7-2로 앞선 상황에서 서브를 한다. 2점만 더 따면 르터노가 이기는 게임이다. 파스는 불꽃이라도 찾는 듯 관중석을 올려다보지만, 아무것도 찾지 못하고 다시 눈길을 돌린다.

막상막하의 듀얼 매치. 파스는 2-0으로 뒤진 상태에서 3게임도 지고 있다. 이런 상황은 이번이 처음이 아니었다. 1998년 가을 무패 행진이 시작된 후로 우리는 일곱 번이나 5-4로 승리를 거뒀다. 트리니티가 역사적 순간을 위해 뛰고 있던 2004년 전국 대회도 그런 경우였다. 우리 팀은 107연승을 포함해 각종 기록을 갈아치웠다. 하지만 지금껏 7년 연속 전국 타이틀을 딴 팀은 없었다. 하버드 팀이 두 번 세운 기록은 6년 연속이었다. 나는 그 기록에 큰 의미를 두지 않았지만, 선수들은 그런 통계에 집착했다.[8] 역대 최고가 되려면 그 7이라는 숫자에 도달해야 했다. 결국 우리는 결승에서 하버드와 만났다.

무패 행진은 거침없이 이어졌다. 우리는 3년 동안 딱 한 번 비교적 치열한 듀얼 매치를 치렀는데, 전국 대회 결승전에서 프린스턴을 상대로 6-3 승리를 거둔 것이었다. 그 외에는 식은 죽 먹기였고 8-1이나 9-0으로 이겼다. 우승은 점점 쉬워졌고, 그만큼 느슨해졌다. 캠퍼스에서 신체 단련, 기술, 팀워크를 다지기보다는 순전히 뛰어난 선발 선수들의 능력에 얹혀 갔다. 팀 모토는 '너무 강한 팀'이었다. 거짓말은 아니었지만, 지나치게 오만한 말이었다. 화려한 볏을 뽐내는 수탉처럼. 그 무렵, 듀얼 매치 시작 전 우리 팀 구호는 '보스!'로 발전했는데, 학교 마스코트인 '밴텀 닭'을 연상시키는 말이기도 했다.

---

8 하버드는 1968~1973년까지, 그리고 1983~1988년까지 '협회 9인 팀 트로피'를 수상했다. 1989년에 전국 팀 토너먼트가 시작되기 전, 대학 대항전 전국 챔피언의 왕관은 정규 시즌 때 가장 최선을 다한 팀을 선정하는 주관적인 방식으로 수여됐다. 또한 전국 개인 토너먼트인 대학 대항전에서 라운드 승리를 따낸 선수가 가장 많은 학교에 수여되는 일명 4인 트로피가 있었다. 하지만 그 결과가 듀얼 매치보다는 전적으로 선수 각자의 실력에 달려 있었기 때문에, 아홉 선수 중 단 여섯 명만 그 학교를 대표했기 때문에 이 트로피는 진지하게 전국 최고의 팀을 가리는 수단이라기보다는 통계적 행운에 가깝게 여겨졌다.

우리는 정규 시즌에 하버드를 7-2로 꺾었는데, 아주 치열한 싸움이었다. 뉴헤이븐에서 열린 전국 대회였고 개최 장소가 예일대 페인 위트니 체육관이었는데도, 1500명 관중 중 대부분은 하버드를 응원했다. 사람들은 약체 팀에 마음이 가기 때문이었다. 페인 위트니 체육관은 고딕 성당 건물이었고, 실제로도 성당처럼 보였다. 대공황 시절에 지어져 열다섯 개의 코트 외에 유리 코트 안을 바로 위에서 관망할 수 있는 발코니석이 마련돼 있었고, 숨 쉴 틈 없이 비좁았다. 스쿼시 역사를 고스란히 보여 주는 이 석조 건물은 현재까지 사용 중인 세계에서 가장 오래된 대학 스쿼시 시설이었다.

세 번의 매치 후 하버드는 3-0으로 앞서 나갔다. 그 세 번의 패배는 충격적이었다. 우리 팀 3위인 레지 숀변은 한 달 전 상대 선수를 9-0, 9-0, 9-3으로 압승하며 우리 팀의 7-2 승리에 기여한 바 있었다. 그런데 지금은 3-0으로 굴복하며 트리니티 선수로서 첫 패배를 맛봤다. 하버드팀은 남은 여섯 경기 중 두 경기만 이기면 우승이었고, 그러면 우리의 무패 행진도 끝이었다. 관중석이 들썩였다. 다 큰 성인들이 서로 얼싸안으며 팔짝팔짝 뛰었고, 다 들으라는 듯 속닥거리는 소리가 갤러리 사이로 빠르게 퍼져나갔다. "하버드가 이긴다"가 아니라 "트리니티가 진다. 트리니티가 진다."라는 수군거림이었다. 어느새 그 부정적인 에너지가 우리 안으로 스며들었다. 팀 선수들을 유리 코트 옆으로 불러 모았다. "냄새 나지?" 내가 물었다. 다들 쥐 죽은 듯이 조용했다.

마이클 페레이라가 마침내 입을 열었다.

"무슨 냄새요?"

"두려움의 냄새 말이야. 우리는 두려움을 밖으로 밀어 낼 방법을 찾아야 해."

선수들의 불안한 웃음이 적막을 덮었다.

"잘 들어." 나는 말을 이어 갔다. "지금 바깥은 아름다운 봄날 오후야. 우리는 시합이 끝나고 칼리지가(街)에 있는 고급 중식당에서 회식을 할 거야. 거기 딤섬이 아주 끝내줘. 중국 얘기가 나와서 말인데, 지금은 태양이 베이징이랑 상하이에서 뜰 시간이야. 태양은 매일 떠올라. 이제 중국의 10억 인구가 잠에서 깨어 바지를 입고 일터로 갈 거야. 그 사람들은 여기서 일어나는 일엔 아무도 신경 안 써."

중국 음식과 스쿼시 코트 밖 삶에 대한 내 이야기는 그럭저럭 선수들의 긴장감을 해소했다. 지금 이건 그저 듀얼 매치일 뿐이며 삶은 계속될 것이고, 시합이 끝나면 샤워를 하고 밖으로 나가 저녁을 먹고 집에 간다는 사실을 일깨워 주었다. 두려워해야 할 일이 아니라 즐겨야 할 일임을. 선수들에게 랠리와 랠리 사이에 입모양으로 '너무 좋아'라는 말을 해 보도록 권했다. "너희 스스로에게 이렇게 말해 봐. 난 이 게임이 너무 좋아. 지금은 최상의 기량으로 경기력을 뽐낼 때야. 부담감이야 아무렴 어때. 지금까지 고생해서 터득한 기술을 모조리 선보일 거야. 지금 이 순간이 너무 좋아, 라고 말이야." 짧게 말하자면, 나는 선수들에게 '두려움 속으로 달려가라'고 말했다.

선수들은 코트로 돌아가 충실하게 경기를 풀어 나갔다. 나는 코트

밖을 걸었다. 모든 선수가 내게, 팀 동료들에게, 스스로에게 이렇게 속삭이고 있었다. '이 게임이 너무 좋아.' 듀얼 매치는 치열해졌다. 미국인 선수 윌 브로드벤트가 베르나르두 삼페르를 9-1, 9-1, 9-2로 대파했지만, 우리 팀의 8위 선수 숀 존스턴과 5위 선수 나딤 오스만이 각각 1승을 올리며 하버드의 발목을 잡았다.

오늘의 파스처럼 자크 스와네풀은 이 2004년 듀얼 매치에서 크게 뒤졌다. 첫 두 게임을 넘겨주고 3게임도 6-2로 지고 있었다. 하지만 정신을 차리고 9-6으로 3게임을 가져왔다. 자크가 코트에서 나왔을 때 나는 이렇게 말했다. "괜찮은 거지? 지금 뭐 하는 거야? 꼭 자동차 불빛에 놀란 사슴 같잖아. 다음 게임에서는 볼을 깊게 쳐. 질 땐 지더라도 시합다운 시합은 해야지. 목석한테는 트로피를 안 준다고. 트로피는 열심히 뛰는 선수의 몫이야." 자크는 결국 3-2로 이겼다.

두 번의 결승전은 하버드가 4-3으로 앞섰고, 보고 있기 힘들 정도의 박빙이었다. 별명이 '스위스'인 이바인 바단은 자메이카 출신의 하버드 4학년생인 제임스 불럭을 상대로 2-1로 앞선 가운데, 4게임은 8-6으로 뒤지며 난항을 겪고 있었다. 하지만 우여곡절 끝에 게임 포인트를 막아 냈고, 4게임을 10-8로 끝내며 3-1 승리를 거뒀다. 5게임까지 갔다면 구멍이 숭숭 뚫린 '스위스' 치즈처럼 허점을 드러냈을 것이다.

트리니티의 마지막 주자는 약 172센티미터의 믿음직한 코트 위의 폭군, 팻 말로이였다. 4학년 미국인 선수인 그는 숀 들리에라는 걸출한 캐나다 선수와 붙었다. 팻은 첫 두 게임을 가져왔다. 그리고 3게임을 진 후 어쩔 줄 모르겠다는 표정으로 코트에서 나왔다. '어허, 또 상황이 안 좋은데.' 나는 생각했다. 가장 좋아하는 중국 수프가 뭐냐고 묻자 팻이 웃었다. 팻은 수건으로 얼굴을 닦고는 듀얼 매치 성적을 물었다. 페인 위트니 체육관을 찾은 모든 관중이 갑자기 그의 갤러리 쪽으로 몰려들었기 때문에 짐작은 하고 있었을 것이다. 정확한 점수를 알고 나면 얼어붙을 것 같아서 잠시 망설였다.

"4-4야." 내가 나직히 말했다.

"제가 이 순간을 얼마나 기다렸는지 몰라요." 팻이 말했다. "이젠 아무도 절 막지 못합니다." 코트로 돌아간 팻은 미친 듯이 뛰어다니며 휘몰아치는 샷으로 마지막 7점을 거침없이 뽑아내고 4게임을 이겼다.

시합이 끝나고 중식당에 와서 선수들에게 내가 가장 좋아하는 테니스 선수인 아서 애시 이야기를 해 줬다. 육군 소위였던 그는 1960년대 말에 몇 년간 웨스트포인트의 장교 숙소에서 살았다. 아서는 1968년 US 오픈에서 우승한 후 식당에서 다시 한 번 기립 박수를 받았다. 매년 아서는 해군 사관학교와의 경기 전에 웨스트포인트로 돌아와 테니스팀에 격려의 말을 건넸다. 단골 주제는 질식이었다. 아서의 남동생 존 애시는 베트남전에 해병대로 참전했고, 테니스 시합보다 중요한 것들을 알고 있었다. 매년 아서는 말했다. "누구나 질식을 합니다. 테니스 코트에서도 질식을 하고, 전쟁터에서도 질식을 해요. 머리 위로 총알이 날아다니고, 폭탄이 터지고, 사람들은 질식을 하죠. 질식할 것 같을 땐 발을 움직이세요. 내 동생 존도 베트남에서 바로 그렇게 했답니다. 숨을 들이쉬고 발을 움직이세요."

나는 선수들에게 질식을 피하려면 평소의 75퍼센트로만 뛰어서 솟구치는 아드레날린에 맞서라고 말했다. 라인 1.2m 이내로 볼을 치고, 잠시 숨을 고른 뒤, 도망치지 말고 순간에 몰입해야 한다. 서브를 받는 위치에서는 내가 결정권자다. 준비가 되기 전까지는 절대 서브를 받지 마라. 폐에 산소를 가득 채워 넣어야 한다. 점수에 눈이 멀어서도 안 된다. 그 순간에 몰입해야 한다. 코로 들어오는 냄새와 귀에 들리는 소리에 집중하고, 오로지 현재에 충실해야 한다. 자신감을 가져라.

우리는 강한 상대를 원한다. 결과가 어떻게 될지 모르는 상황에서 펼치는 박빙의 승부, 5게임 타이브레이크까지 가는 경기를 원한다. 이 순간을 위해 고된 훈련도 마다하지 않았다. 우리는 스스로 도전하고 성장하기를 원한다. 그러려면 수동적인 자세를 버리고 적극적인 플레이를 해야 한다. 발을 움직여라. 몸과 마음을 경기에 쏟아 부어 기쁨을 만끽해라. 그 순간 자체를 온전히 끌어안고 미래에 대한 생각은 잊어라. 이는 아무 생각이 없는 것과는 다르다. 그간의 훈련을 잊어서는 안 된다. 우리의 기대, 우리가 땀 흘린 시간, 우리의 꿈을 잊지 말아야 한다. 경기는 지금껏 우리가 쏟아 부은 노력을 기념하는 이벤트다. 우리의 마음은 코트 너머, 볼 너머가 아니라 순간에 머물러야 한다. 경기력을 맘껏 펼쳐라. 기량을 있는 힘껏 발휘해라. 코트를 나설 때 손에서 라켓을 놓지 못하는 지경이 돼도 괜찮다. 두려움에 압도돼 손이 뻣뻣하게 굳은 게 아니라 그저 그 순간이 끝나는 게 싫어서니까.

우리는 열심히 연습했다. 연습에서 효과를 봤고, 이제 경기에서도 효과를 볼 차례다. 티켓 값을 치르고 경기에 참여한다고 생각해 봐라. 우리는 치른 금액만큼의 값어치를 원한다. 그러니 최선의 노력을 끌어내야 한다. 우리에게는 성공에 필요한 지식과 기술이 있다. 자신을 브로드웨이 무대에 선 공연자라고 생각해 봐라. 사람들은 우리를 보면서 엄청난 기쁨을 얻는다. 관중들은 작은 실수를 눈치 채지 못한다. 창의성을 발휘하고, 아름다움을 표현해라. 역회전이 걸린 백핸드 샷, 라인 바로 위를 스치듯 날아가는 포핸드 볼, 기막힌 각도의 발리 샷 등등 나만의 예술 작품을 기쁜 마음으로 만들어 내라. 이것은 우리의 브로드웨이 쇼다. 스코어는 다른 사람들이나 쫓도록 둬라. 점수판 위의 숫자를 바꾸는 리모컨은 우리 손에 없다. 우리는 무대 위에서 공연을 하고 있다. 그러니 기량을 한껏 뽐내라.

"그대는 운명과 우연과 군주들과 절망한 자들의 노예." 존 던은 400년 전 죽음에 대해 이렇게 썼다. 왠지 이 네 가지가 매튜를 노예로 만들기 위해 공모하고 있는 것처럼 느껴졌다. 결코 희망을 버리지 않았지만 종종 이 모든 게 끝나길 바랐다. 매튜가 죽으면 상황이 더 나아질까도 생각했다. 아마도 중독의 굴레가 만들어 내는 엄청난 고통에서 해방되겠지. 때로 이 상황이 너무 비현실적으로 느껴져서 공연 내지는 연극을 보고 있다는 상상을 하기도 했다. 지금은 3막이었고 관중석의 우리는 주인공의 죽음을 기다리고 있었다.

끔찍한 죽음을 맞을 수 있는 일이 실제로 일어났다. "아빠, 저 좀 살려 주세요." 어느 추운 저녁 날, 매튜가 전화로 이렇게 말했다. "제 이름이 암살 명단에 올랐어요. 누가 절 죽이려 해요. 제 차에 불을 질렀다고요." 마약 거래가 틀어지면서 생긴 일이었다. 매튜는 돈을 빚진 상태였고, 내 이름으로 보험을 든 차가 있었다. 아들에게 가서 집까지 차로 태워다 줬다. 평소처럼 매튜는 속사포로 미친 듯이 말을 쏟아냈다. 당시에는 알지 못했지만, 약물 중독으로 말이 많아지는 증상이었다. 나는 아들의 차를 한 번도 본 적이 없었다. 아마도 차를 팔아 버리고는 불탔다고 거짓말을 한 것이리라. 매튜는 그 다음 주말에 사라졌다.

1년이 흘러 11월이 되었다. 뼈까지 시린 어느 추운 날 밤, 하트퍼드 경찰서에서 전화가 왔다. 매튜로 추정되는 시신이 시체 보관소에 있다는 내용이었다. '가서 확인해야 할까?' 시체 보관소로 가는 동안 내 자아는 둘로 분열했다. 본능적인 자아는 그 시신이 다른 31세 남성의 것이기를 기도하고 있었다. 반면 이성적인 자아는 그 사람이 매튜이기를, 그의 고통이 마침내 끝났기를 바라고 있었다. 하지만 매튜는 아니었다.

나는 선수들에게 매튜의 존재를 숨기지 않았다. 시체 보관소에 갔던 이야기도 들려줬다. 중요한 듀얼 매치를 앞둔 때였다. "아들의 신원을 확인하러 가는 건 엄청난 스트레스였어." 얘기를 거듭할수록 마음이 불편하리만큼 그 공포에 무뎌져 갔다. 더 정확히 말하면, 사람들이 흔히 하듯이 그 고통을 행동으로, 말로, 그 어떤 '무언가'로 날려 보내려 했다. 마치 한쪽 정맥이 막히면서 아드레날린이 몸 전체의 신경 세

포체로 쏟아져 들어오는 상태였다. 나는 선수들을 대할 때는 매튜에게 하는 것과는 다르게 행동하려고 안간힘을 썼다. 매튜는 실종 상태이거나 교도소에 있었기 때문에 전화 통화를 할 수 없었다. 그래서 매일 선수들에게 전화를 걸었다. 한 명이 둘이 되고 둘이 셋이 되면서 어느새 50명쯤 되는 사람들과 1, 2분씩 통화를 하고 있었다.

사람들이 힘든 일을 겪으면 나는 도울 수만 있다면 언제든지 손을 내민다. 한번은 웨스트포인트 육군 사관학교 체육 교육과 행정 조교의 남편이 스코틀랜드 로커비 상공에서 일어난 팬암 항공기 폭파 사건으로 사망한 일이 있었다. 나는 공항으로 달려가 미망인이 된 네레이다 벨레스와 유족 두 명과 함께 스코틀랜드발 비행기가 도착하는 모습을 지켜봤다. 비행기에서 내린 그의 관은 미국 국기로 덮여 있었다. 살면서 그날처럼 펑펑 울어본 적이 없다.

내가 트리니티로 옮겨왔을 때 2학년이었던 마이클 비트너는 최고 기량을 자랑하던 선수였다. 비트너의 별명은 '덩치'였다. 로체스터에 있는 고등학교를 다닐 때 쿼터백으로 뛰었던 비트너는 미식축구로 단련된 두툼한 근육질 몸으로 거친 스쿼시를 선보였다. 매 경기 때마다 미국 국기가 그려진 반다나를 썼고, 종종 박빙 경기 막바지에는 전면에 '피츠퍼드 미식축구'라고 적힌 회색 티셔츠로 후다닥 갈아입었다. 트리니티 시절 비트너가 뛰었던 마지막 듀얼 매치 홈경기는 오래도록 기억에 남는다. 상대 팀은 당시 우리 팀의 최대 라이벌인 애머스트 대학으로, 전년도에 우리에게 패배를 안겨 준 팀이었다. 이 듀얼 매치에서는 엄청난 접전 끝에 트리니티가 최종 점수 5-3으로 이겼다. 1학년 프레스턴 퀵이 2-1로 뒤지는 상황에서 4게임을 치르러 코트로 나가려고 할 때 비트너는 그에게 다가가 검지로 가슴을 쿡 찌르며 충고했다. "이제 진짜 남자가 될 시간이야." 결국 프레스턴은 3-2로 승리했다.

4학년 때 비트너의 아버지가 뇌종양을 앓았다. 뇌수술 후 듀얼 매치를 보러 온 그의 아버지는 머리의 반은 머리카락이 없는 상태였고, 수술 자국도 보였다. 그리고 1997년 8월에 55세를 일기로 세상을 떠났다. 비트너는 이미 지난봄에 졸업을 했고, 때는 가을 학기 첫 주였다. 나는 팀 전체를 데리고 7시간을 운전해 로체스터에 갔다. 우리는 장례식장에 1시간 동안 머문 뒤 다시 7시간이 걸려 돌아왔다. 장례식에는 1,000명이 넘는 인원이 참석했다. 우리는 발코니 뒤쪽 좌석에 앉았다. 비트너가 일어서자 장내가 조용해졌다. 그가 말했다. "전 마이클 비트너입니다. 그리고 아버지는 제 영웅이셨습니다." 좌석에 앉은 모두가 울기 시작했다.

2003년에는 트리니티 테니스 팀 선수였던 브라이언 마스든이 아버지 브라이언 시니어 마스든의 뇌종양 판정 사실을 알게 됐다. 이듬해에 브라이언은 NCAA 3부 리그 전국 대학 대항전 개인전에 출전했는데, 테니스 선수로는 엄청난 영예였기 때문에 브라이언의 아버지도 보러 오고 싶어 했다. 어쩌면 아들의 경기를 마지막으로 보는 시간이 될지도 몰랐다. 하지만 브라이언은 집중력이 흐트러질까 봐 아버지가 오는 것을 반대했다. 그러자 그의 어머니 메리가 내게 전화해 아들을 설득해 달라고 부탁했고, 브라이언과 아버지 대 아들처럼 얘기를 나눴다. 나는 아들 매튜와 나의 이야기, 그리고 그는 잘 모르겠지만 아버지가 지금 엄청난 정신적 상실감을 겪고 있을 거라는 이야기를 해 줬다. 두 부자는 사이가 가까웠다. 브라이언 시니어가 대학교 때 일류 테니스 선수였기 때문에 둘이 함께 테니스도 자주 쳤다. 어느 해에는 함께 롱우드에서 열린 전국 부자 챔피언십에 출전해 준결승전까지 갔다. 내 이야기를 들은 브라이언은 결국 아버지가 경기장에 오는 데 동의했고, 그의 아버지는 아들이 트리니티 역사상 가장 좋은 성적인 준결승전에 진출하는 모습을 볼 수 있었다. 그 후 몇 달은 끔찍했다. 브라이언의 아버지는 점점 기력을 잃고 머리카락과 살이 빠지며 고통의 나날을 보냈다. 어느 시점에는 말을 할 수 없는 지경에 이르렀다.

그러던 2005년 4월, 내게 뇌졸중이 찾아온 후의 수요일에 전화벨이 울렸다. 새벽 4시였다. 브라이언의 어머니 메리의 전화였다. "브라이언이 연락이 안 돼서요. 애 아버지가 방금 돌아가셨어요."

"새벽 4시잖아요." 나는 메리가 아닌 내 자신에게 말하듯 중얼거렸다. "기숙사에 있지 않을까요?"

"계속 전화했는데, 아무래도 전화기를 꺼 놓은 모양이에요."

"알겠어요. 제가 가서 깨울게요."

나는 차를 타고 캠퍼스로 갔다. 뇌졸중으로 왼쪽 몸이 얼어붙은 상태였기 때문에 오른팔, 오른다리, 오른손으로 기어를 바꾸고 방향 지시등을 켜고 핸들을 돌리는 것만 할 수 있었다. 이런 생각이 들었다.

'아, 브라이언의 아버지는 겨우 54세지. 나랑 같은 연배야. 그런데 내가 잘못되면 누가 내 아들한테 연락하지?'

브라이언이 지내는 기숙사 2층으로 올라가서 방문을 두드렸다. 대답이 없었다. 방 안으로 들어갔다. 방이 어두웠지만, 가로등에서 흘러 들어오는 노란색 빛이 희미하게 비쳤다. 널브러진 신발과 옷가지를 넘어 브라이언의 침대 옆에 무릎을 꿇고 앉았다.

"브라이언, 브라이언." 내가 나지막하게 말했다.

"나야, 코치."

브라이언이 돌아누우며 눈을 비볐다. 그의 눈동자에 노란 불빛이 비쳤다.

"코치님?"

"브라이언, 아버지의 고통이 끝났어."

"아버지가 돌아가셨다고요?"

"몇 분 전에 떠나셨어. 어머니가 전화를 하셨어. 너한테 전화했는데 휴대폰이 꺼져 있다고."

"가요."

브라이언이 차분하게 말했다. 그는 침대에서 일어나 바로 몇 시간 전에 아버지와 통화를 했다고 말했다. 남동생이 집에서 전화를 걸어 수화기를 아버지의 귀에 대 줬고, 브라이언은 아버지와 나누는 마지막 대화라는 걸 모른 채 개인적인 얘기를 몇 마디 했다고 한다.

즉시 우리는 내 차를 타고 매사추세츠주 힝엄으로 향했다. 집으로 가는 2시간 동안 브라이언이 기운을 차릴 수 있게 긍정적인 말을 하려고 애썼다. 새벽이 막 지나서야 도착했다. 집은 이미 북적였다. 여섯 대의 차가 진입로에 세워져 있었다. 나는 들어가지 않기로 했다. 지금은 가족끼리 있을 시간이었으니까.

"그러니까 이곳에서 큰 인물이 난 거군." 내가 말했다. 브라이언이 웃었다. 진심에서 우러나오는 웃음이었다. 그는 잘 이겨낼 것이다. 대학교 2학년 때 아버지를 잃는 건 끔찍한 일이었지만, 브라이언이라면 잘 극복할 것이다. 우리는 차에서 내렸다. 브라이언을 한 팔로 안아 준 뒤 조심스럽게 다시 차에 올라타 그곳을 나왔다.

오늘 파스 샤르마는 데이브 르터노에게 두 게임을 0패로 진 상황에서 3게임마저 7-2로 뒤지고 있다. 3년 전 구스가 야세르에게 2-0으로 두 게임을 내주고 3게임을 8-6으로 지고 있던 상황만큼이나 절망적이다. 누가 이길지는 뻔하다. 파스가 이번 매치를 이기려면 (서브권이 있을 때) 25점이 필요하고, 르터노는 단 두 점이면 된다. 25점이 2점을 따라잡을 확률은 지극히 낮다. 게다가 운명도 우리 편이 아니다. 소름 끼치게도 오늘은 우리가 진 마지막 시합일로부터 11년이 되는 해의 2월 22일이다. 바로 이 시간에, 바로 이 체육관에서, 그때와 똑같은 코트에서 경기가 펼쳐지고 있다.

반격의 시작은 감동과는 거리가 멀었다. 그래서 후에 사람들은 파스가 바닥을 찍고 올라온 순간의 점수를 잘못 얘기한다. 사람들이 반격이 시작된 때를 놓친 것은 반격다운 반격이 아니었기 때문이다. 파스는 허둥지둥 움직여 서브권을 가져왔고, 르터노가 날린 볼이 두 번 턴에 맞으면서 파스가 두 점을 더 따낸다. 하지만 르터노가 다시 서브권을 가져간다. 7-4 상황에서 파스가 서브권을 다시 따내지만, 여전히 절망적인 상황이다.

그러다 경기의 흐름이 달라진다. 두 선수가 풍차처럼 빙빙 돌며 서로 뺏고 뺏기는 긴 랠리를 시작한다. 르터노가 크로스코트 포핸드 드라이브 샷으로 친 공이 파스를 맞힌다. 파스가 꽥 소리를 지르며 힌디어로 욕설을 내뱉는다. 이런 수준의 경기에서 공에 맞는 일은 극히 드물다. 그래서 프로 선수들은 보안경조차 쓰지 않는다. 파스는 르터노가 저질스러운 플레이로 점수를 노리고 있다고 느낀다. 파스가 공간을 충분히 확보해 주지 않은 상태에서 공에 맞는다면 르터노에게는 자동 득점(또는 스크로크)이 되기 때문이다. 이는 8-4로 매치 포인트에 이르는 손쉬운 방법이다. 공에 맞은 파스의 왼쪽 허벅다리가 자줏빛으로 변한다.

파스의 생각이 틀렸다. 르터노는 공정하고 온화한 친구다. 매치 포인트로 지고 있는 상황에서도 자신의 샷이 아웃이라고 말하는 선수로 알려져 있다. 그때 르터노는 정신없는 랠리 속에서 파스의 위치를 미처 파악하지 못한 것이었다. 그저 파스를 보지 못했을 뿐이다. 엄연한 실수다.

그 순간 심판 메헤르지 마단은 지금 상황과 비슷했던 두 번의 상황을 조용히 떠올린다. 몇 년 전 플로리다에서 열린 프로 대회에서 심판을 볼 때였다. 그때 한 선수가 5게임에서 매치 포인트를 여섯 번이나 날려 버리고, 결국 타이브레이크까지 갔다가 16-16으로 더블 매치 포인트에 이르렀다. 그리고 오늘 파스와 르터노의 경우와 별반 다르지 않은 정신없는 랠리가 이어지다가 영국 선수가 친 공에 벨기에 선수가 맞았다. 마단이 영국 선수의 손을 들어주면서 영국 선수가 득점을 얻고 승리했다. 후일 마단은 다른 심판 몇 명과 얘기를 해 보고서야 자신이 실수를 했다는 판단에 이르렀다. 영국 선수에게 포인트를 줄 것이 아니라 오히려 위험한 플레이를 펼친 데 대한 경고를 줬어야 했다. 상대 선수가 어디 있는지 모를 때는 공을 치지 않는 게 정석이다. 몇 년 뒤, 마단은 취리히에서 열린 세계 주니어 경기에서 똑같은 경우를 만났고, 이번에는 스트로크가 아닌 경고를 줬다.

오늘 마단은 즉시 르터노에게 위험한 플레이를 한 점에 경고를 준다. 만약 르터노가 잠시 멈추고 볼을 치지 않았다면 마단이 스트로크를 선언했을 것이다.

승자들은 본인에게 유리하도록 사건을 내면화한다. 파스는 모욕으로 받아들일 수도 있는 일에 화를 내는 대신 생각을 바꿔 이를 긍정적 신호로 받아들인다. 르터노가 두 게임을 선점한 가운데 3게임을 7-4로 앞서면서도 그만큼 필사적이라는 말이니까. 르터노는 전날 준결승 경기의 여파로 컨디션이 약간 좋지 못하다. 로체스터의 맷 도미닉 선수를 상대로 3-1의 치열한 경기를 치렀다. 나는 이런 생각이 들기 시작했다. '어쩌면 희망이 있을지도 몰라.'

파스의 내면에서 불꽃이 타다닥 일어난다. 그러고는 폭발적인 드라이브로 한 점을 따낸다. 그리고 셔츠가 몸을 조이는 듯 왼쪽 어깨 셔츠를 몸 바깥쪽으로 잡아당긴다. 좋은 신호다. 다시 살아나고 있다. 르터노가 다시 서브권을 가져간다. 매치 포인트로 갈 세 번째 기회지만, 서브 후 느닷없이 미끄러지면서 파스에게 서브권이 넘어간다. 르터노가 당황한 기색이 역력하다. 그의 눈이 코트 주변을 휙 훑는다. 마치 평균 속도 7분대를 유지하며 약 42킬로미터를 뛰고 경기장으로 들어오는 마라톤 선수 같다. 이제 마지막 트랙 한 바퀴만 돌면 끝이다. 그는 터널 저쪽 끝에서 희미한 불빛을 보고 평균 시속 5분으로 전력 질주하기 시작한다. 하지만 터널 끝의 불빛은 사실 다가오는 기차다.

땅! 르터노가 두 번 연속 틴을 맞힌다. 서브권을 빼앗아 오고 싶은 마음에 확률이 낮은 샷을 한 것이다. 7-7이 됐다가 8-7이 된다. 파스는 크로스코트 볼을 가로채 르터노의 팔이 닿지 않는 곳으로 포핸드 샷을 날리면서 게임을 가져온다.

파스는 한껏 흥분하며 코트에서 나온다. 다른 인도인 선수들을 필두로 한 우리 팀 선수들이 파스를 둘러싸고 훈수를 두기 시작한다. 파스가 갑자기 말을 끊고 힌디어로 이렇게 말한다. "메 우스코 초둔가 네히." '난 그를 떠나지 않을 거야'라는 뜻이다. 즉 자신이 이길 때까지 상대를 놓아 주지 않겠다는 말이었다.

자신감에 부푼 파스는 4게임에서 무아지경에 들어간다. 시간은 순수하고 투명한 현재로 융해된다. 한 타 한 타가 거침없이 술술 풀리며,

한 랠리 한 랠리가 즐겁기 그지없다. 파스는 코트 위를 매끄럽게 활공한다. 파스가 치는 로브 샷은 무지개고, 드라이브 샷은 총알이다. 바로 옆 코트에서는 켈리가 안드레스를 3-2로 격파하면서 관중들이 포효한다. 파스는 그 소리를 듣지 못한다. 귓가에서 소음이 튕겨 나간다. 유클리드 기하학과 무한대가 만난다. 공은 거대하고 각도는 완벽하다. 세계는 목재, 탄소, 고무, 흑연이 둥둥 떠다니는 바다이고, 파스는 위에서 아래로 흘러내리는 액체다. 파스는 액화 상태가 된다.

　파스는 마술 지팡이를 몇 번 휘두르며 4게임을 9-0으로 이긴다. 5게임에서도 3점을 선취한다. 19점 연속으로 일방적인 점수를 낸 것이다. 뱃사람 말로 하자면 노질로 르터노를 돌파한 것이다. 르터노는 놀라운 불굴의 용기와 침착함을 보여 주며 반격을 개시한다. 그는 경기를 초장에 끝낼 기회를 날려 버렸다. 원래는 2점, 단 2점이면 끝나는 경기였다. 하지만 르터노는 포기하는 것이 쉬울 때에도 포기하지 않는다. 쉽게 말해 르터노는 기회를 날려버렸다. 물론 기회를 날려버리고 다시 살렸다가 또다시 날렸다고 이야기할 사람은 없다. 그럼에도 르터노는 용감하게 이야기 속으로 다시 걸어 들어간다. 매치 포인트를 막아 내는 일이라면 그도 일가견이 있다. 작년에 마넥이 두 게임을 잡고 3게임을 8-0으로 앞설 때 르터노는 여러 번 매치 포인트를 막아 내며 3게임을 이기고 4게임까지 끌고 갔다.

　3-3, 5-5. 점수가 좀처럼 벌어지지 않는다. 르터노의 라켓 기술이 한 수 위인 까닭에 파스는 샷 대 샷으로 대결하길 원치 않는다. 그래서

공을 옆벽에 가깝게 치고 100퍼센트 빈틈이 아니면 모험을 하지 않는다. 7-5로 파스가 리드한다. 그러다 파스의 볼이 두 번 틴에 맞는다. 한 번은 백핸드 드롭 샷이고, 또 한 번은 포핸드 보스트 샷이다. 그는 미소를 짓는다. '왜 쉽게 갈 순 없는 거지? 왜 늘 이렇게 치열한 거야?' 옆 코트 관중석의 포효 소리가 갑자기 마음에 스며든다. 파스는 자신이 이기지 않으면 무패 행진이 끝난다는 사실을 떠올린다.

이제 7-7이다.

르터노가 서브를 한다. 다시 종잡을 수 없는 프린스턴의 다섯 번째 우승까지 단 두 점을 남겨 놓는다. 1시간 전과 마찬가지로 관중들이 경기가 잘 보이는 발코니석 앞쪽으로 몰려든다. 저마다 절정의 순간을 기록하기 위해 카메라와 휴대폰을 급히 꺼낸다. 첫 두 줄을 꽉 채운 프린스턴 선수들은 몸을 앞으로 내밀고 코트 안으로 뛰어들 준비를 한다.

파스는 생각한다. '마지막 총공격이다. 다 받아 내자. 더블 바운스는 안 돼.' 나는 언제나 선수들에게 다리가 잘려 나가지 않는 한 공이 두 번 튀는 일은 없어야 한다고 말하곤 한다. 파스는 치타처럼 달려가 르터노의 모든 샷을 빠르게 낚아챈다. 긴 랠리가 이어진다. 이번 경기의 가장 치열한 순간이다. 랠리는 3분 넘게 지속된다. 헐레벌떡 뛰어다니는 모습을 지켜보기란 여간 힘든 일이 아니다. 르터노가 좋은 드롭을 날린다. 파스가 공을 받아 내지만 이렇다 할 공격은 하지 않는다. 르터노가 코트 중잉에서 빈틈을 발견하지만 공이 틴에 맞고 만다. 파스가 서브권을 다시 가져오고, 스코어는 여전히 7-7이다.

관중들이 밀려들어 관람이 불가능하다. 통로 끝에 있는 선수들은 매 랠리 후 터지는 함성이 트리니티 쪽인지 프린스턴 쪽인지 가늠하려고 애쓴다. 제임스는 벽에 기댄 채 눈을 감고 입술을 움직여 나직하게 기도한다. 우리 팀을 가장 열렬히 응원하는 벨린다 테리와 트리니티 스쿼시 팀 여자부 선수인 누르 바흐가트는 통로에서 벗어나 옆쪽의 빈 코트로 들어간다. 그들은 매 랠리가 끝나면 파스가 뛰고 있는 코트의 상단 모퉁이에 걸린 점수판을 흰색 네트 사이로 올려다보고, 랠리가 진행되는 동안에는 갤러리에 있는 사람들의 표정을 살핀다.

트리니티 팀 전담 소식꾼인 벨린다는 이날 오후 마이클 페레이라를 포함한 많은 졸업생, 인도에 계시는 학부모, 아이슬란드에 사는 사촌들에게 메시지를 보내고 있다. 이때는 3세대 휴대폰이 널리 보급되면서 스포츠팬들이 두 부류로 나뉜 첫해다. 한 부류는 조용히 경기를 관람하는 반면, 다른 한 부류는 아래의 파란 불빛이 턱에 반사되는지도 모른 채 블랙베리 또는 아이폰에 코를 박고 경기장 밖의 세계로 메시지를 보낸다. 벨린다의 메시지 수신자 목록에는 트리니티 출입 통제 시스템의 감독자인 콜린 스튜어트도 있다. 듀얼 매치 직전에 휴대폰을 변기에 빠트린 콜린은 갓난아기인 손주를 돌보러 온 어머니에게 울면서 말했다. "휴대폰을 변기에 빠트렸어요. 그럼 경기 결과를 전혀 알 수 없을 텐데." 결국 어머니가 콜린에게 휴대폰을 빌려줬고, 그녀는 겨우 시간에 맞춰 새 번호를 벨린다에게 알려 줬다.

벨린다는 여느 선수들만큼이나 열심히 본분을 다하고 있다. 그녀의 메시지를 받은 사람들이 답장을 보내며 현재 점수와 심판의 판정을 묻는다. 페레이라는 2초에 한 번꼴로 독촉 문자를 보낸다. "제-발! 자세히 좀 알려줘요." 수없이 많은 메시지가 물밀듯 들어오면서, 진동으로 설정된 벨린다의 아이폰이 그녀의 손에서 파닥댄다.

다시 긴 랠리다. 파스는 톱스핀이 들어간 변칙적인 포핸드 드라이브 샷을 날려 틴 보드 2센티미터쯤 위쪽에 맞힌다. 인인지 아웃인지 알기 힘들 만큼 간발의 차라 마단이 렛을 선언한다. 이번에는 르터노가 벽에서 힘들게 걷어 낸 드라이브 볼이 틴에 맞는다.

8-7이다. 벨린다가 또다시 문자를 보낸다. 스무 통 넘는 답장이 쏟아진다.

파스는 생각한다. '자, 이제 매치 포인트야. 랠리를 길게 끌지 말자.' 그리고 또다시 벽에 바짝 붙인 드라이브를 한다. 르터노가 벽에서 공을 걷어 내면서 공이 중앙으로 간다. 이번 경기 내내 파스의 드롭이 먹히지 않았던 까닭에 다시 시도하기를 주저한다. 하지만 이건 100퍼센트 공격 가능한 공이고, 지금은 매치 포인트 상황이다. 그러니 사생결단으로 드롭을 해야 한다. 파스는 공을 너무 낮게 치지 않도록 몸을 틴 보드 높이까지 낮게 숙인다. 그런 뒤 사형 집행인처럼 공 위로 라켓을 쥐었다가 스트레이트 백핸드 드롭으로 공을 가라앉힌다. 실수의 여지를 감안해 치다 보니 좀 높게 뜨긴 했지만, 다행히 공이 벽에 달라붙고 있다. 르터노가 재빨리 공을 쫓아간다. 하지만 공에 다가가서 할 수 있는 일이라곤 공중으로 날리는 것뿐이다. 공이 앞벽에서 다시 튕겨 나와 파스 바로 앞까지 온다. 파스는 공을 칠 수 없어 그대로 멈춘다.

잠시 후 마단이 말한다. "파스 샤르마, 스트로크. 트리니티 승리." 파스가 셔츠 가슴께를 잡아당기며 고개를 끄덕인다. 꼭 '내 경기력은 여기서 나와'라고 말하는 것 같다. 전심을 다한 결과였다.

이로써 듀얼 매치 점수는 4-4가 된다.

9장
근성: 바셋

  새 청바지에 옥스퍼드 티셔츠와 재킷을 입고 있었다. 옆에는 바퀴 달린 여행 가방 두 개와 불룩한 특대형 스쿼시 가방이 있었다. 그는 약 196센티미터의 장신이었고, 우크라이나 키예프에 있는 공항의 터널처럼 생긴 대기실에 있었다. 의자도 없어서 한참을 서 있다가 바닥에 털썩 주저앉았다. 대기실에는 금니를 박은 남자들, 검은 로브에 양모 숄을 걸친 여자들, 말없이 조용한 아이들 몇 명이 있었다.

  집을 나선 지 40시간이 넘었고 두 개의 시간대를 거쳐 왔다. 자전거로 왔으면 더 빨랐을지도 모른다. 비자를 받았지만 며칠 내로 목적지에 도착하지 않으면 비자가 무효가 되기 때문에 여유를 두고 좋은 티켓을 예약할 수 없었다. 절망적이고 암울한 상황이었다. 그의 여정표는 이러했다. 파키스탄 라호르에서 카라치까지 2시간을 경유한 뒤 카라치에서 두바이로 8시간을 경유하고 두바이에서 키예프에 도착하는 일정이었다.

때는 8월 말이었다. 읽을거리도 전혀 없었다. 책도, 잡지도, 신문도 없었다. 들을 것도 없었고 아이팟도 없었다. 두바이에서는 공항 안에 입점한 상점들을 돌아다니며 시간을 보냈다. 한 상점에서 물건을 하나하나 다 구경하고 난 뒤 커다란 짐을 질질 끌고 다음 상점으로 갔다. 면세점에서 향수 두 병을 샀다. 하지만 키예프에서는 러시아어를 구사하는 퉁명스러운 안전요원의 안내에 따라 경유 승객을 위한 대기실로 바로 이동했기 때문에 상점에서 시간을 때울 수가 없었다. 현대 세계의 최고난도 시험이었다. 우크라이나의 독방에서 7시간 경유의 지루함을 견뎌 낼 수 있겠는가?

비행기가 이륙했다. 다시 이동한다는 데 큰 안도감을 느꼈다. 늘 그렇듯 2미터에 가까운 몸을 펴느라 애를 먹었지만, 의자에 고치처럼 몸을 구겨 넣고 앞 좌석 위로 다리를 뻗었다. 또다시 10시간이 넘는 장시간 비행이었지만, 거의 내내 잠을 잤다. 다행히 쉽게 잠드는 편이었다.

비행기가 착륙했다. 별 문제없이 보안을 통과한 후 또 한 번 안도했다. 그리고 가방 세 개를 끌고 공항의 차량 서비스를 이용해 1시간 반을 달려 북쪽으로 이동했다. 차가 철문을 통과해 목적지에 도착했다. 땅거미가 내린 뒤라서 어두웠다. 차에서 내리니 학생 두 명이 보였다. 학생들이 친절하게 캠퍼스 경비팀까지 안내해 준 덕분에 경비의 도움을 받아 기숙사로 들어갔다. 방은 텅 비어 있었다..벽에 아무것도 걸려 있지 않았고 책상이나 벽장, 테이블 위도 텅 빈 상태였다. 침대에는 시트와 베개, 담요조차 없었다. 가방 세 개를 내려놓고 불을 끈 뒤, 옷도 갈아입지 않은 채 빈 매트리스 위에 누웠다. 그러고는 14시간을 내리 잤다.

잠에서 깬 뒤 샤워를 하고 구내식당에서 식사를 했다. 닳고 긁힌 식기류, 달걀 샐러드 샌드위치와 감자 너겟 냄새, 뷔페식 샐러드 바 등 모든 게 새로웠다. 그는 라호르에 있는 집을 떠나 온 지 사흘 만에 다시 캠퍼스 경비팀에 가서 스쿼시팀 코치에게 자신이 도착했다고 연락해 줄 수 있는지 물었다.

그때 나는 걱정이 되어 미칠 지경이었다. 범상치 않은 등장은 이미 여러 번 겪은 적이 있다. 한번은 뜨거운 늦여름 어느 날, 미국 선수들이 하트퍼드에 도착했을 때였다. 그들은 아웃도어 브랜드 엘엘빈의 모델처럼 차려입은 채 가방과 짐 상자를 가득 실은 대형 SUV를 끌고 캠퍼스에 나타났다. 반대로 비행기를 이용하는 외국인 선수들은 무방비 상태로 오는 경우가 종종 있었다. 심바 무와티의 경우 한겨울에 슬리퍼를 신고 수하물 찾는 곳을 지나왔다.

외국인 선수들이 오면 새로운 환경에 빨리 적응할 수 있도록 첫 며칠간 풀코스 일정을 편성하는 게 우리 관행이었다. 캠퍼스에서 처음으로 가는 곳은 스쿼시 코트였고, 당연히 코트에서는 선수들이 연습 중이었다. 신입생들은 대개 팀 선수들과 이미 이메일과 페이스북으로 연락을 주고받았기 때문에 서로 어느 정도는 알고 있었다. 우리는 신입생이 체육관에 오면 그 선수를 둘러싸고 따뜻한 포옹과 하이 파이브를 하며 반갑게 인사했다. 이미 한 식구가 된 듯한 분위기에서 트리니티 생활을 시작할 수 있도록 배려하는 것이었다. 그런 뒤 상급생 한 명을 배정해 트리니티 신입생에게 필요한 각종 서류 작업을 도와주게 했다.

　바셋 아슈팍 초드리는 특별했다(그의 성은 아슈팍이었고, 초드리는 아무도 사용하지 않는 사제 계급의 씨족명이다). 바셋은 대학 대항전 스쿼시 역사상 가장 유명한 선발 선수였다. 2005년 1월 브리티시 주니어 오픈에서 우승해 가장 유서 깊은 스쿼시 주니어 타이틀인 드라이스데일 컵을 차지했고, 2004년 세계 주니어 팀 챔피언십에서는 바셋이 속한 남자 청소년 팀이 우승했다. 별 어려움 없이 일류 주니어 선수가 됐다. 1999년 이후 드라이스데일 컵을 차지한 다른 아홉 명의 선수 중 여섯 명은 10년 후 세계 랭킹 10위 안에 들었다. 바셋은 고등학교를 졸업하고 바로 브리티시 주니어 오픈에서 우승했으며, 파키스탄으로 돌아오자마자 대학 과정을 밟으며 집에서 지냈고 인도, 말레이시아, 이집트에서 열리는 몇몇 프로 대회에 출전했다(우승 상금이 출전 비용보다 많은 경우는 없었다). 2006년 6월에는 세계 랭킹 61위에 올랐다.

　그때까지 드라이스데일 컵 수상자 중 미국에서 대학 대항 스쿼시를 한 선수는 인도의 아닐 나야르가 유일했다. 나야르는 1965년에 하버드대 코치 잭 바너비도 모르게 케임브리지에 있는 학교를 찾아왔는데, 나야르와 바너비 둘 다 이 일화를 자주 입에 올리곤 했다. 나야르는 선발이 확정되지 않은 상태에서 하버드대에 지원해 입학 허가를 받았다.

오늘날에는 상상하기 힘든 일이지만, 스쿼시가 하버드에서조차 큰 인지도가 없던 초창기에는 비교적 흔한 일이었다. 당시 나야르는 코트에 불쑥 찾아와 팀에 넣어 달라고 요청했다. 바너비는 그에게 스쿼시를 해본 적이 있는지 물었다. 나야르는 자랑스럽게 그렇다면서, 드라이스데일 컵도 땄다고 말했다. 그러자 바너비가 재치 있게 말했다. "그럼 내일 다시 오게. 자넬 위해 레드카펫을 깔아 놓을 테니."

하지만 바셋을 위해 레드카펫을 깔아 줄 사람은 아무도 없었다. 바셋은 미국 대학 스쿼시를 능가하는 선수로 평가받았다. 실력 면에서나 재능 면에서나 나이 면에서나. 하지만 바셋은 프로 투어에 염증을 느꼈다. 한 사건이 결정적 계기였다. 뉴욕에서 아므르 샤바나와 함께 붐비는 시간대에 택시를 잡고 있었다. 택시 운전사들은 아무도 샤바나를 알아보지 못했다. 무명이었으니까. 살아있는 가장 위대한 스쿼시 선수, 샤바나도 그곳에서는 택시를 잡을 수 없었다.

바셋은 어느 날 밤 인터넷을 검색하다가 즉흥적으로 코치 둘에게 연락을 해 봤다. 나와 하버드대 코치였다. 나는 때마침 온라인에 접속해 있었다. 재빨리 프로 투어 웹사이트에서 바셋의 선수 이력을 훑어본 후 '공부'가 취미라는 소개를 보고 2분도 지나지 않아 이메일 답장을 보냈다.

반 년 뒤, 바셋은 자기 평생 제일 긴 여정의 세계 여행을 시작했다. 바셋의 아버지가 라호르에서 코치실로 전화를 걸었다. 그때 내가 강습 중이었기 때문에 그는 음성 메시지를 남겼다. "안녕하세요, 무함마드라고 합니다." 그는 감미로운 말투로 말했다. "혹시 제 아들 바셋 아슈 팍을 만나셨나요?"

나는 바셋의 전화번호를 받아 적은 뒤 전화를 걸었다. 바셋의 아버 지는 아들의 여행 일정을 몰랐다. 나도 마찬가지였다. 그의 아버지가 우크라이나 어쩌고저쩌고 하는 이야기를 했다. 아니면 그저 미친 짓이 라고 얘기한 건가? 우크라이나가 아니라 우즈베키스탄이라고 했나? 이메일에 'U'로 시작되는 나라에 대한 이야기가 있기는 했다. 그런데 우크라이나까진 뭐 하러 간 거지? 온라인에서 지도 몇 장을 살펴봐도 그 이유를 알 수 없었다. 뉴욕행 비행기를 운항하는 모든 항공사에 전 화를 걸었다. 뉴욕에 있는 국제공항 세 곳의 보안과에도 연락했다. 하 지만 아무 정보도 얻을 수 없었다.

전화벨이 울렸다. 무함마드였다. 그는 정중하게 자신의 이름을 밝히 고는 아들 바셋 아슈팍이 코네티컷주 하트퍼드에 있는 트리니티 칼리 지에 입학 절차를 밟으러 갔다고 설명했다. 30분 전에 통화한 사람이 라곤 생각되지 않았다(아슈팍 가문은 내가 만나 본 가장 예의 바른 가 문이었다). 나는 아는 대로 이야기하고는 전화를 끊었다. 무함마드는 1시간 동안 네 번 더 전화를 했다. 매번 정중하게 자기소개를 다시 하 며 세세하게 자초지종을 설명했다.

마침내 우크라이나 항공에서 바셋 초드리라는 사람이 키예프발 비 행기를 타고 전날 미국에 도착했다는 연락을 줬다. '전날이라니.' 바셋 이 통관과 입국 심사를 통과했다는 이야기도 다른 사람을 통해 들었다. 911 이후 항상 아대륙 출신 선수들의 미국 입국이 거부될까 봐 노심초사했기 때문에 희소식이었다. 그런데 어제 오후에 도착했다면 지금 대체 어디 있는 걸까?

전화기가 다시 울렸다. 캠퍼스 경비팀이었고, 스쿼시 팀 소속이라는 학생이 경비 사무실에 있다고 알려 줬다. "어디 못 가게 잡아 두세요." 이렇게 소리치고는 문을 뛰쳐나갔다.

"자넬 안아 줘야 할지 엉덩이를 걷어 차 줘야 할지 모르겠군." 바셋에게 포옹을 한 후 말했다.

우리는 코치실로 갔다. 평소 아끼는 테니스 선수이자 인도 출신의 학생에게 연락해 와서 좀 도와달라고 부탁했다(이 일은 우리 선수들이 미국에서는 자국의 라이벌 국가도 큰 의미가 없다는 사실을 배운 사례 중 하나였다). "바셋이 왔어. 입학 등록해 주고 학생증이랑 이메일 계정, 휴대폰 만드는 것도 좀 도와줘."

바셋이 코치실을 둘러보았다. 때마침 전화기가 울렸다. 바셋의 아버지였다. 두 사람은 자음과 성문 폐쇄음이 뒤엉킨 것 같은 우르두어로 몇 분간 통화를 했다. 바셋은 내 책상 앞에 서서 아무 생각 없이 작은 주발에 담긴 트리니티 전국 챔피언십 반지들을 만지작거렸다. 금, 다이아몬드, 슬로건(다이아몬드에 '너무 강한 팀', '두려움을 모르는 팀', '후퇴를 모르는 팀'이란 문구가 새겨져 있다), 손가락이 내려앉는 묵직한 무게. 라셋이 잠시 통화를 멈추더니 전화기의 송화구를 손으로 가리고 물었다.

"이것들은 뭔가요, 코치님?"

"전국 챔피언십 반지 여덟 개야. 전국 타이틀을 따면 하나씩 만들지."

근성은 기를 수 있다. 진정한 자아의 모습은 자기 의심이나 불안, 또는 과도한 열정이라는 단단한 막에 가려질 수 있다. 그 막을 벗겨내고 새롭게 성장하도록 이끄는 것이 바로 코치의 일이다.

"그럼 네 개 더 주문해 두세요."

나는 바셋을 과대평가했다. 마커스를 겪은 후라서 쉽지 않으리라는 건 알았지만, 진심으로 순조로운 항해를 원했다. 바셋을 팀내 1위 자리에 올려놓고 편안히 앉아 4년 동안 무패 행진을 이어 가는 모습을 지켜보고 싶었다. 바셋이 희한한 경로로 미국에 도착하고 하루가 지나서 구스에게서 문자 메시지를 받았다. "바셋이랑 한 팀이라니 굉장한데요."

바셋은 굉장한 선수였다. 날랜 보폭, 최상의 거리, 대학 스쿼시 경력 30년 동안 내가 한 번도 본 적 없는 맹렬한 속도로 볼을 무섭게 때렸다. 거의 공을 폭파하는 수준이었다. 그러면서도 손놀림이 부드러웠고 동작이 놀랄 만큼 민첩하고 유연했다. 큰 키를 감안하면 특히 더 그랬다. 또 대학 선수라고 믿기지 않을 만큼 트릭을 능수능란하게 썼다. 드라이브를 칠 것처럼 했다가 재빨리 손목을 꺾어 크로스코트로 불시의 타격을 가했다.

바셋은 모든 선수와 원만하게 지냈고 팀의 인도인 선수들과는 힌디어로 대화했다. 어릴 때 발리우드 영화를 보면서 익힌 힌디어였다. 하지만 그의 실력은 갑작스러운 훈련량 감소와 주변의 관심으로 떨어졌다. 그해 가을에 열린 US 오픈 예선전에서 영국인 선수 톰 매튜스에게 무너졌다. 실망스러운 경기였다. 바셋은 상상력이 없었다. 충분히 딸 수 있는 득점 기회를 놓쳤고, 벽 중간쯤 맞힐 수 있는 드라이브 볼을 틴에 맞혔다. 로브 샷은 아웃이 됐다. 랠리와 랠리 사이에 바셋은 허망한 표정을 지었다. 1게임을 뛰고 나서 활기가 완전히 사라졌다. 바셋은 실망감을 감추지 못했다. 매튜스에겐 한 번도 진 적이 없었으니까. 6개월 전 월드 오픈 예선전에서는 3-0으로 완파했고, 프로 투어를 그만두고 미국으로 이주했을 무렵에는 매튜스의 랭킹보다 12개 순위가 높았다. 그런데 대학 생활 2개월 만에 패하는 중이었다. 이 경기를 보러 온 전직 선수 몇 명이 내게 말했다. "굉장한 선수라고 하지 않았어요?" 바셋은 머리로는 프로 스쿼시를 떠나 대학 수준의 스쿼시를 할 준비가 돼 있었지만, 일시적으로 자존심이 상할 수도 있다는 건 미처 계산하지 못했다.

바셋이 온 지 얼마 안 돼 4학년생 숀 존스턴과 겨룬 챌린지 매치는 우리 드라이스데일 컵 우승자가 얼마나 곤란한 상태인지 잘 보여 줬다. 바셋은 첫 챌린지 매치 토너먼트에서 숀을 꺾었지만, 몇 주 뒤에 다시 붙었을 때는 숀의 기습에 당했다. 바셋은 약간은 둔탁하고 약간은 느리게 코트 위를 움직였다. 반면 숀은 맹렬한 플레이를 했다. 기회가 있을 때마다 앞쪽 코너로 공을 척척 보내 바셋을 앞쪽으로 유인했고, 매 랠리에서 바셋이 장신을 사방으로 뻗고 비트는 등 몸부림치게 만들었다. 발버둥 쳐 봤자 모두 허사였다. 바셋은 짜증이 났다. 깜박이는 눈은 바셋이 아직 격전을 치를 마음의 준비가 돼 있지 않다는 증거였다. 숀은 1게임을 이기고 2게임을 9-5로 끝냈다. 바셋은 앞벽을 향해 라켓을 던졌다. 모두가 나를 쳐다봤다. 내가 말했다. "저건 나약함의 신호야." 3게임은 잔혹했다. 바셋은 경기에 완전히 몰입하며 조금씩 따라잡으려고 애썼지만, 공은 팔이 닿지 않는 곳으로 튕겨 나갔다. 결국 숀이 10-9로 이겼다.

숀은 기뻐하면서도 예의를 지켰다. 팀 동료끼리 벌이는 경쟁이었기 때문이다. 상대가 아무리 신입생이라도 이 사실은 변하지 않았다. 바셋은 처참했다. 나는 아무 말 없이 관중석에서 곧장 코치실로 갔다. 경기에서 진 선수에게는 말을 걸지 않는다는 '러스 버코프' 규칙에 따라서였다. 대신 책상 앞에 앉아 두어 시간은 확인을 하지 못하리라는 것을 알면서도 바셋에게 이메일을 보냈다. 그날 밤 늦게 답장이 왔다. '코치님, 정말 죄송합니다. 전 준비가 안 됐습니다. 아직 배고프지 않았어요. 설욕할 날을 고대하며, 인샬라. 바셋.' 다음 날 아침 7시 반에 바셋은 코트에서 달리기 훈련을 하고 있었다.

예일과 치른 바셋의 첫 홈경기는 꽤 열광적인 분위기였다. "벌침!", "킬러 비!"를 연호하는 소리에 방송에서 호명하는 그의 이름이 묻힐 정도였다. 바셋은 예일의 1위 선수 닉 철스를 상대로 9-1, 9-1, 9-1 완승을 거뒀다. 며칠 뒤에는 코네티컷 대학과 펜실베이니아 대학의 상대 선수들을 대파했고, 총 10점밖에 내주지 않았다. 윌리엄스 칼리지와의 경기에서는 토니 마루카 선수를 9-2, 9-2, 9-1로 이겼다. 30분만에 손쉽게 이긴 경기였고, 사실상 다른 경기들도 마찬가지였다. 하지만 게임 전후에 내가 조언을 할 때 바셋의 정신은 다른 데 팔려 있었다. 내 말이 가닿지 않았다. 그저 수건으로 눈을 가린 채 바닥만 쳐다봤다.

경기 후 바셋을 코치실로 데려갔다. "얘기 좀 하지." 내가 말했다. "넌 훌륭한 선수야. 그런데 그거 알아? 네 현실을 봐. 1년 전, 넌 완전히 다른 삶을 살고 있었어. 파키스탄에서 친구들을 만나고 하루에 두 번 훈련을 하고 수업은 한두 개 정도 듣고 발리우드 영화를 보면서 살았지. 지금은 어떻지? 미국에서 새로운 음식, 새로운 문화, 새로운 날씨, 새로운 일정에 맞춰 살고 있어." 무슬림이었던 바셋은 어릴 때부터 하루에 다섯 번 기도를 드리고 매주 금요일에 회교사원에 예배를 드리러 가는 삶을 살았다. "유일하게 같은 건 스쿼시뿐이지. 그런데 스쿼시도 마음처럼 잘 되지 않아. 왜 그런지 알아? 그건 네가 하루에 두 번 훈련을 할 수 없기 때문이야. 그러기엔 할 일이 너무 많거든. 그게 뭐 어떠냐고? 너는 1학년 가을 학기에 평점 3.8을 받았어. 공부도 하고 친구들도 사귀고 있지. 명심해. 행복할지 말지는 네가 선택하는 거야."

"하지만 제 실력이 너무 형편없는걸요." 바셋이 잠시 이마를 닦고는 말했다.

"넌 방금 뛰어난 선수를 이겼어. 그것도 3-0으로. 마루카는 좋은 선수야. 9년 동안 여름 캠프, 토너먼트를 가리지 않고 활약했어. 뛰어난 선수지."

"정말요, 코치님? 마루카가 뛰어난 선수예요?" 바셋은 그걸 알아보지 못했다. 그는 보는 눈이 없었다.

"그래, 바셋." 내가 천천히 말했다.

"네가 이야기를 쓸 일은 없겠지만, 이야기 속에 나오는 삶은 살게 될거야. 이때를 즐겨야 해."

바셋은 힘없이 웃으며 코치실을 나갔다. 헛수고를 했구나 싶었다. 그의 마음을 움직이지 못했다. 대단히 유명한 선수가 선발됐다는 기대가 바셋 안의 배선에 스며들며 전선 몇 개를 누전시켰다. 소문에 흔들리고 있었다. 바셋은 자신이 누구였는지 잊어버렸다.

바셋은 두 번째 챌린지 매치에서 구스에게 졌다. 숀처럼, 구스도 1게임을 아주 힘들게 9-5로 이겼다. 바셋은 껍질 속으로 숨어 버렸고, 9-4, 9-4로 경기가 구스의 승리로 끝났을 때는 그에게서 활기가 거의 느껴지지 않았다. 다음 챌린지 매치에서 바셋은 팀내 4위 선수인 수프리트를 꺾었다. 만일 이 경기에서마저 졌다면 내가 그만뒀을 거라고 제임스 몬타뇨에게 말했다.

서서히 바셋은 본모습을 되찾았다. 1월에는 구스를 꺾어 2위 자리로 왔고, 숀마저 이겨 1위 자리를 차지했다. 정신도 더 건강해졌다. 하지만 새로 바꾼 신발이 잘못인지 무릎 통증을 앓았다. 전국 대학 대항전 팀전 일주일 전에는 훈련 도중 오른쪽 발목을 접질렸다. 발목이 붓자 제임스가 얼음과 목발을 가져오고 트레이너를 불렀다. 바셋은 며칠 동안 부츠를 신었다. 부어오른 발목이 심하게 아파 보였다. 그는 전국 대회 1회전에서는 빠졌지만, 예일과의 준결승전에 이어 프린스턴과의 결승전에도 출전했다. 이때 프린스턴의 마우리코 산체스를 이겨 사람들을 놀라게 했다.

마우리코의 경기를 보는 것은 번갯불에 의지해 셰익스피어를 읽는 것과 같았다. 발이 빠르고 손은 더 빠른 민첩한 선수였다. 바셋의 승리가 마우리코에게는 시즌 첫 패배였다. 두 선수의 경기는 천천히 시작됐다. 바셋은 속도를 조절하려고 애썼고, 마우리코는 장신의 파키스탄 선수에게서 공을 멀리 떨어뜨려 놓으려고 안간힘을 썼다. 1게임은 9-4로 마우리코의 승리였다. 1게임이 끝난 후 바셋에게 말했다. "한 점 한 점을 서너 번 따내 봐. 볼을 벽에 붙여 길게 치면서 빈틈을 생기기를 기다려. 인내심을 가져야 해. 빈자리가 보이면 마우리코 앞으로 끼어들어 공을 후려치는 거야. 그렇다고 섣불리 타격부터 해선 안 돼. 마우리코는 발이 무척 빠른 선수라서 자네가 자기 앞에 있지 않는 한 공에 따라붙을 거야." 바셋은 다음 세 게임을 9-2, 9-2, 9-1로 연달아 이겼다.

그 세 게임에서 바셋은 자신이 대학 스쿼시 생태계에서는 좀처럼 보기 힘든 선수임을 보여줬다. 사실 바셋은 대학 스쿼시라기보다는 프로 스쿼시를 했다. 마우리코가 자신을 어떻게 압박하든 물 샐 틈 없이 방어했다. 마우리코와 바셋의 이 대결은 잘 언급되진 않지만 트리니티의 듀얼 매치 승리사에서 중대한 순간이었다.

일주일 뒤에 바셋은 대학 대항전 준결승에서 패했다. 전국 팀전이 끝나고, 전국 상위 64명 선수들이 승부를 겨루는 대학 대항 토너먼트가 시작하기까지는 1, 2주의 시간이 있었다. 애매한 시간이었다. 나는 매일 선수들을 만나기는 했지만 지도는 하지 않았다. 이는 내가 핵심으로 삼는 팀 스포츠 정신의 극치였다. 이번 대회는 개인전이었기 때문에 선수들을 내버려뒀다.

바셋은 토요일 오전에 열린 준준결승전에서 공격적인 킴리 웡 선수를 신속히 해치우며 선전했다. 하지만 그날 저녁에 열린 준결승전에서는 기대에 부응해야 한다는 압박감에 짓눌려선지 허망하고 평범한 경기를 펼쳤다. 고비는 1게임 중반에 왔다. 하버드의 시드 수츠데가 느슨한 볼을 보내자, 바셋이 앞으로 나가 볼을 짓뭉갤 듯이 때렸다. 시드가 렛을 요청했다. 순간 바셋은 당황했다. 적어도 일부 국제 선수들의 기준으로는 렛이 아니었다. 하지만 심판 메헤르지 마단은 바셋과 다른 판단을 했고, 바셋은 이를 당연하게 받아들이지 않았다(투수가 마이너리그 심판의 스트라이크 존에 적응해 나가듯이). 이 방식에 적응해야 했지만, 오히려 동요했다. 바셋은 자신이 시드의 드롭 샷을 받아치고 렛을 끌어낼 수 있다는 걸 강조하기 위해, 짧은 볼에 다가갈 때 시드를 들이받기 시작했다. 시합이 불필요한 몸싸움으로 변해 가고 있었다.

2게임과 3게임 사이에 바셋과 이야기를 나눴다. 랠리를 더 빨리 끝내라고 침착하게 조언했다. 대부분의 엘리트 선수들처럼 바셋 역시 내가 감정적으로 나온다고 생각하면 내 조언을 거부하곤 했다. 바셋은 충고를 개인적으로 받아들였다. 나는 감정적으로 흥분한 상태가 아니라고 차분하게 설명했다. "잘 들어. 지금 내 상태는 네가 경기를 시작했을 때와 똑같아. 하지만 너는 그렇지 않지. 그러니까 너는 경기 상황을 냉정하게 판단할 수가 없어." 바셋은 내 말을 믿지 않았다. 공을 더 세게 쳐야 한다고 생각했다.

시드는 코트를 장악하며 9-7, 9-5, 9-6으로 확실하게 이겼다.[9] 이렇게 기골이 장대한 선수에겐 몸싸움이 필연적이라는 사실을 깨달았어야 했다(바셋은 코트를 너무 많이 차지했다). 하지만 바셋에게도 문제는 있었다. 렛을 받지 못하면 못마땅해 했다. 바셋은 온화한 거인이었고, 공룡처럼 코트 위를 쿵쾅거리며 활보하고 싶어 하지 않았다. 자신이 어떤 사람인지 또다시 잊은 것이다.

코칭은 부모가 아니라 조부모가 되는 일에 가깝다. 코치는 기술과 지도, 지지, 사랑을 준다. 하지만 선수들을 망칠 수도 있고, 실수를 할 수도 있다. 그리고 하루가 끝나면 선수들은 부모가 있는 집으로 돌아간다. 코치는 행동을 약간 고쳐 줄 수 있지만, 가치와 관점은 다른 곳에서 형성되기 때문에 코치가 바꿀 수 있는 여지는 그리 많지 않다. 선수들은 자신만의 설계로 벽을 짓고, 코치는 출입이 허락된 방에서만 지도를 한다. 선수들(그리고 그들의 아버지)의 주변에는 갖가지 불안

---

9   재미있게도, 시드는 결승전에서 마우리코 산체스를 만나 3-1로 이기고 타이틀을 차지했다. 시드는 그 전해에 결승전에서 패했다. 그래서 개인적으로는 전국 챔피언십에서 한 번도 우승하지 못한 선수가 4학년 때 정상에 오르는 모습이 보기 좋았다.

이 도사리고 있다. 그래서 나는 차라리 고아로만 이뤄진 팀을 코치하는 게 낫겠다고 입버릇처럼 말한다.

웨스트포인트를 그만둔 후 뉴욕 외곽에 있는 컨트리클럽인 아파와미스에서 일할 때였다. 첫날에는 여덟 살짜리 아이들을 대상으로 테니스 강습을 진행했다. 강습 첫날에는 늘 전달할 사항이나 설명할 내용이 많았다. 시간 엄수, 예절, 인내, 라켓 쥐는 법, 공 줍는 법 등 기본적인 규칙을 설명했다. 펜스 주변에서는 열댓 명의 어머니들이 이 모습을 유심히 지켜보고 있었다. 아이들은 수업을 즐기는 것처럼 보였다. 나에게 주어진 역할을 다하며 코트 안에서 아이들을 체스 말처럼 이동시키고 말과 몸짓으로 설명하고 스포츠맨십과 예절을 강조했다. 내가 꽤 잘하고 있다고 확신했다.

수업이 끝나자, 꼬마 아이들이 각자의 어머니에게로 뛰어갔다. 그때 한 어머니가 내게 와서 말했다. "오늘 찰스가 공을 여섯 번 쳤다는 거 알고 계세요?"

무슨 말인지 선뜻 이해가 가지 않았다. 그러자 그녀가 다시 큰 목소리로 말했다. "공 한 번 치는 데 10달러를 지불한 셈이라고요." 그날 나는 학부모가 강습 시간에 들어올 수 없다는 방침을 정했고, 지금까지도 그 방침을 고수하고 있다.

바셋은 부모님의 사랑을 듬뿍 받았다. 아버지 무함마드는 19세에 어깨 부상을 당할 때까지 일류 크리켓 선수였다. 부상 후 볼링 및 배팅 자세를 회복하지 못한 무함마드는 고향으로 돌아가 아버지가 운영하는 공업용 화학물질 수입업체에서 일했다. 바셋이 처음 열정을 품은 운동은 크리켓이었다. 프로 선수가 되고 싶었지만, 선수 선발을 둘러싼 은밀한 뒷거래를 보아온 아버지는 아들이 그 길로 가지 못하게 막았다. 바셋은 3~4년간 스쿼시를 했다. 좋아서는 아니었고 그저 아버지를 위해서 했다. 시합에서 수없이 지고 나서야 본격적으로 훈련을 시작했다. 바셋이 소속된 펀잡 스포츠 콤플렉스는 라호르에서 가장 큰 클럽이었지만, 시설은 꽤나 평범한 편이었다. 유리와 목재로 지은 실내 코트가 두 개 있었고, 시멘트로 지은 야외 코트가 다섯 개 있었다. 실내 코트는 습기 때문에 바닥이 미끄러웠고, 야외 코트는 비만 오면 침수가 됐다.

열여섯 살에 바셋은 부상을 겪었다. 키가 180센티미터를 넘도록 훌쩍 크면서 등이 아팠고, 그러고 나서는 햄스트링 부상을 입어 3개월 동안 운동을 쉬었다. 부상을 회복하고 돌아왔을 때는 자신보다 못하던 친구들이 자신을 앞지르고 있었다. 이에 분노한 바셋은 일주일에 5~6일을 훈련하기 시작했다.

열여덟 살이 됐을 때는 부상 때문에 브리티시 주니어 오픈에 출전할 파키스탄 팀 대표 선수 선발전을 놓쳐 대표 선수에 뽑히지 못했다. 바로 그때, 아버지 무함마드가 크리켓업계에서 일어날까 봐 걱정하던 일이 스쿼시업계에서 일어났다. 무함마드는 파키스탄 스쿼시 연맹 총무에게 바셋을 명단에 올려 달라고 부탁했다. 총무가 거절하자 화가 난 무함마드는 고위 공무원인 친구에게 연락했고, 그 친구가 총무실장을 통해서 바셋을 명단에 넣어 줬다. 연맹 총무는 바셋의 편잡 스포츠 콤플렉스 출입을 금지시킴으로써 앙갚음했다. 바셋은 3회전에서 파키스탄 선발 선수 중 한 명을 꺾고 브리티시 주니어 오픈 준준결승까지 갔고, 이듬해에는 우승했다.

2학년 때 바셋은 전혀 다른 선수가 됐다. 더 성숙해졌고 안정도 찾았다. 여름을 파키스탄에서 보내면서 가족과 사이도 더 좋아졌고 스스로도 편해진 마음으로 노동절이 낀 주말에 캠퍼스로 돌아왔다. 살도 9킬로그램이나 빠졌는데, 196센티미터의 장신 선수에게는 무척 고무적인 일이었다. 코트에서 속도를 높이려면 무슨 수든 써야 했기 때문이다. 정신적으로도 더 강해진 듯 보였다. 조국을 넘어 활동 분야를 넓혀 갔고, 졸업 후 미국에 머물 생각도 하기 시작했다. 공부도 궤도에 올랐다. 경제학을 전공했고 우등생이었다.

프린스턴과 치른 듀얼 매치에서 바셋은 마우리코를 다시 만났다. 바셋이 다른 선수가 됐다는 이야기는 모두 전해 들어 알고 있었다. 마우리코는 대학 스쿼시에서 가장 열심히 하는 선수로 알려져 있었다. 1년 내내 훈련을 하면서 자신의 유연한 몸을 극한까지 몰아붙였고, 발이 빨랐다. 샷 구사력이 뛰어나진 않았지만, 어떤 공이든 따라붙을 수 있었다. 멕시코시티 태생인 마우리코는 프린스턴 대학에서 쭉 내려가면 있는 로렌스빌 아카데미에서 1년간 대학 예비 과정을 들었고, 지난 4년간 미국에 거주하는 최고의 선수 중 한 명이었다.

첫 랠리에서 마우리코는 생각을 읽혀 버렸다. 바셋의 서브에 마우리코가 볼을 오른쪽 코너로 짧게 때려 랠리를 끝내려 했다. 공격이 성공하긴 했지만, 잘못된 결정이었다. 공이 라켓 면에 닿자마자 타격을 하는 조바심을 보였다. 자신이 오래 버티지 못할까 봐 걱정하고 있었다.

예상은 빗나가지 않았다. 바셋은 마우리코를 상대로 세 게임 만에 9-2, 9-2, 9-0으로 완승을 거뒀다. 지금껏 내가 본 전국 상위권 팀의 1위 경기 중에서 가장 일방적인 승리로 끝난 경기였다. 1위 선수들은 재능만큼이나 그에 따르는 자존심도 엄청나게 셌기 때문에 한 경기도 그렇게 쉽게 내주지 않았다. 바셋은 전국 대회에서 마우리코를 3-1로 이겼고, 대학 대항전에서는 결승전에 진출해 구스 데터를 완파했다.

2009년, 밸런타인데이 경기에서 마우리코에게 지기 전까지 바셋은 순조로운 나날을 보내고 있었다. 당시 바셋은 우리 팀이 5-3으로 듀얼 매치를 이기고 있다는 사실을 안 채 경기에 나섰기 때문에 결과가 어떻게 되든 상관없다는 생각을 어렴풋이 하고 있었다. 바셋의 경기는 팀 점수에 영향을 주지 않았다. 바셋은 속도를 약간 늦춰서 뛰었고, 마우리코는 빠른 플레이로 첫 두 게임을 잡았다. 바셋은 다시 게임 속도로 올려 다음 두 게임을 이겼다. 4게임의 경우 타이브레이크까지 가서 마우리코의 매치 포인트를 막아 냈다. 5게임에서는 바셋이 2-0으로 앞서 나갔지만, 이후 마우리코가 압도적인 속도로 코트 위를 종횡무진 움직이면서 9점을 연속으로 따내 경기를 이겼다.

오늘 경기는 아수라장이 따로 없다. 프린스턴대 코트는 바닥 탄성이 높아서 공이 더 잘 나가는데, 500명의 갤러리가 내뿜는 열기 때문에 특히 더 그렇다. 선수들이 흔히 하는 말로, '공을 끌어내리기'가 쉽지 않다. 이는 마우리코처럼 기교가 뛰어난 선수가 바셋 같은 강타자를 상대할 때 뚜렷한 이점이 된다. 바셋은 1게임 타이브레이크에서 진다. 초반에 4-1로 앞서다가 점수를 연이어 내주며 8-4로 역전을 당한다. 그런 뒤 게임 포인트를 한 번 막아 내지만, 타이브레이크에서 마우리코의 트릭에 넘어가 결국 1게임을 내주고 만다.

바셋은 마음을 진정시키고 다음 게임을 손쉽게 따낸다. 게임 시간이 27분을 넘기긴 했지만, 7-0 리드 상황에서 이변 없이 2게임을 가져온다. '문제없겠어.' 나는 생각한다. 3게임은 더 팽팽하다. 5-4에서 10분간 점수가 멈춰 있다가 바셋이 앞질러 나간다. 또다시 몸싸움이 연출되지만, 3년 전 시드와의 경기와 달리 이번에는 마우리코가 바셋의 주위를 돌며 대부분의 몸싸움을 주도하고 있다.

바셋은 3게임을 이겼지만, 4게임에서는 그의 돛대에 바람이 실리지 않는다. 마우리코가 앞으로 치고 나가도 저항하지 못한다. 5-0으로 마우리코의 리드 상황이다. 바셋이 침로를 바꾸면서 5-2가 되지만, 마우리코가 단 11분 만에 9-2까지 순항하며 4게임을 가져간다.

대학 스쿼시는 1923년 2월 하버드 대 예일의 대학 대항전을 시작으로 긴 역사를 이어오는 동안 손에 땀을 쥐게 하는 박빙의 경기가 몇 번 있었다. 모두 듀얼 매치 스코어 4-4 상황에서 마지막 경기가 5게임까지 간 경우였다.[10] 1989년에 전국 팀전이 시작되기 전에는 플레이오프 시스템이 없었기 때문에 4-4 동점 상황에서 치르는 마지막 경기의 5게임은 흥분의 도가니를 연출했지만, 어느 팀이 지든 훗날 이기면 된다거나 여전히 타이틀을 획득할 다른 방법이 있거나, 아니면 져도 상관없다는 식의 인식이 늘 존재했다. 1987년에 예일은 4-4 상황에서 더블 매치 포인트를 따내며 프린스턴을 5-4로 꺾었다. 그야말로 박빙의 승부였다. 하지만 그 다음 주에는 하버드가 예일을 9-0으로 대파했다.

당시에는 전국 챔피언이 되려면 전국 대회에서 우승해야 했다. 정규 시즌은 60개의 출전 팀을 강약별로 나누는 데 크게 영향을 주지 않았다. 1989년 이후 결승전은 단 한 번 1990년에 4-4 상황에서 게임 스코어 2-2까지 갔다. 대하드라마 같은 이 듀얼 매치에서 예일의 존 무스토 선수가 하버드의 마크 바커 선수에게 0-2로 지다가 5게임에서 15-13으로 이겼다. 4-4 상황에 게임 스코어 2-2는 NCAA 농구 대회 결승전이 연장전에 들어가는 것과 맞먹는다(이런 농구 경기는 일곱 번 있었

---

10 고전이 된 역대 4-4 듀얼 매치를 살펴보면 다음과 같다. 1953년에 하버드의 9위 선수 스티브 손나벤드는 프린스턴 선수를 상대로 2-0으로 지다가 5게임에서 역전했다. 3년 후에는 하버드의 5위 선수 리 폴더가 2-0으로 지다가 5게임에서 15-9로 승부를 뒤집었다(15점제 방식). 1958년에는 예일의 하비 슬론 선수와 하버드의 게리 에밋 선수가 5게임에서 13-13 동점까지 갔다가 슬론이 이겼다. 1960년대에는 하버드의 9위 선수 존 프랜시스가 예일을 상대로 5게임에서 11-6으로 뒤쳐지다가 9점 연속 득점을 하며 승리했고, 1년 뒤 프랜시스는 프린스턴의 번팅 헤이든와이트 선수를 상대로 매치 포인트를 네 번 막아내고 5게임 타이브레이크에서 이겼다. 1970년에는 하버드의 에디 애트우드 선수가 2-0으로 지다가 5게임에서 역전했고, 1987년에는 예일의 6위 선수 빌 바커와 프린스턴의 조 루빈 선수가 5게임에서 17-17로 타이브레이크(더블 매치 포인트)까지 갔다가 바커가 드롭으로 이겼다. 그리고 1995년에는 하버드의 3위 선수 탈 벤샤르가 예일의 제이미 딘 선수를 상대로 5게임에서 18-17로 이겼다.

다).

5게임 전 휴식 시간에 우리는 바셋과 얘기를 나눴다. 제임스가 바셋에게 말했다. "너밖에 안 남았어. 명심해. 넌 이기고 우리는 전국 챔피언이 되는 거야." 바셋은 이 말을 잘못 이해했다. 우리가 이미 듀얼 매치를 5-3으로 이겼다고 생각한 것이다.

마우리코는 초반에 기세를 몰아 기회가 날 때마다 발리를 치고, 5-0으로 치고 나간다. 바셋은 연속으로 9점을 잃은 상황이다. 운전대를 잡고 졸다가 트럭을 들이받을 참이었다. 모든 상황이 마우리코에게 유리하다. 30분간 한 점도 내주지 않았다. 마우리코는 홈코트의 이점을 누리고 있다. "가자, 마우리코!"를 연호하는 관중도 그중 하나다. 분위기가 갈수록 고조되고 있다. 부정적인 판정이 나올 때마다 심판 헌트 리처드슨에게 서로 앞다투어 조롱과 야유와 불평을 쏟아낸다. 나는 마음속으로 승복의 말을 생각하기 시작한다.

5-0에서 갤러리가 이상하게 조용해진다. 라켓면에서 튕겨 나가는 공의 둔탁한 '탁'소리, 벽을 맞고 다시 튀어나오는 공의 연타 소리가 분명하게 들려온다. 사람들은 5게임이 너무 일방적이라는 데, 눈앞에서 위대한 챔피언이 무너지고 있다는 데 정신이 멍해진다. 한 세기 반 전에 남학생들이 처음 스쿼시 볼을 치기 시작한 이래로, 사람들이 5게임 경기를 두고 늘 하는 질문이 있다. "5게임 점수가 어떻게 되지?" 그 밖의 모든 것은 기억 속에서 희미해진다. 3게임에서 매치 포인트를 살렸는지, 또는 4게임에서 멋진 플레이를 했는지는 중요하지 않다. 중요

한 것은 이것이다. 경기 막판에 동점이 되고 한쪽에 이길 기회가 생겼을 때 어떻게 했는가? 결정적 순간에는 어떻게 했는가? 5게임 성적은 신통한 능력이 있는데, 바로 선수의 본성을 드러내 준다. 그리고 오늘 경기에서 바셋은 그동안 보여 주던 놀랄 만한 회복력을 전혀 내보이지 못하고 있다. 산산이 부서지는 중이다.

내 옆에는 레지가 앉아 있다. 레지는 다리와 몸통은 움직이지 않고 머리만 내 어깨에 거의 닿을 정도로 기울이더니 나직한 목소리로 묻는다. "다시 살아날 수 있을까요?" 뭐라고 말해야 할지 모르겠다. 결코 희망을 버려서는 안 된다. 그러면서도 정직해야 하고, 사실을 직면해야 하며, 패배를 받아들이는 법을 배워야 한다. 근성은 노력으로 기를 수 있다. 용기도 불어 넣을 수 있다. 이는 지금까지 매튜를 겪으면서 내가 주문처럼 되뇐 말이었다. 절대 포기하지 마라. 가슴 속에 남은 마지막 한 줄기의 빛을 절대 포기하지 마라.

빛의 힘은 어둠과 상호작용할 때 나온다. 어둠은 절대 빛을 없앨 수 없다. 밤이 찾아오더라도 텔레비전, 컴퓨터, 전구 불빛, 아기 모니터의 배터리 불빛이 있는 한 여전히 주변을 볼 수 있다. 반면 빛은 언제나 어둠을 없앤다. 캄캄한 방 안에서 양초 심지에 불을 붙이면 어둠이 조금이나마 걷힌다. 나는 초에 불을 켠다.

"그럼, 살아날 수 있지."

레지에게 중얼거리듯 말한다. 바셋이 잘하고 있지는 않지만, 여전히 승산은 있다. 챔피언이 되는 과정의 진짜 시험은 불리한 경기에서 이기는 것이다. 전국 타이틀은 '이기고 지는' 문제가 아니다. 이 단계에서는 기준에서 벗어나는 작은 실수를 알아차리고 이를 보완하는 것이 중요하다. 거의 실패 관리의 과학이라고 할 수 있다.

바셋의 경기를 보고 있으니 마크 탤벗이 스쿼시 대회에서 우승하던 때가 떠오른다. 당시 탤벗은 최고의 운동 기량을 뽐내며 역대 가장 훌륭한 미국 스쿼시 선수로 전성기를 구가하고 있었다. 강하고 재능이 있었고 집념이 대단히 강했다. 탤벗은 연이어 타이틀을 거머쥐었다. 당시 경기에서도 평소처럼 물 흐르듯 안정적인 경기를 펼쳐 보였다. 급히 덤벼들거나 서두르지 않고 코트 안을 움직이며 수월하게 공을 살려냈다. 결국 오랜 라이벌인 네드 에드워즈를 단 세 게임 만에 쓰러뜨렸다. 자신의 실력이 한 수 위임을 멋지게 증명해 보였다.

경기 후 탤벗에게 축하의 말을 건넸다. 그러자 탤벗이 말했다. "끝까지 힘든 경기였어요." 순간 진 빠진 얼굴과 피로한 눈이 보였다. "어느샷 하나도 제 마음대로 되지 않더라고요. 질퍽한 콘크리트 속을 헤엄치는 기분이었다니까요." 경기 중에는 탤벗이 그렇게 힘든지 전혀 알아차리지 못했다.

오늘 바셋도 콘크리트 속을 헤엄치고 있다. 문제는 바셋이 끝까지 무너지지 않을 내적 강인함을 길렀는지다. 바셋은 타고난 스쿼시 천재라 암살자처럼 움직이지 않는다. 황제의 태도로 우아하게 움직인다. 다른 몇몇 선수들처럼 정신력이 강한 선수는 아니다. 바셋은 반복되는 치열한 경기의 매운맛을 본 적이 없다. 대학 선수가 되고 단 두 번 졌다. 대부분은 타고난 재능 덕분에 이겼다. 스쿼시를 좋아하고 소중히 여기지만, 이를 이용해 자존심을 세우거나 여자를 만나거나 하지 않는다. 바셋은 애써 이길 '필요'가 없다. 잘해서 이기는 것이다. 하지만 오늘은 일주일 전과 달리 5게임에서 뒤지자 갑자기 투사의 본능이 나왔다.

 통로에서는 선수들이 양손에 머리를 묻은 채 죽은 듯이 누워 있다. 폭격 부대, 즉 예비 선수인 존 링고스웹이 오후 내내 흔들던 트리니티 깃발은 현재 접혀 있다. 그때 프린스턴의 학부모 하나가 루시에게 다가와 말한다. "이보게, 이런 때도 있는 법이야. 너희는 더 잘하는 팀에 진 것뿐이야." 그러고는 루시와 악수를 하고 떠났다. 루시는 그 사람이 훈계질을 했는지 아닌지도 확신하지 못한 채 그를 빤히 쳐다본다. 또 다른 예비 선수인 윌 버치필드(일명 '버치')는 유리 뒷벽 가까이에 서 있다. 버치는 유일하게 희망을 버리지 않은 사람이다. 통로 끝에 있는 팀원들에게 점수를 외쳐 주고 있다.

 바셋은 하염없이 이어지는 랠리 끝에 서브권을 되찾지만 다시 빼앗긴다. 랠리가 길어진다. 마우리코는 미칠 지경이다. 코트 사방에서 최대한 센 볼을 치지만, 랠리는 쉽사리 끝나지 않는다. 끝나기는커녕 코트가 점점 좁아지는 것처럼 보인다. 두 선수가 긴장감 속에서 서로 충돌하면서 연달아 렛이 선언된다. 본능에 충실한 날것 그대로의 경기다. 바셋과 마우리코는 62㎡의 공간에서 뱀처럼 휘감았다 풀어 주는 공격을 벌이며 단 한 발자국도 양보하지 않는다. 그러다 바셋이 드롭을 밀어 넣어 득점 기회를 만든 뒤 마우리코 뒤로 빠진다. 마침내 그의 점수가 바뀐다.

버치가 외친다. "1-5." 바셋은 자신에게 있는지도 몰랐던 용기의 샘을 찾은 뒤 되살아나기 시작한다. 버치가 외치는 소리를 듣자마자 풀이 죽어 있던 루시가 통로에 있는 사람들에게 소리친다. "다들 움직이지 마." 남학생 몇 명이 코트를 향해 돌진한다. "제자리에 있어야 우리가 이겨." 루시가 말한다. 미신을 믿는 루시는 모두가 바셋이 첫 득점을 할 때 있던 자리에 그대로 있었으면 한다. 윌리엄스 선수 몇 명이 통로로 느긋하게 걸어 들어온다. 루시는 그 선수들이 지나가지 못하게 막는다. 이제 통로는 아무 움직임 없이 조용하게 마음을 졸이는 사람들로 가득 찬다.

벨린다는 관람석에 있다. 우리 회의실에 보관된 한 가방에는 앞면에 '전국 챔피언'이, 뒷면에는 '11'이 새겨진 새 야구 모자 40개가 들어 있다. 벨린다는 이 모자들을 니카라과에 보낼 생각이다. 나는 벨린다와 눈이 마주쳐 미소를 짓는다. 선의의 미소다. "좋은 득점이었어"보다는 "난 걱정 안 해"에 가까운 미소였다. 선수 두어 명이 내 얼굴을 살핀다. 경기를 즐기고 있는 사람처럼 다시 차분한 분위기를 풍기려고 애쓴다.

오전에 완전히 충전돼 있던 벨린다의 아이폰은 쉴 새 없이 오가는 메시지 덕에 배터리가 방전되어 간다. 배터리 잔량을 표시하는 녹색 막대기가 줄어들고 있다. 그러다 배터리가 10퍼센트 남았다는 알림이

뜬다.

친구 하나가 벨린다에게 메시지를 보낸다. "점수 좀 알려줘."

벨린다는 메시지를 입력한다. "5게임, 1-5."

그 친구가 다시 메시지를 보낸다. "세상에, 맙소사. 우주의 기운이 더 필요해."

짧지만 알찬 랠리의 마지막에 바셋이 솜털 같은 백핸드 보스트 샷으로 깔끔한 득점을 하며 2-5가 된다.

마우리코가 눈에 띄게 동요한다. 스윙을 하도 크게 하는 바람에 마무리 동작 때 몸 전체가 따라갈 정도다.

'와인과 염소의 피를 뿌릴지어다.'

'염소를 잡을 칼을 갈아라. 3-5.'

정말로 80여 초 만에 바셋이 세 점을 따낸다. 추락을 멈추고 다시 살아나기 시작한다. 링고스 웹이 다시 깃발을 펼친다. 벨린다의 손가락은 검은색 휴대폰 위를 날아다니며 분노의 타이핑을 하고 있다. '스포츠의 신들에게 기도를. 염소와 개의 피를 함께 보냈음. 진짜 피가 필요하려나?' 다음 랠리에서는 70번의 스트로크가 지속되며 대서사시를 연출한다. 바셋이 스트로크로 한 점을 더 획득한다.

'내 손가락이라도 베지 뭐. 이미 손끝 물고 있음. 4-5.'

5-5가 되자 마우리코가 악에 받치기 시작한다. 마우리코는 바셋의 발에 걸려 넘어지고, 마치 축구 선수처럼 페널티 에어리어로 뛰어든다. 다음 랠리에서는 엄청나게 긴 드라이브 샷을 노리다가 바셋과 충

돌하고 그걸로 모자라 라켓까지 티 나게 떨어뜨린다. 리처드슨이 외친다. "노 렛." 마우리코가 친 볼이 빠르게 틴에 맞는다. 스포츠의 신들은 그에게 등을 돌렸다.

7-5에서 경기는 제자리걸음이다. 마침내 마우리코가 랠리에서 이겨 서브권을 가져가지만, 틴에 맞히고 만다. 바셋의 공도 틴에 맞는다. 바셋이 명백한 스트로크를 얻는다. 하지만 이어진 환상적인 랠리가 불발탄으로 끝난다. 바셋은 말도 안 되게 어려운 볼을 몇 번이나 받아내지만, 결국 틴 보드 중앙에 볼을 맞히면서 쉬운 득점 기회를 날린다. 이는 골프 프로가 10인치 거리의 공을 홀에 넣지 못하는 것과 같다. 바셋은 라켓을 내팽개치지 않는다. 대신 좋은 발리 샷으로 서브권을 되가져온다. 그리고 다시 서브권을 빼앗긴다.

마우리코는 평소의 서브 방식대로 라켓으로 볼을 바닥에 튕긴 후 손에 쥔다. 라켓, 바닥, 손. 라켓, 바닥, 손. 이 과정을 11번 반복한다. 오늘 그가 하는 마지막 서브다.

바셋이 리턴 볼을 호되게 때려 마우리코를 바닥에 뻗게 한다. 8분에 가까운 접전 끝에 마침내 점수가 바뀐다. 바셋이 벽에 가까이 붙이는 드라이브 샷을 한다. 트리니티 관중이 일어나 환호한다. "킬러 B, 킬러 B."

8-5다. 렛이 한 번 더 선언되고, 마지막 랠리가 시작된다. 지금 이 시점에 이르기까지 11년, 4개월, 6시간, 117분이 흘렀다. 랠리는 약 12초 만에 단 10번의 스트로크로 끝나지만, 바셋이 왜 챔피언인지 보여

주기에는 충분할 만큼 멋진 그림이 나온다.

바셋은 크로스코트만 친다. 이제 매치 포인트인 데다, 스트레이트 드라이브 볼이 옆벽을 맞고 중앙으로 나올 때 자주 발생하는 스트로크 상황을 피하기 위해서다. 바셋이 서브를 하고 마우리코가 포핸드 드라이브 샷으로 받아 친다. 바셋이 그 볼을 막아 내고 크로스코트로 보낸다. 마우리코가 백핸드 드라이브로 내리친다. 타격이 잘 되지 않아 옆벽과 뒷벽으로 핀볼이 된다. 바셋은 침착하게 크로스코트로 짧게 때린다. 두 선수가 크로스코트를 주고받는다. 팡, 팡, 팡, 팡, 공이 마우리코의 포핸드에서 바셋의 백핸드로, 다시 마우리코의 포핸드에서 바셋의 백핸드로 이동한다. 마지막 두 샷은 발리다. 마치 두 선수가 워밍업을 하고 있는 듯 부드러운 리듬으로 발리 샷이 오간다.

여기서 바셋은 자신이 더 나은 선수임을 증명해 보인다. 마우리코의 첫 번째 크로스코트 볼은 가로 이동 거리가 너무 길어서 옆벽에 부딪치고, 두 번째 크로스코트 볼은 가로 이동 거리가 좀 모자라서 코트 중앙에 떨어진다. 바셋이 마지막 볼을 눈 깜짝할 사이에 낚아채 크로스코트로 거칠게 때린다. 마우리코가 미친 듯이 공을 따라가 뒷벽으로 가볍게 치려고 한다. 최후의 몸부림이다. 마우리코의 라켓이 공에 가 닿지만 충분한 힘이 실리지 못한다. 공이 둥근 활 모양으로 높은 포물선을 그리며 앞벽을 향해 아주 천천히 떠간다.

공이 바닥에 떨어지기도 전에 앞벽에 닿지 못하리라는 사실이 자명해진다.

바셋은 울부짖으며 라켓을 머리 위로 던진다. 마우리코는 잠시 믿을 수 없다는 듯이 뒤쪽 코너에 서 있다. 버치가 외친다. "우리가 해냈다." 통로 전체가 흥분의 도가니로 변한다. 루시가 서로 얼싸안은 선수들을 떼어놓는다. 이제 모두가 코트 안으로 전력 질주하고 있다. 저마다 눈물이 얼굴을 타고 흘러내린다. 선수들이 바셋 주위로 떼 지어 몰려든다. 마침내 완전한 안도감이 찾아오면서 서로를 부둥켜안고 운다. 선수들의 몸이 사방으로 흔들린다. 그 모습이 꼭 열여섯 살 생일 파티에서 호키포키 춤을 추는 아이들 같다. 그리고 1980년 미국 하키 팀이 러시아를 꺾은 후의 모습과 닮아 있다. 선수들은 더없이 즐거워 보였다.

나는 멍한 기분이다. 레지를 향해 물었다. "방금 무슨 일이 일어난 거지?" 우리는 서로 끌어안은 후 코트로 향한다.

벨린다는 관람석에서 움직이지 않은 유일한 사람이다. 배터리가 다 돼 가는 벨린다의 휴대폰이 수십 통의 수신 메시지로 진동하고 있다. 그녀는 그 메시지들을 무시한다. 그리고 짧게 적어 보낸다. '우리가 이겼어.'

전송 버튼을 누른다. 그때 그녀의 휴대폰 액정이 까맣게 변한다.

에필로그

지난 10년간 매튜는 재활원 11곳을 거쳤다. 재활원의 필수 입원 기간은 저마다 달랐는데, 대다수가 90일이었고, 그 후에는 사회 복귀 훈련 시설로 옮길 수 있었다. 매튜는 10번이나 기한이 다 되기 전에 쫓겨났다. 두 번은 첫 주에 강제 퇴소 조치를 받았다.

한번은 90일을 완료해 사회 복귀 훈련 시설로 옮겼다. 매튜는 헤로인 중독자에게 '메타돈(자신도 두 차례 복용했다)' 대신 처방해 주는 마약 의존증 치료제인 '서복손'을 복용했다. 이 치료제는 효과가 있었다. 그는 약을 끊고 맑은 정신을 유지했다. 나는 매주 매튜와 함께 상담사를 찾아갔다. 사회 복귀 훈련 시설에 있는 사람들은 매튜가 잘하고 있다고, 그 시설에 들어온 사람 중 가장 영리하다고 내게 말해 줬다.

사회 복귀 훈련 시설에는 잿빛 회색 덧문이 달려 있었다. 매튜의 방은 음산했지만 매튜는 강한 정신력으로 버텼고, 마약을 끊었고, 또 눈

344

빛이 또렷했다. 매튜는 한 쇼핑몰 공사장에서 인부 일을 얻었다. 나는 수년 만에 처음으로 기대를 품었다. 이 모습은 우리가 1993년에 잃어버렸던 그 매튜였다. "저 약 끊었어요. 정신이 말짱해요." 매튜가 말했다. "전 괜찮아요. 매일이 전쟁이지만 잘 이겨 내고 있어요."

하루는 매튜를 담당 치료사에게 데려가려고 훈련 시설을 찾았다. "여기 없어요. 저희도 어디 갔는지 모르겠어요." 여직원이 말했다. 알고 보니 매튜는 약물 검사에서 양성이 나와 시설에서 쫓겨난 것이었다. 아들에게서 곧 돈을 요구하는 전화가 올 거라고 생각했지만, 며칠이 되도록 연락이 없었다. 여동생 미셸에게 상담을 했다. 미셸은 언제나 평가하는 법 없이 지지를 보내 주는 사람이었다. 미셸은 내게 기다리라고 말했다. 결국 매튜는 다시 나타났다. 체육관 안내 데스크를 담당하는 경비원 오마르가 소식을 전해 줬다. "코치님 아들이라는 분이 찾아왔는데요."

밑으로 내려갔다. 매튜가 복도 모퉁이에 건초 더미처럼 앉아 수심에 잠겨 있었다. 말도 못 하게 나이 들어 보였다. 피부는 복숭아씨처럼 주름이 졌고, 머리카락은 머리통에 엉겨 붙어 있었다. 아무 계획도, 갈 곳도 없는 사람처럼 얼마든지 기다리겠다는 표정을 짓고 있었다. 그게 위장임을 알 수 있었다. 그야말로 약물 중독자의 몰골이었다. "매튜, 지금 경찰에 연락할 거야. 넌 여기 오면 안 돼. 여긴 아빠가 일하는 직장이야. 널 여기 둘 수는 없다."

"하지만 아빠……." 매튜의 눈가에 비난의 그림자가 어렸다. 슬픔에

차 있었다. 그 슬픔은 도시 뒤의 산처럼 얼굴 위로 그림자 지며 어른 거렸다. 늘 존재했던 슬픔. 매튜의 말투도 이상했다. 18세 남자애처럼 줄임말을 써가며 빠르고 격하고 과장되게 말했다. 꼭 헤로인에 손을 대면서부터 뇌 발달이 멈춘 사람 같았다. 몸은 30대 중반이었지만, 마음은 '침대에서 일어날까, 일하러 갈까? 해야 할 일을 할까, 아니면 지금 이대로 있을까?' 같은 일상적인 삶의 결정들로 어려움을 겪는 십대였다.

이틀 뒤, 브리지포트 경찰서에서 전화를 받았다. 매튜는 편의점을 털다가 무장 강도 혐의로 체포됐다.

진짜 중독자는 도와줘도 별 소용이 없다. 결과는 세 가지다. 중독자 스스로 자구책을 찾거나, 계속 조력자를 조종하며 약물에 손을 대거나, 아니면 죽는 것. 매튜가 예전으로 돌아오리라고 너무나 간절히 믿고 싶었다. 약도 끊었고, 일을 하고 있었고, 웃고 있었다. 하지만 내가 속은 것이었다. 언제나 거짓말이었다.

"녀석이 고생하게 두렴. 그냥 내버려둬." 아버지가 말했다. "네 행동이 오히려 녀석을 방조하고 있는 거야. 자기 스스로 방법을 찾게 돼야해. 제대로 된 선택을 하도록 내버려둬." 재활원에서는 '옳은 선택을 하도록 두라'는 말만큼 허망한 말도 없다. 아버지는 이 일을 양자택일의 문제로 봤다. "중독자들을 대신해 네가 물을 길어다 줄 순 없어."

내 어머니는 이렇게 말했다. "절대 우리 손자를 혼자 내버려두지 않을 거야. 절대 손 놓고 있지 않겠다고." 어머니도 옳고, 아버지도 옳았다.

이제 나는 매튜에게 시간이라는 선물을 준다. 돈을 비롯한 지원을 끊고, 그저 사랑만 준다. 그 과정에서 내게는 결정권이 아예 없다. 매튜와는 지금도 만난다. 현재 매튜는 코네티컷주 엔필드의 한 교도소에 수감 중이다. 나이는 서른네 살이다. 매튜만큼 오랫동안 헤로인 중독에서 살아남은 사람은 드물었다. 수년 동안 내가 만난 모든 사람은 매튜가 바닥을 쳐 봐야 한다고 말했다. 문제는 매튜가 너무 강하다는 것이다. 그는 아시안테의 핏줄이고, 그 바닥은 헤아릴 수 없이 깊다.

매튜를 계속 살아 있게 해 주는 어떤 씨앗이 있고, 언젠가 그 씨앗이 자라면 편안한 삶을 살게 되리라는 희망 하나로 나는 그 씨앗에 영양분을 주려고 애쓴다.

바로 그때, 바셋 아슈팍이 듀얼 매치의 마지막 포인트를 따내고 월버치필드가 코트 안으로 뛰어 들어간다. 정상적으로 문을 통하는 것이 아니라 유리벽을 넘어 들어간다.

2004년, 버치는 로렌스빌 아카데미에 입학한 지 얼마 안 돼서 팀내 7위 선수로 뛰게 됐다. 그로턴에서 열린 전국 고등학교 팀 챔피언십에 참가한 로렌스빌 아카데미는 결승전에서 브런즈윅 아카데미를 만났다. 듀얼 매치는 동점 상황까지 갔고, 승자를 가릴 양팀 선수는 버치와 브런즈윅의 신입생 로비 버너였다. 버너가 2-0으로 앞선 상황에서 버치가 점수를 따라잡아 5게임을 9-5로 이겼다. 버치의 동료들이 1989년 베를린 장벽을 넘던 동독인들처럼 유리 뒷벽을 우르르 넘어왔다.

그 순간을 버치는 영원히 잊지 못한다. 그리고 5년이 지난 지금, 대학 선수로서 빛나는 시간을 맞이한 버치는 고등학교 선수 시절 영광의 순간을 그대로 재현한다.

시상식에서 루시가 말한다. "저기, 바셋. 우릴 구해 줘서 고마워." 그러고는 바셋을 꽉 껴안는다.

"우릴 구했다니 그게 무슨 말이에요?" 바셋이 묻는다.

"4-4동점 상황이었잖아. 굉장해."

"뭐라고요? 농담이죠?" 바셋은 자신의 경기에 팀의 운명이 걸려 있다는 사실을 정말 모르고 있었다.

우리는 그날 밤 10시경이 돼서야 프린스턴을 나온다. 주차장으로 나가니 살을 에는 듯한 겨울바람에 몸이 얼어붙을 것 같다. 하늘이 맑다. 주차장은 우리 차들이 주차된 한 모퉁이만 빼고 텅 비어 있어 조용하다. 선수들이 선루프 밖으로 몸을 내밀고, 스테레오에서는 라이트 세이드 프레드의 노래 '스탠드 업(포 더 챔피언스)'가 쾅쾅 울려 퍼진다. '나는 최고가 될 운명 / 1등이 아니면 안 돼……'

순풍에 돛을 단 듯 우리는 편하게 하트퍼드로 돌아간다. 주간 고속도로 제84호선에서 어사일럼가로 들어가는 입구에서 우리는 '트리니티 전국 챔피언 1999-2008'이라고 적인 표지판을 보고 차를 세운다. 잠시 원시적인 장면이 연출된다. 우리는 괴성을 지르며 서로를 얼싸안고 사진을 찍고 캠프파이어 주위를 도는 미친 사람들처럼 춤을 춘다.

새벽 1시 반경에 페리스 주차장에 도착한다. 많은 팬들이 현수막과 피켓을 들고 기다리고 있었고, 자동차 경적 소리가 유럽 전승 기념일을 연상시키듯 빵빵거린다. 노랫소리와 혼잡한 상황이 한동안 계속된다. 남학생들은 더 먹고 즐기기 위해 사이 입실론 남학생 사교 클럽으로 간다. 그리고 날이 밝을 무렵에야 모두 집으로 돌아간다.

집에 도착한 지 3시간 후, 나는 테니스 연습을 하러 가는 길이다. 2월 말의 월요일이고, 우리 테니스 팀은 이미 시즌을 시작했다. 체육관 앞에 주차를 한 뒤 이메일을 보냈다. 선수들에게 자랑스럽다고 말했다. 한 사람으로서 그들은 아무것도 변한 게 없었다. 목요일 오후에 뉴저지로 떠날 때와 똑같은 사람들이다. 하지만 지금 선수들은 세계 최고 대학 스쿼시 팀의 일원이다. 나는 대학 스쿼시 역사상 가장 훌륭했던 듀얼 매치에서 전심을 다해 멋지게 싸워 줬다고 덧붙인다. 그런 다음 추신으로 '12'를 써넣는다.

봄이 왔다. 우리는 연례 팀 회식을 하고, 챔피언십 반지를 주문한다. 여러 가지 상을 만들어 투표도 한다. 비니는 최고 노력상을 받고, 파스는 MVP에 선정된다. 1학년은 모두 참가상인 조지 디클상을 받는다.

구스, 마녁, 루시, 찰리는 졸업한다. 구스는 은행에 취업하기 위해 아칸소주로 간다. 리틀록에 집을 둔 구스는 하필이면 미국에서 스쿼시 코트가 제일 적은 주에 산다. 마녁은 그리니치에 있는 한 클럽에서 전문 지도사로 일한다. 싱가포르에서 직장을 얻은 루시는 트리니티 친구들을 몹시 그리워하며 지내고 있다. 찰리는 차에서 잠을 자며 뉴질랜드를 여행한다.

늘 그렇듯 그 다음 해는 또 다르다. 우리는 신입생 몇 명을 영입한다. 한 명은 구스의 남동생 요한이고, 다른 한 명은 팀 내 6위 선수로 뛰는 멕시코 출신의 안토니오 디아스이고, 세 번째는 남아공에서 온 라인홀드 헤르게스로 9위로 뛴다.

비크람과 수프리트가 오랜 요양이 필요한 뇌진탕에 걸린 것만 빼면 정규 시즌은 순항 중이다. 우리는 예일을 8-1로 꺾지만, 초반에 애를 좀 먹는다. 라인홀드(곧바로 '라이노'로 불린다)는 롭 버너에게 지고 있고, 3위 선수 수프리트는 2-1로 앞서지만 고전하고 있으며, 디아스는 2-0으로 뒤진 상태에서 11-l0 매치 포인트를 맞는다. 우리 선수들이 2-1로 지거나, 심하면 3-0으로 완패를 당할 상황이다. 하지만 디아스는 5게임에서 구사일생하고, 수프리트는 3-1로 이긴다. 라이노만 우리 팀에서 유일하게 패한다.

정규 시즌의 마지막 듀얼 매치에서 프린스턴과 다시 만나 9-0으로 이긴다. 바셋은 전도유망한 필라델피아 출신의 신입생 토드 해리티와 붙어 5게임까지 간다. 우수 선수 중 하나인 수프리트는 크리스토퍼 캘리스를 상대로 2-1로 뒤지다가 5게임에서 승부를 뒤집는다. 4위 선수 비크람은 3-0으로 데이비드 캐너를 대파하고, 8위 선수 안드레스는 세 게임 만에 피터 소퍼를 해치운다. 가장 흥미진진한 경기는 작년의 대결을 되풀이하는 우리 팀 2위 선수 파스 대 데이비드 르터노의 경기다. 파스가 8-11, 11-4, 11-9, 11-9로 이긴다.

우리는 전국 대회에서 다시 프린스턴을 만나는데, 이번에는 준결승전이다. 바셋은 해리티를 세 게임 만에 제압한다. 파스와 르터노는 12개월 동안 네 번째로 맞붙는다. 파스가 3-0으로 이긴다. 5게임까지 간 경기는 두 번이다. 산티아고 임베르톤 대 랜디 림의 경기, 그리고 피터 소퍼 대 크리스 비니의 경기다. 두 경기 모두 트리니티가 이긴다. 최종적으로 트리니티가 7-2로 승리한다.

결승전에서는 예일을 6-3으로 꺾는다. 바셋은 작년과 마찬가지로 막상막하의 경기를 펼친다. 그의 상대는 싱가포르에서 온 신입생 케니 챈이다. 바셋은 본인의 대표적인 샷인 낮고 단단한 포핸드 드라이브로 11-6, 11-6, 11-4를 기록하며 승기를 잡는다. 이로써 4학년 공동 주장인 바셋은 트리니티의 12회 연속 전국 타이틀과 224회 연승이라는 기록을 일궈 낸다.

바셋은 챈과 악수를 하고 몰려드는 팀원과 졸업생들이 있는 곳으로 퇴장하는 대신, 뜻밖의 행동을 한다. 허리를 굽혀 3~4초간 30센티미터가량 더 작은 챈에게 고함을 쳤다. 그런 뒤 코트에서 나와 팀원 몇 명과 부모님에게 포옹을 한다. 챈이 그의 뒤로 코트를 나가려 하자, 바셋이 돌아보며 다시 고함을 친다. 즉시 심바 무와티를 필두로 한 팀원과 팬들이 바셋과 챈 사이에 끼어든다. 축하 행렬이 코트 문에서 멀어지자 곧바로 챈이 퇴장한다. 이 모든 일이 약 15초 사이에 일어난다.

이 사건은 입소문을 타고 퍼져나간다. 스포츠 방송국 ESPN이 경기 영상을 확보해 〈스포츠센터〉 프로그램에서 틀고 또 틀어 준다. 수십만 명이 유튜브에서 그 영상을 확인하고, 웹사이트에 댓글을 남긴다. 댓글에 또 댓글이 달린다. 이 사건은 지역 뉴스 방송에도 나오고, 일간지《USA 투데이》에도 실린다. 데이브 탤벗과 나는 ESPN에 출연해 이 사건에 대해 10분간 토론을 한다. 사건이 터진 후 금요일에는 약 5시간 동안 텔레비전 화면 밑으로 단 네 건의 ESPN 자막 뉴스가 흘러가는데, 하나는 타이거 우즈 소식, 다른 하나는 전직 스키 선수 린지 본의 소식, 세 번째는 미국 올림픽 하키 팀 소식이다. 그리고 네 번째로 간단하게 '바셋 초드리, 챔피언십 개인전 기권'이라는 뉴스가 나온다. 그게 끝이다. ESPN은 시청자들이 당연히 바셋을 알리라 생각한다. 그만큼 누구나 아는 이름이 된 것이다(비록 성을 잘못 알았지만). 사건이 터진 지 60시간 후 모르는 사람들로부터 500통이 넘는 이메일을 받았다. 트리니티 스쿼시와 12회 연속 타이틀이 이토록 많은 관심을 받은 적은 처음이다.

우리 모두에게 이 사건은 감동적인 커리어에 오점을 남긴 슬픈 결말이다. 출중하지만 예민한 바셋은 마음이 무겁다. 우리도 마음이 무겁기는 마찬가지다. 이 일은 우리 모두에게 큰 부담이 됐지만, 10년도 더 전에 겪었던 마커스 코위와의 경험 덕분에 내가 주도적으로 나서야 한다는 걸 안다. 이 사태를 그냥 내버려둘 수 없다. 바셋과 나는 과거와 미래에 대해 몇 시간 동안 이야기를 나누며, 이 사건을 그의 가족과 문화, 자존심, 그가 걸어온 여정이라는 큰 맥락에서 생각해 본다.

늦봄 어느 날, 차를 타고 캠퍼스를 나서는 길에 바셋과 전화 통화를 했다. 며칠 후면 바셋은 졸업한다. 바셋은 다시 강해졌고, 실제로 그 어느 때보다 강하다. 지금은 뉴욕에서 취업 대기 중이다. 바셋은 근성에 대해, 자존심에 대해, 주인의식에 대해 배웠다. 우리는 함께 두려움 속으로 뛰어드는 법을 배웠다.

전화를 끊었다. 그리고 도로에 세워진 트리니티 스쿼시 표지판을 지나간다. '전국 챔피언' 옆에는 이제 '1999-2010'이라는 새로운 연도가 찍혀 있다. 그 수많은 이야기와 수많은 감정, 수많은 노력이 여덟 개의 흰색 숫자 안에 녹아 있다. 크리스틴에게 전화를 걸었다. 내 딸 크리스틴은 지금 뉴욕대 로스쿨에서 이벤트 기획 일을 하면서, 뉴욕대 스타인하트 스쿨에서 교육학 석사 학위를 함께 공부하고 있다. 언젠가 크리스틴이 내 상사가 되는 날이 올 것이다. 크리스틴과 몇 분간 통화를 한 뒤, 스콧에게 전화를 건다. 스콧은 잘 지내고 있다. 행복한 결혼생활을 하며 아름다운 두 자녀도 두고 있다. 나는 그에게서 매일 좋은 아버지가 되는 법을 배운다고 말했다. 두 아이와의 통화는 짧지만 의미가 깊다.

코네티컷주 엔필드로 향한다. 로빈슨 교도소의 정문을 지나 차를 세운다. 건물 안에서 보안을 통과한 후 면회실로 들어간다. 이 과정을 50번은 반복했지만 절대 익숙해지지가 않는다. 의자에 앉아 덮개로 가려진 창문을 응시한다.

덮개가 올라간다. 방탄유리 너머로, 수형 번호 339914가 눈물 그렁그렁한 내 눈에 들어온다. 수화기를 들고 아들에게 인사를 건넨다.

학교 스포츠의 참된 선물을 생각하며

박성빈(트랜스링크캐피탈 대표)

"아빠도 같이 앉아서 얘기하시지요?"

이렇게 시작되었다. 이 책을 꼭 우리말로 내고 싶다는 생각은 '레전드' 감독을 처음 만난 자리에서 이미 내 마음에 싹트고 있었다.

한국에서 중, 고등학교에 다니면서 학업과 운동을 병행한다고 하면, 많은 사람들은 "왜?" 하고 고개를 갸우뚱한다. 나는 아들(일석)의 그 병행을 당연한 것으로 지지한 아버지이다. 2017년 12월 쌀쌀한 어느 겨울날, 학기말 시험을 막 끝낸 고등학교 2학년 아들과 같이 급히 인천공항으로 달려갔다. 스쿼시를 하는 일석이가 홍콩, 말레이시아 등 아시아권 국제대회에 출전한 경험은 있어도 'US Junior Open'은 처음이었다. 이 대회는 그야말로 주니어 스쿼시계의 윔블던이다. 내로라하는 세계 각국 주니어 스쿼시 선수들이 한 해 동안 갈고닦은 실력을 겨루기 위해 한자리에 모인다. 일석이에게는 미국 대학들의 스쿼시 감독들을 만날 수 있는 기회이기도 했다. 나도 스쿼시를 좋아한다. 아들이 참가하는 그런 대회에 동행하는 것만으로도 평생 소중한 추억이라 생각했다. 그런데 대회 기간 중에 전설로만 들어본 아시안테 감독이 일석이에게 얘기를 좀 하자고 했다. 나는 조용히 자리를 비켜 주고 싶었다. 레전드 감독과 아들, 두 사람이 대화를 나눌 수 있도록.

올해 9월, 일석이는 트리니티대학 2학년이 되었다. 아시안테 감독의 스쿼시 팀에서 2년째를 맞았다. 아시안테 감독이 일석이에게 '트리니티대학 스쿼시 팀 4년 선수 생활'을 제안한 2017년 겨울의 첫 만남 때부터 감독과 선수의 대화라기보다는 부모와 자식의 대화 같았다. "지난 시합에서 뛴 우리 팀 선수 아홉 명이 서로 다른 9개국 출신이야. 그중 5명은 겨울방학이 너무 짧고 고국은 너무 멀어서 집에 가지 않고 나랑 같이 학교에 있기로 했어. 크리스마스에는 우리 집에서 같이 저녁 식사 하면서 지낼 예정이야." 대화는 시작부터 스쿼시 얘기가 별로 없었다. 대한민국, 서울에서 지구 반 바퀴를 돌아 미국 대학으로 유학을 오겠다고 생각하는 한 고등학생의 마음속 두려움을 정통으로 꿰뚫는 대화를, 나는 옆에서 그냥 보고만 있었다. 이윽고 아시안테 감독이 나에게 최후의 한마디를 건넸다. "나는 일석이가 우리 팀, 우리 학교에 있는 동안에는 미국의 아빠 역할을 할 것입니다." 대화를 마치고 나오는 일석이의 두 볼은 복숭아처럼 발그레하고 두 눈도 살짝 충혈돼 있었다. 그 모습을 가슴에 새기는 아버지에게 아들이 한마디를 내놓았다. 트리니티대학에 대해 잘 모르고 있었으니 아마도 본능적인 반응이었을 것이다. "아빠, 저 할아버지 보니까 나 이 학교 오고 싶어." 그 뒤 고등학교를 졸업하고 트리니티로 가는 날까지 아시안테 감독은 나와 일석이 엄마에게 종종 이메일로 안부를 물었다, "우리 아들 잘 지내고 있지요?" 번번이 일석이를 '우리 아들(our son)'이라 불렀다.

아시안테 감독과의 인연은, 이 세상에서 만들어지는 위대한 기록의 이면에는 사람이라는 존재가 있다는 사실을 내가 다시 한번 각인하게 되는 일련의 과정이었다. 감독으로서 13년이라는 세월에 걸쳐 한 번의 패배도 없이 252연승이라는 기록을 쌓아가는 동안 그에게는 기록으로 보이지 않는 수많은 패배들이 있었다. 때로는 작은 해프닝, 때로는 한 사람의 인생을 흔들어대는 사건과 사고가 일어났다. 그것들이 기록되지 않은 패배이다. 하지만 그것들은 대기록에 동참한 사람들을 겸손하게 만들었다. 아시안테 감독과 그를 거쳐 간 학생들 사이의 너무나 따뜻한 인간적인 관계와 지극히 평범한 상식과 공감 같은 것들이 어우러지게 만들었다. 이것이 트리니티대학 스쿼시 팀에게 위대한 역사적 기록을 쓰게 해주었다.

나는 학교라는 울타리 안에서 상식과 인격의 교육이 스포츠를 통해 자연스럽게 이루어질 수 있다고 믿는다. 한 선수가 본인의 스킬과 체력을 키우기 위해 이겨내는 치열한 단련, 한 팀이 상대 팀과의 경쟁에서 이기기 위해 팀원 한 사람 한 사람의 힘을 모아가는 과정, 그리고 한 개인으로, 한 팀으로 승리와 패배라는 긴 여정을 거치며 터득하는 이기는 법과 지는 법, 이 모든 것들이 스포츠가 우리에게 안겨줄 수 있는 참된 선물이다. 우리를 더 행복하게 만들어 주는 그런 선물이 학교라는 환경에서 지내는 성장기의 모든 청소년에게 주어질 수 있으면 좋겠다는 생각을, 나는 꾸준히 해오고 있다. 오랜 미국 유학 생활을 거치면서 소중하게 깨달았던 가치일 것이다.

아시안테 감독은 역사 속 레전드이기 전에 한 사람의 아버지이고 한 가정의 가장이었다. 또한 이 책에 등장하는 선수들도 스쿼시 선수이기 전에 커리어를 준비하는 대학생이었다. 한 사람이 모두일 수 없고, 또 순간이 영원할 수 없지만, 나는 우리가 학교 스포츠를 통해 얻을 수 있는 진정한 레슨을 이 책에서 맛보았으면 하는 바람이다. 또한 왜 우리는 중, 고등학교에서부터 스포츠를 극소수 엘리트 선수들만의 영역으로 묶어 버렸는지에 대해 성찰해 보는 계기가 되었으면 한다.

현재 아시안테 감독은 연승 기록 이후의 새로운 환경에서 팀을 꾸려 나가는 가운데 세계 각지에서 수많은 리더십 교육을 하고 있다. 그리고 그와 함께 땀을 흘렸던 학생들은 세계 각지의 다양한 분야에서 그들만의 커리어와 인생을 일궈 나가고 있다. 그들의 삶에서 트리니티대학 스쿼시 팀의 경험이 어떤 의미인지는 그들 자신만이 제대로 간직하고 있을 테지만, 나는 그들이 치열한 대학 생활 동안 만들어 간직하고 있을 추억들이 참 부럽다.

옮긴이의 말

김경영, 김윤경

이 책의 영어 원제는 'Run to the Roar', 우리말 그대로 옮기자면 '포효가 나는 쪽으로 달려가라'다. 이 제목이 나온 배경은 수천 년간 이어져 온 사자의 사냥 방식이다. 오랜 세월 사자들이 같은 방식으로 사냥에 성공한 까닭은 사자 울음소리에 놀란 동물들이 변함없이 포식자의 소리가 들리는 반대 방향으로 달아났기 때문이리라. 두려운 소리가 들리는 쪽에는 사실 늙고 병들어 아무런 위협도 되지 않는 사자 한 마리가 누워 있을 뿐인데.

책의 부제는 '두려움 극복 코칭'이다. 대학 대항 스포츠 역사상 가장 긴 연승을 일궈 내며 '아시안테 제국'을 이룩한 미국 트리니티 칼리지 폴 아시안테 코치의 성공 코칭 비결을 담은 책이다. 아시안테는 코치의 가장 중요한 역할은 선수들이 눈앞의 두려움에서 도망치지 않고 경기를 치를 수 있도록 돕는 일이라고 말한다. 이 책에서 다루는 스쿼시뿐 아니라 어떤 종목이든 스포츠 선수들은 큰 경기를 앞두고, 또 경기 기간에 엄청난 부담감과 맞서 싸울 것이다. 언론과 대중의 관심, 주변인과 팬들의 기대에 부응하고 싶은 욕심, 자신보다 뛰어난 선수와 싸워야 하는 부담감, 또 선수로서 미래에 대한 불안감도 있을 것이다.

  아시안테 코치는 시즌을 시작하기에 앞서 선수들을 모아놓고 말한
다. "무엇이 제일 두려운가? 무엇을 걱정하고 의심하는가? 본인의 두
려움을 정면으로 마주해야 한다. 대회에서 지든 이기든 다음 날 아침
태양은 뜬다. 지구 반대편에서 잠을 깨는 10억 명의 중국인들은 너희
한테는 관심도 없다." 아시안테는 사방이 유리로 된 좁은 상자 같은 코
트 안에서 싸우는 선수들이 경기에만 집중하도록 하기 위해 코트로 몰
려드는 가족과 친구들을 코트 밖으로 내보내고, 괜히 들뜰까 봐 TV 방
송도 일부러 보여주지 않는다. 이미 패배가 확실시된 맥 빠진 경기를
뛰어야 하는 선수에게 지더라도 끝까지 자기답게 지라고 말한다.

  사람들은 이 책에서 전설적인 코치의 성공 비결을 찾으려 하겠지만,
이 책에서 정말 중요한 이야기는 승리의 기록이 아니다. 더 눈여겨봐
야 할 부분은 아시안테 코치가 털어놓는 실패의 고백이다. 잘못된 결
정과 코칭으로 결국 되돌릴 수 없는 관계가 되어 팀을 나간 몇몇 선수,
그리고 아들 매튜의 이야기를 고백한다. 아시안테 코치가 트리니티 스
쿼시팀을 전미 최고의 팀으로 만드는 데 열중해 있는 사이 아들은 마

약 중독자가 되어 재활원을 끝없이 오간다. 팀의 연승 횟수가 늘어날수록 아들과의 관계는 멀어진다. 선수들에게는 사랑과 형제애, 팀워크를 강조하면서 정작 본인의 아들이 필요로 했던 사랑과 관심은 쏟지 못한다. 세계적인 선수와 코치들에 둘러싸여 무하마드 알리 같은 전설을 만나지만, 정작 자식 농사에는 실패한 스스로를 자책한다. 책의 마지막에서 아버지 아시안테는 아들을 교도소 면회실에서 마주한다. 책의 번역가이기에 앞서 독자로서 행복한 결말을 바라며 안타까운 부자의 이야기를 읽어갔지만, 끝까지 매튜는 집으로 돌아오지 못한다. 하지만 아시안테 코치는 포기하지 않는다. 선수들에게 그랬던 것처럼 자신에게 어쩌면 가장 어렵고도 두려운 존재일 수 있는 아들에게서 고개를 돌리지 않고 정면으로 마주한다.

  마지막으로, 트리니티의 연승 행진을 찬찬히 따라가면서 우리나라 스포츠계의 현실을 떠올리지 않을 수 없었다. 잊을 만하면 터져 나오는 스포츠계 폭력과 갑질 문제, 그리고 그 한복판에서 탈출구를 찾지 못하고 극단적인 선택을 하는 선수들을 떠올리며 그 근본적인 문제가 무엇일까 생각했다. 그리고 아시안테 코치의 말에서 그 답을 찾을 수 있었다. '코치를 판단하는 척도는 선수들이 코트 위에서 무엇을 성취하는가가 아니라 코트 밖에서 얼마나 많이 성취하게 하느냐다. 내가 치러야 할 시험은 얼마나 많은 타이틀을 딸까가 아니라 내 선수들이 20년 후나 30년 후에 무엇을 하고 있을까다.' 과연 우리는 언제쯤 갖게 될까? 선수들의 10년 후, 20년 후를 내다보고 그들의 선수 생활을 이끌어가는 장기적인 안목 말이다. 1등이라는 단 하나의 목표 안에 선수들을 몰아넣고, 이를 위해 부당한 폭력과 대우도 정당화하는 시스템이 존재하는 한, 이런 문제들은 언제든지 불거져 나올 수 있다. 스포츠의 본래 목적은 금메달도, 국위 선양도 아니다. 스포츠 선수는 물론 관객들에게도 스포츠가 높은 목표만을 위한 경쟁이 아니라 스포츠를 하고 또 관람하는 과정 자체가 즐거움이 되었으면 하는 바람이다. 아시안테 코치가 선수들에게 하는 말로 이 글을 마무리한다.

"인생에서 중요한 건 성공이냐 실패냐, 승리냐 패배냐가 아니다. 인생은 긴 여정이다. 과정 그 자체가 목적지가 되어야 한다. 삶은 계속 흘러간다. 삶이 우리에게 주는 걸 받아들여야 해.

옮긴이
김경영
카피라이터, 잡지사 에디터로 근무했다. 성균관대학교 번역대학원에서 번역학 석사 과정을 마친 뒤 출판 번역가로 활동 중이다. 옮긴 책으로 「어떻게 나답게 살 것인가」 「거의 완벽에 가까운 사람들」 「내 몸을 죽이는 기적의 첨가물」 「친밀한 범죄자」 「팬츠드렁크」 「마음으로 훈육하라」 「그들은 살아 돌아왔다」 등이 있다.

김윤경
한국외국어대학교 인도어과를 졸업한 후 영상을 번역하며 여러 편의 영화를 우리말로 옮겼다. 주된 관심사는 역사와 인문, 소설이며 전문 번역가로 활동 중이다. 옮긴 책으로 「도시 속의 월든」 「성과지표의 배신」 「춤추는 식물」 「마이클 부스의 유럽 육로 여행기」 「적색 수배령」 「돌아온 희생자들」 「감정의 식탁」 「유네스코 세계기록유산」 등이 있다.

두려움 속으로

2020년 12월 11일 초판 1쇄 펴냄

지은이 폴 아시안테, 제임스 저그 | 옮긴이 김경영, 김윤경 | 펴낸이 김재범
편집 강민영 정경미 | 관리 박수연, 홍희표 | 디자인 다랑어스토리
인쇄 굿에그커뮤니케이션 | 종이 한솔PNS

펴낸곳 (주)아시아 | 출판등록 2006년 1월 27일 | 등록번호 제406-2006-000004호
전화 02-821-5055 | 팩스 02-821-5057
주소 경기도 파주시 회동길 445(서울 사무소: 서울시 동작구 서달로 161-1 3층)
이메일 bookasia@hanmail.net | 홈페이지 www.bookasia.org
페이스북 www.facebook.com/asiapublishers

IISBN 979-11-5662-520-9 (03690)

*값은 뒤표지에 표시되어 있습니다.